Como conquistar & clientes fechar negócios

Richard **MAXWELL** e Robert **DICKMAN**

Como conquistar & clientes fechar negócios

Os fundamentos da persuasão

Tradução: Drago

Título original: *The Elements of Persuasion*
Copyright © 2007 by Compelling Presentations LLC and Diamond Lake Productions
Este livro não pode ser exportado para Portugal.

Todos os direitos reservados. Nenhuma parte deste livro pode ser reproduzida ou usada de qualquer forma ou por qualquer meio, eletrônico ou mecânico, inclusive fotocópias, gravações ou sistema de armazenamento em banco de dados, sem permissão por escrito, exceto nos casos de trechos curtos citados em resenhas críticas ou artigos de revistas.

A Editora Pensamento-Cultrix Ltda. não se responsabiliza por eventuais mudanças ocorridas nos endereços convencionais ou eletrônicos citados neste livro.

Coordenação editorial: Manoel Lauand

Capa e projeto gráfico: Gabriela Guenther

Editoração eletrônica: Estúdio Sambaqui

Dados Internacionais de Catalogação na Publicação (CIP)
(Câmara Brasileira do Livro, SP, Brasil)

Maxwell, Richard
   Como conquistar clientes & fechar negócios : os fundamentos da persuasão / Richard Maxwell e Robert Dickman ; [tradução de Drago]. -- São Paulo : Seoman, 2010.

Título original: The elements of persuasion
ISBN 978-85-98903-16-3

1. Administração - Vendas 2. Arte de contar histórias 3. Clientes - Satisfação 4. Comunicação empresarial 5. Persuasão (Psicologia) 6. Sucesso em negócios - Aspectos psicológicos 7. Vendas 8. Vendas e vendedores I. Dickman, Robert. II. Título.

10-04200   CDD-658.85

Índices para catálogo sistemático:
1. Sucesso em vendas : Administração de marketing   658.85

O primeiro número à esquerda indica a edição, ou reedição, desta obra. A primeira dezena à direita indica o ano em que esta edição, ou reedição, foi publicada.

Edição   Ano

1-2-3-4-5-6-7   10-11-12-13-14-15

Seoman é um selo editorial da Pensamento-Cultrix.
Direitos de tradução para o Brasil adquiridos com exclusividade pela
EDITORA PENSAMENTO-CULTRIX LTDA.
R. Dr. Mário Vicente, 368 — 04270-000 — São Paulo, SP
Fone: (11) 2066-9000 — Fax: (11) 2066-9008
E-mail: pensamento@cultrix.com.br
http://www.pensamento-cultrix.com.br
que se reserva a propriedade literária desta tradução.
Foi feito o depósito legal.

Dedicado a Oscar Ichazo

AGRADECIMENTOS

QUANDO SE TRABALHA COM OS CINCO ELEMENTOS, é fascinante a frequência com que o número cinco aparece. Este livro não teria sido possível sem o auxílio e a compreensão de cinco pessoas. Nossa agente, Sarah Dickman, que foi a centelha inicial para o nosso trabalho e que sempre manteve a chama acesa; nossa editora, Sarah Brown, que "comprou" a ideia do livro e nos auxiliou a concretizá-la, cujo calor humano e compreensão foram a alma e o coração do nosso processo de redação; nosso revisor-crítico, Jim Gullickson, que passou longas horas controlando a temperatura da nossa prosa superaquecida, apontando erros gramaticais ou factuais que nos teriam feito parecer mais estúpidos do que realmente somos; e as nossas esposas, Aimee Levine Dickman e Christine Maxwell, por serem... bem... nossas esposas — por disporem-se a ler nossos primeiros rascunhos e por nos aturar, todo o tempo. E, é claro, devemos agradecer ao sujeito sem o qual isto não poderia ter acontecido, nosso editor na HarperCollins, Marion Maneker, por acreditar no livro, por colocar lenha na fogueira e surgir sempre com grandes ideias, enquanto o tempo passava. Obrigado a todos vocês.

SUMÁRIO

1. Qual é a sua história?......11

2. Fogo nas veias: a persuasão pessoal...... 36

3. Incendiando corações: como motivar as massas...... 59

4. Todo mundo é um herói: como histórias constroem credibilidade...... 86

5. Encontrando um terreno comum......113

6. Histórias inesquecíveis: memória, emoções e mercados.... 145

7. Primeiro invente a doença...... 177

8. Sob o radar...... 212

9. Espaço para contar histórias...... 234

Leitura complementar...... 255

1

Qual é a sua história?

No mundo dos negócios, há duas coisas que fazemos todos os dias. Todos nós vendemos algo — nossos produtos, nossos serviços, nossas habilidades, nossas ideias, nossos pontos de vista sobre aonde nossos negócios irão chegar — e todos nós contamos histórias. Nós vendemos coisas porque esta é a maneira como organizamos nossas energias, em uma sociedade democrática e capitalista. Contamos histórias porque, tal como a psicologia cognitiva continua a descobrir, é através das histórias que nós, enquanto seres humanos, organizamos as nossas mentes. Se desejamos vender algo, temos de persuadir alguém a comprá-lo.

Nós nem sempre demos um valor tão grande à persuasão. Houve um tempo em que os maiores e mais fortes dentre nós simplesmente diziam aos menores e mais frágeis o que fazer, e socavam estes últimos no nariz, se houvesse algum problema. Todo mundo — com a possível exceção de Mike Tyson — concorda que a nossa maneira moderna é melhor. Mas foi preciso que adquiríssemos um novo conjunto de habilidades.

Comparados aos nossos bisavôs, até mesmo os menos habilidosos de nós são vendedores excepcionais. Isto vem com a prática.

Cem anos atrás, nós não tínhamos muita coisa. A maioria das pessoas vivia em fazendas, mais ou menos autossuficientes. Nosso negócio era a agricultura, regulada pelo lento ritmo das estações. Vendíamos nossas colheitas, uma ou duas vezes a cada ano, e recebíamos o preço ditado pelo mercado. A bordo de nossas carroças, íamos à cidade mais próxima, uma ou duas vezes por mês, e fazíamos nossas compras no armazém local. O que comprávamos ali era, basicamente, genérico. Queríamos biscoitos, mas o único tipo de biscoitos que havia era o tipo que o armazém tinha para vender. A limitação do espaço para estocagem e as dificuldades de transporte tornavam raras as opções de marcas. Podíamos experimentar um novo produto caso o atendente se dedicasse a nos dizer que o produto era melhor, e nos informasse se seus clientes haviam ficado satisfeitos com ele; ou, não. Então, havendo terminado a nossa relativamente intensa experiência comercial (realmente intensa: ao ponto de uma ida às compras não ser considerada uma tarefa, mas uma diversão), voltávamos para a nossa fazenda e nossa rotina diária, certos de que por toda a próxima semana não precisaríamos comprar ou vender mais nada.

Isto nos convertia em alvos fáceis para quem realmente soubesse como promover uma venda. Este é um dos motivos pelos quais os vendedores itinerantes (os velhos "caixeiros viajantes") adquiriram a reputação que possuem — e a razão pela qual alguns de nós ainda nos sentimos um tanto embaraçados quando contamos que trabalhamos "com vendas". Quando a telefonia chegou até mesmo às fazendas mais distantes, nós nos ressentimos; e, à mesa do jantar, nos referíamos aos vendedores que se utilizavam desse novo meio de comunicação como "telemascates". A expressão tornou-se bem conhecida.

É claro que as coisas não andavam em ritmo assim tão lento se você vivia em uma cidade grande como Nova York. Mas a ideia geral é que comprar e vender, no passado, costumava ser algo ocasional.

Compare isto com a quantidade de vezes em que você se defrontou com um apelo de vendas apenas durante seu trajeto de casa até o trabalho, hoje. Os anúncios no jornal sobre os quais você apenas passa os olhos (que, mesmo assim, produzem seu efeito subliminar), os comerciais de rádio que interrompem o noticiário enquanto você dirige, os *jingles* — cuidadosamente elaborados e testados — utilizados pelas empresas para promoverem seus produtos, os adesivos colados nos vidros dos carros, os logotipos estampados em camisetas, as propagandas em telas LCD nos elevadores. Todas essas coisas estão vendendo ideias, opiniões, lealdade a uma determinada marca, afiliações políticas e por aí afora. A persuasão é um grande negócio.

Quão grande? Em 1999, a economista norte-americana Deirdre McCloskey escreveu um artigo, publicado pela *American Economic Review*, no qual estimava que a geração de 28% do PIB dos Estados Unidos envolvia algum tipo de persuasão comercial. Incluem-se aí as receitas provenientes de atividades jurídicas, relações públicas, atividades religiosas, psicologia e marketing. Isto significou que, apenas no ano de 2006, cerca de 3,3 trilhões de dólares foram gastos, nos Estados Unidos, com persuasão comercial — ou seja, com vendas.

Pense nisto: 3,3 trilhões de dólares. Isto foi o suficiente para fazer da economia do "país dos persuasores" a terceira maior do mundo.

Para suportar uma pressão persuasiva tão grande, para chegar ao final de um dia com, ao menos, alguns míseros dólares ainda em seus bolsos, os norte-americanos tiveram de desenvolver uma tremenda capacidade de resistência às vendas. Para evitar sermos implacavelmente subjugados pelos apelos para que façamos isto ou compremos aquilo, nós desenvolvemos uma "casca grossa", juntamente com a capacidade para ignorar a maior parte da tagarelice. Para aqueles de nós cuja atividade profissional depende da habilidade de persuadir os outros — o que, de certo modo, independe do tipo de atividade profissional exercida — a chave para a sobrevivência está na própria capacidade de atravessar toda essa turbulência e concretizar uma venda.

A boa notícia é que o segredo de vender é o que sempre foi: uma boa história. É simples, assim. Histórias vendem.

Uma notícia ainda melhor é que contar histórias é uma habilidade inata da psique humana. Trata-se de algo que todos nós sabemos fazer.

Na verdade, trata-se de algo que nos é tão inerente que tem seu próprio lugar em nosso genoma: um gene chamado FOXP2. Descoberto em 2001, pelo mestre-docente Anthony Monaco e sua equipe de pesquisadores, na Universidade de Oxford, o FOXP2 tem levado os cientistas a acreditar que ele seja apenas o primeiro de uma verdadeira "constelação" de genes que tornam possíveis a linguagem e a habilidade narrativa dos seres humanos. O FOXP2, especificamente, possibilita o funcionamento das sutis habilidades físicas e neurológicas necessárias para que possamos falar rápida e precisamente; e também é provável que ele tenha conexões com a utilização de estruturas sintáticas complexas. Portanto, a partir de um nível estritamente celular, todos nós somos contadores de histórias natos.

Se todos somos capazes de contar histórias, e as histórias são crucialmente importantes para vender, por que alguns de nós são capazes de vender melhor seus produtos e ideias do que outros?

Isto é muito semelhante à capacidade de correr. Todos nós sabemos fazer isso, mas apenas uns poucos poderão percorrer um quilômetro em três minutos. O que separa os grandes corredores dos outros competidores é que os grandes aprendem a correr *de dentro de si mesmos para fora*. Eles sabem como dar cada passo, e conhecem cada músculo envolvido em cada passada, de modo a colocar tudo junto para atingirem suas metas. Se nós quisermos ser persuasores irresistíveis, será preciso que saibamos contar uma história desta mesma maneira.

O problema é que somos bombardeados por tantas histórias a cada dia — histórias sobre o melhor creme dental, sobre terroristas movendo-se nas sombras, sobre novas descobertas científicas e eternas verdades espirituais — que é difícil concentrarmo-nos numa história apenas enquanto uma história. É difícil podermos entender uma história pelo *que* ela é, em vez de *sobre o que* ela é. É preciso que uma história permaneça conosco por muito tempo, antes que possamos analisá-la detalhadamente. Para isso, precisamos de uma boa definição.

A definição que usaremos ao longo de todo este livro é bastante simples:

Uma história é um fato, envolvido numa emoção, que nos compele a praticar uma ação, que transforma o nosso mundo.

No início da década de 1970, Jerome Bruner, um dos pais da moderna psicologia cognitiva, observava de perto o comportamento de bebês. Ele notou — e, logo depois, provou — que antes mesmo de aprenderem a falar, as crianças já eram capazes de organizar o mundo à sua volta e de comunicarem-se com ele por meio de histórias simples.

Primeiro surgem o que ele chamou de histórias de compleição. A criança diz (por meio de gestos e expressões faciais) "Acabou tudo", quando a mamadeira esvazia-se. A criança diz "Oh-ho", quando se dá conta de que cometeu um erro, e "Ahh!", quando surpreende-se ou quando se sente feliz.

Estas são histórias bem curtas, mas são completas; e concordam com a nossa definição. Vejamos, por exemplo, "Acabou tudo". O fato é que a mamadeira está vazia. O bebê envolve este fato em uma emoção — quer seja derivada de sua satisfação ou do desejo por mais — e o expressa. Dependendo da emoção expressada, seus pais são compelidos a praticar alguma ação — seja fazer o bebê arrotar e colocá-lo para dormir, ou preparar uma nova mamadeira. De qualquer maneira, o mundo do bebê foi transformado — para melhor! Bruner aprofunda-se ao afirmar que os bebês são capazes de desenvolver significados através de narrativas, e que a necessidade de criar histórias precede a aquisição da linguagem. Ele chega mesmo a sugerir que os bebês são motivados a aprender a falar justamente porque já possuem histórias, dentro de si mesmos, que desejam compartilhar com os outros.

Em 1981, Bruner envolveu-se com outro estudo, que estendeu o alcance dessas ideias. O objeto central deste estudo era uma garotinha de dois anos de idade, convencionalmente chamada "Emily". Os pais de Emily — professores universitários — notaram que sempre que ela era colocada em seu berço, a menina passava algum tempo balbuciando, como se falasse consigo mesma, antes de dormir. Se você tem filhos pequenos, é provável que já tenha observado o mesmo fenômeno. Curiosos, os pais de Emily instalaram um pequeno gravador em seu quarto e passaram a registrar seus "monólogos", ao longo dos 18 meses seguintes. As fitas (122, no total) foram entregues a um grupo de linguistas e psicólogos, liderados pela doutora Katherine Nelson, da Universidade de Harvard, que discutiu os resultados dessa pesquisa em seu livro — hoje em dia, considerado um clássico — *Narratives from the Crib* ("Narrativas do berço").

O que Emily fazia, sozinha, em seu quarto, após seus pais saírem, não era apenas balbuciar alegremente. Ela ponderava sobre os acontecimentos mais excitantes do seu dia, como seria de esperar; mas ela também fazia projeções — às vezes, muito detalhadas — sobre o que pretendia fazer no dia seguinte, com quem ela desejaria estar e sobre como se sentiria, quando essas coisas se realizassem. Em termos de linguagem de negócios, ela estava profundamente envolvida em um tipo de planejamento; e, com frequência, ela fazia isso com um senso de humor altamente irônico.

Bruner e os outros pesquisadores concluíram que Emily não estava usando suas histórias apenas para comunicar-se com os outros. Ela também as utilizava para formular e moldar seus próprios pontos de vista sobre a realidade circundante. Ainda que Emily possa ter sido uma criança mais verbalmente hábil do que a maioria, o que ela fazia é algo que todos nós fizemos, quando tínhamos a idade dela, à medida que passávamos do estado de vigília ao sono — aliás, algo que ainda fazemos, embora possamos não ter consciência disso. Ela estava entrelaçando os fios do seu cotidiano na trama da sua memória; e, ao fazer isso, ela dava forma às suas projeções mentais, através das quais ela veria, sucessivamente, cada dia. E ela fazia isto através do poder das histórias que criava.

Por isso, uma história não é apenas o conteúdo daquilo que pensamos: *ela também é a própria maneira como pensamos*. Uma história é um dos princípios organizadores das nossas mentes.

Há três coisas que podemos extrair das pesquisas de Bruner, por enquanto:

1. As histórias não precisam ser longas.
2. As histórias não precisam ser verbais.
3. A história certa, no momento certo, nos ajuda a moldar e a controlar o nosso mundo.

A história de "George Bush no Marco Zero" é um bom exemplo desses três aspectos.

No dia 14 de setembro de 2001, o presidente Bush visitou o local onde ocorrera a tragédia, em Nova York, no dia 11 daquele mês. Ele caminhou em meio à multidão de socorristas que ainda mantinham a esperança de encontrar alguns dos corpos das cerca de três mil pessoas que morreram quando as torres gêmeas do World Trade Center desabaram, três dias antes. Bush escalava a montanha de destroços, conversando com os trabalhadores, quando pôs um braço sobre os ombros de um bombeiro que usava um capacete branco, dirigindo-lhe algumas palavras de conforto. Alguém passou um megafone às mãos do presidente. Ele postou-se sobre um fragmento da torre caída e falou brevemente à multidão. O que ele disse atingiu profundamente os corações das pessoas, ainda que suas palavras não sejam frequentemente lembradas. O que se tornou inesquecível foi a imagem do presidente em meio aos escombros, com o braço sobre os ombros do bombeiro, falando à multidão com calma e firme resolução. Esta imagem, às vezes reduzida a um único fotograma e impressa nas primeiras páginas de centenas de jornais, *é* a própria história.

Ela está de acordo com a nossa definição. O fato é que o World Trade Center foi destruído por um ataque terrorista; fato que é claramente demonstrado sob qualquer ângulo que tenha sido enquadrado por uma câmera. Ao colocar seu braço sobre os ombros de um bombeiro, o presidente abraçou toda a situação com uma mistura simples de emoções extremamente poderosas: compaixão, respeito pelo sacrifício daqueles que morreram tentando resgatar as outras vítimas e a clara resolução de que todo aquele sacrifício não teria sido em vão. Sob um olhar retrospectivo, aquela imagem simbolizou o momento em que o país saiu do estado de choque coletivo e decidiu-se a tomar uma atitude: o momento em que tudo mudou.

Este é poder da história certa, contada no momento certo.

***

Agora que temos uma definição utilizável do que é uma história, podemos passar às questões fundamentais deste livro. O que faz uma boa história? O que faz com que uma história seja excepcional? O que faz com que uma história permaneça poderosamente atraente para as pessoas, nas bilheterias ou no escritório do chefe?

Havendo passado nossas vidas profissionais criando e apresentando histórias que vendem — no início, na indústria do entretenimento; e, mais recentemente, como consultores empresariais —, nós chegamos à conclusão que todas as histórias de sucesso possuem cinco componentes básicos: a *paixão* com que a história é contada; um *herói*, que nos conduz ao longo da história e nos permite vê-la através de seus olhos; um *antagonista*, ou obstáculo que o herói deve sobrepujar; um momento de *consciência*, que permitirá ao herói triunfar; e a *transformação*, ocorrida no próprio herói e no mundo que o cerca, que resulta dos acontecimentos.

Estes são os cinco elementos básicos de toda e qualquer história.

Por que cinco elementos e não, digamos, seis ou sete? Para compreender isto é preciso retornarmos à aurora da nossa cultura.

Pitágoras foi o primeiro pensador sistemático da cultura ocidental. Ele fez muito mais do que elaborar aquele teorema do triângulo, que todos nós tivemos de memorizar durante os anos de ensino fundamental. Ele foi o pioneiro no estudo das relações harmônicas e o "inventor" da escala de notas musicais. Ele estabeleceu a Filosofia como uma disciplina, e batizou-a. Ele fundou aquela que poderia chamar-se de a primeira universidade moderna. Por tudo isso, Pitágoras é um ponto de partida lógico para iniciarmos nosso estudo sobre a arte de contar histórias. Infelizmente, ele não deixou nenhum registro escrito para a posteridade; assim, nossos estudos irão iniciar-se pelos registros de um de seus discípulos, o filósofo e poeta Empédocles.

É de Empédocles que retiramos a primeira noção de ser o mundo composto por quatro elementos: Fogo, Terra, Ar e Água.

Um quinto elemento, implícito nesta teoria, mas não mencionado textualmente, foi adicionado uma geração mais tarde, por Platão e seu discípulo, Aristóteles. Às vezes denominado "Éter", este quinto elemento talvez pudesse ser chamado mais apropriadamente de "Espaço", pois se trata do campo no qual os outros elementos ocorrem.

Até pouco tempo atrás, o senso comum considerava Empédocles como um filósofo natural; essencialmente, um protocientista, que dedicava-se, principalmente, a descrever o mundo material. Mais recentemente, estudiosos — notadamente o filósofo contemporâneo Oscar Ichazo — demonstraram que os quatro elementos de Empédocles não apenas descreviam o mundo material, mas, também, profundos estados psicológicos interiores. É neste sentido arquetipicamente psicológico que os elementos de Empédocles têm relação com a nossa compreensão de uma história. Eles são as chaves para que possamos ver uma história de maneira não linear. Ichazo, cuja compreensão dos antigos elementos é, de longe, a mais profunda (e cujo trabalho influenciou mais profundamente o nosso), chega ao ponto de chamar os elementos de "ideotrópicos" — o que significa que estes são ideias capazes de atrair nossas mentes para uma verdade interior, do mesmo modo que uma planta é atraída para o sol.

Então, de que maneira os cinco elementos arquetípicos de Empédocles e Platão relacionam-se com os nossos cinco elementos narrativos? Uma vez que uma história é portadora de uma cultura e que os elementos de Empédocles encontram-se no núcleo da nossa própria cultura, não é de admirar que exista uma correlação direta entre essas coisas.

Mais uma vez, os cinco elementos de uma história modelo são: *paixão, herói, antagonista, consciência* e *transformação*.

A PAIXÃO

Toda narrativa poderosa contém paixão — a energia que faz com que você deseje, até mesmo necessite, contá-la. Ela é a centelha essencial, o núcleo irredutível e coeso de onde brota o resto da história. Para uma história, portanto, conter paixão é vital. Ela corresponde ao primeiro dos elementos de Empédocles: o Fogo.

É a paixão que inflama a história, no coração das plateias que a ouvem. É a paixão que atrai a atenção da plateia para a história, em primeiro lugar; principalmente se ela é dirigida a mais de um ouvinte.

Quando uma plateia é inicialmente reunida para ouvir uma história, ela constitui-se de diversos indivíduos, com diferentes necessidades e desejos, sujeitos a distrações. As pessoas que trabalham com teatro chamam uma plateia nova ou particularmente difícil de "fria". Eles sabem que tal plateia precisa ser "aquecida", antes que possa absorver o material que desejam apresentar-lhe.

É isto o que a paixão faz. Ela desperta o nosso interesse e nos faz querer ouvir mais. Ela nos unifica, em uma só plateia; e, nesta unidade, que tanto transcende quanto reafirma a nós mesmos, reside uma força poderosíssima. Nós ligamos a TV todas as noites, mesmo que não haja nada de bom sendo transmitido, apenas para fazermos parte daquela história.

Quanto mais curta a história, mais intensa deve ser a paixão. Um exemplo perfeito de uma história bem contada, carregada de paixão, foi o mundialmente famoso comercial de TV intitulado "1984", dos computadores Macintosh. Ele durava apenas sessenta segundos, e foi veiculado uma única vez — em rede nacional, nos Estados Unidos — imediatamente antes do início do terceiro tempo do *Super Bowl*, em 1984. Quase seria possível dizer que ele nem passou; mas, até hoje, as pessoas ainda falam a seu respeito.

Àquela época, a indústria dos computadores encontrava-se em um período de transição, e a Apple Computer estava imersa em grandes problemas. A Apple sempre fora considerada uma grande empresa, mas seus computadores eram vistos meramente como brinquedos caros para os aficionados ou como uma ferramenta educacional para crianças. Quando as grandes empresas desejavam informatizar-se, a tendência natural era que procurassem uma marca na qual haviam aprendido a confiar: a IBM. Os computadores PC da IBM tornaram-se o padrão da indústria da informática, com todas as cifras referentes a vendas e publicidade em que isto pudesse implicar.

Em resposta a este quadro, o diretor-executivo da Apple, Steve Jobs — um dos executivos mais apaixonadamente comprometidos com seu trabalho, em todo o mundo —, lançou o Macintosh, um tipo de computador que redefiniu um paradigma. Era fácil de utilizar, era criativo e "não profissional": o computador "para qualquer um de nós". Tratava-se de uma verdadeira inovação; mas, a menos que as pessoas pudessem saber da sua existência, a Apple seria soterrada pela avalanche de vendas da IBM. A Apple necessitava de luz e calor — e rápido! O comercial "1984" deu conta do recado.

O filme de sessenta segundos iniciava com uma fila de homens cinzentos, com semblantes inexpressivos, marchando numa cadência regular e monótona por uma passagem estreita, enquanto, ao fundo, ouvia-se uma locução orwelliana sobre "purificação da informação". De repente, uma jovem e atlética loira, vestida com shorts vermelhos, carregando um martelo de arremesso olímpico, irrompia em cena, perseguida por policiais com capacetes cujas viseiras ocultavam-lhes os rostos. Os homens que marchavam entravam em uma sala imensa, onde centenas de outros homens iguais a eles fitavam, apaticamente, um telão de vídeo que cobria toda uma parede, no qual o "Grande Irmão" pontificava. A loira adentrava a sala enorme, girava sobre si mesma duas vezes e arremessava o martelo — que descrevia uma parábola pelo ar, até atingir violentamente o telão de vídeo. A tela explodia em meio a um clarão cuja luminosidade banhava os rostos dos prisioneiros, metaforicamente libertando-os. Então, a linha final do anúncio surgia na tela: "Em 24 de janeiro, a Apple Computer irá apresentar o Macintosh, e você verá por que 1984 não será como 1984."

A resposta a este anúncio foi igualmente explosiva. Sete dias depois de sua veiculação, não havia sequer um computador Macintosh nos estoques de todas as lojas de equipamentos eletrônicos dos Estados Unidos, e a fila de espera dos pedidos de reserva prolongava-se por meses. Um novo nicho de mercado havia sido criado por um novo produto; e nascia o mito de que um único anúncio veiculado durante o *Super Bowl* poderia alavancar toda uma corporação.

Há várias razões que contribuíram para fazer deste comercial uma história de sucesso tão absoluto. Ele foi escrito pelo legendário redator publicitário Lee Clow, no auge de sua forma, e filmado pelo premiadíssimo diretor de cinema, Ridley Scott. De maneira brilhante, ele contava sua própria versão da história de um mito já bem assimilado culturalmente, descrito no romance *1984*, de George Orwell, absorvendo a energia do livro e tornando-a sua, na nova forma. Porém, em seu núcleo irredutível, o que fazia deste anúncio algo tão poderoso era a crença apaixonada de Steve Jobs de que um computador era uma ferramenta destinada a libertar as pessoas.

A paixão verdadeira, corretamente direcionada, torna uma história — ou um produto — impossível de ser ignorada.

O HERÓI

Toda a paixão do mundo não terá utilidade, a menos que você tenha um lugar para depositá-la. É aí que entra em cena o herói. O herói é o segundo elemento em nossa história, e relaciona-se ao elemento Terra, de Empédocles. É o herói quem situa a história na nossa realidade. Por herói não estamos nos referindo, necessariamente, ao Super Homem ou à vovozinha que adentra um edifício em chamas para salvar um bebê — ainda que estes sejam exemplos de heróis. Nós nos referimos ao personagem que, na história, proporciona um ponto de vista à plateia.

Este ponto de vista precisa ser suficientemente substancial para que a história possa sustentar-se "sobre os próprios pés", além de permitir que nos identifiquemos com ele. O herói é tanto o nosso "substituto", quanto o nosso guia, ao longo da história. É a visão de mundo do herói que desenhará a paisagem a ser adentrada pela plateia.

Para que a plateia identifique-se com o ponto de vista do herói, é preciso que ela se sinta um pouco como se estivesse na situação do herói; por isso, a função deste é criar uma sensação de igualdade de ânimo com a plateia. É preciso que nos sintamos confortáveis na pele do herói.

Quando se trata de contar histórias no mundo empresarial, com frequência, este é o papel reservado ao "garoto propaganda", ou o porta-voz da empresa. Quando este trabalho é bem feito, pode consolidar uma marca. A campanha publicitária intitulada "Air Jordan", estrelada pelo ex-astro do basquete Michael Jordan é um bom exemplo disto. Quando "Sua Alteza Aérea" assinou seu primeiro contrato para promover a Nike, em 1985, a companhia ocupava um modesto terceiro lugar no mercado de calçados esportivos, nos Estados Unidos. Quando Jordan aposentou-se das quadras, a Nike já era, há muito tempo, a número um, detendo quase 40% do mercado norte-americano de calçados esportivos — mais do que o dobro de seu concorrente mais próximo. O salário de Jordan passou dos 2,5 milhões de dólares por ano — cifra considerada absurdamente elevada, à época em que ele firmou o primeiro contrato — para 20 milhões anuais — o que, ao término de sua carreira, todos consideravam uma pechincha.

Michael Jordan é um sujeito considerado simpático, carismático e talentoso em uma variedade de áreas de atuação. Mas o que fez com que ele funcionasse tão perfeitamente como o garoto propaganda da Nike foi sua capacidade de personificar o slogan da companhia, *Just Do It* — "Simplesmente Faça Isso". Assistir a Jordan dirigindo-se para a cesta, voando sobre a defesa adversária, mudando de direção em meio a um salto de maneira a nos fazer quase acreditar em levitação, era o mesmo que assistir a uma manifestação do impossível. Ele parecia desafiar as leis da Física. E, se ele pode fazer isso, talvez eu também possa fazer o que tenho de fazer. Basta levantar do sofá e entrar em forma. Corra! Vá jogar bola! Tente ser mais dinâmico e ativo. Talvez eu possa "simplesmente fazer isso", também. Mas, é claro: primeiro, eu vou precisar de um bom par de tênis...

Ao final da campanha "Air Jordan", as pessoas haviam-se identificado com a história da Nike ao ponto de não apenas usarem os tênis Nike, mas, também, de ostentarem a logomarca da empresa — aquele traço curvo, que sugere agilidade e movimento — em bonés, camisetas, jaquetas e uma infinidade de coisas, fazendo de si mesmas verdadeiros "*outdoors* ambulantes" da marca. A história dessas pessoas e a história da Nike haviam-se tornado a mesma e uma só.

Ter um herói que consiga trazer sua plateia para dentro da sua história é de importância fundamental para o sucesso de uma história de vendas — especialmente se o que você está vendendo não é um produto físico, mas um conceito abstrato.

Ronald Reagan era um grande contador de histórias. Não estamos falando de Ronald Reagan, o presidente; mas, sim, sobre Ronald Reagan, o astro de cinema treinado nos estúdios da Warner Brothers, ex-presidente da Liga dos Atores Cinematográficos e ex-mestre de cerimônias e apresentador do programa de TV *General Electric Theatre*. Como um "grande comunicador", ele conhecia a importância dos heróis. Ele compreendeu que, com o herói certo, as pessoas poderiam encarar até mesmo os fatos mais áridos e os aspectos mais técnicos de qualquer assunto sob um ponto de vista pessoal. Desta forma, em seus discursos sobre a Situação da Nação*, sempre que chegava a um ponto em que as coisas tornavam-se muito abstratas ou em que um assunto poderia causar uma polarização de opiniões, ele apontava para a galeria de representantes do Congresso e, de onde se encontrava, postava-se e esperava, como um "herói americano", que personificava o ponto de vista que Reagan tentava validar. Reagan controlava os debates nacionais utilizando-se de "heróis" que definiam o território que podiam abranger. Nós compreendíamos suas histórias porque conhecíamos seus heróis: todos eles eram tal como nós mesmos.

O ANTAGONISTA

Problemas são como água: sem eles, uma história seca e morre. Os antagonistas — e o conflito que eles representam para o herói — são o coração pulsante no centro da história. Por antagonista queremos dizer o obstáculo que o herói terá de sobrepujar. O antagonista não precisa ser, necessariamente, uma pessoa: se o

---

* A Constituição dos Estados Unidos da América prevê que um discurso explanatório sobre a situação da nação (*State of the Union address*), seja proferido anualmente pelo presidente em exercício para os membros do Congresso. (N.T.)

herói está lutando para escalar o Monte Everest, seu antagonista deve ser a própria montanha — mas, sempre tem de haver um antagonista. Se o herói não tiver de enfrentar nenhum obstáculo, não haverá, realmente, nenhuma história. Se não houvesse jogadores de defesa, Michael Jordan saltando no ar e encaixando uma bola na cesta não seria uma história muito boa. Mas, uma vez que eles existem — e que todo o time dos Detroit Pistons tenha estado marcando insistentemente Michael Jordan, e o jogo decisivo esteja em seus segundos finais, e a equipe dos Chicago Bulls esteja apenas um ponto atrás do adversário no placar, quando Michael Jordan apanha um rebote e atravessa a quadra, rumo à cesta... Isto, sim, seria a descrição de um momento inesquecível; e uma grande história.

A paixão envolvida na descrição da partida e das circunstâncias em que ela ocorreu prende a nossa atenção, mas são as emoções liberadas pelo triunfo do herói que gravam a história em nossa memória.

Muitas histórias costumam personificar o conflito na figura de um vilão: alguém que todos nós adoramos odiar. William Goldman, duas vezes premiado com o Oscar, diz que há apenas três perguntas que devem ser feitas antes de começar a escrever um bom roteiro cinematográfico: "Quem é o seu herói? O que ele quer? Quem, diabos, está impedindo-o de conseguir?" É assim que Goldman define o conflito.

O Dalai Lama, que ganhou um Prêmio Nobel da Paz por sua compreensão sobre a melhor maneira de lidar com os conflitos internacionais, formula a questão em termos mais genéricos: "Cada um de nós tem um desejo inato de buscar a felicidade e superar o sofrimento." Ele também disse: "Seus inimigos são seus melhores professores."

As grandes histórias refletem essa realidade. Buscar a felicidade é a nossa motivação. Superar o sofrimento é lutar contra nossos antagonistas internos e externos. Instintivamente, os seres humanos interessam-se pelas maneiras como os outros lidam com seus próprios problemas. Canalizar esta curiosidade para a narrativa é o que fará com que as emoções sejam liberadas, para envolver os fatos e criar a história.

Pesquisas recentes — que incluem mapeamentos encefálicos em tempo real, com equipamentos de alta tecnologia — têm demonstrado que as emoções, desencadeadas na área límbica do cérebro (também conhecida como "cérebro mamífero"), são capazes de fazer com que a memória retenha uma história.

Isto é particularmente importante, para uma história de vendas. Não adiantaria nada vender sua ideia para toda a diretoria da empresa que é sua cliente, durante uma apresentação, se todos esquecessem tudo o que foi dito, assim que você saísse da sala. Falaremos a respeito da conexão existente entre as emoções, o conflito e a memória em um dos próximos capítulos; mas, desde já, podemos garantir que o antagonista proporciona muito mais do que um simples "gancho" para a memória.

O que seria de Hamlet, sem Claudius? De Luke Skywalker, sem Darth Vader? Do Bip-Bip, sem o Coiote? É o antagonista que confere significado às ações do herói. O mesmo princípio também vale para as histórias empresariais.

Roberto Goizueta, ex-diretor-executivo da Coca-Cola, utilizou conscientemente este princípio para revitalizar a Coca-Cola, quando a marca estava à beira da morte comercial, na década de 1990. Ao atacar diretamente sua principal concorrente, a Pepsi, Goizueta lançou mão de todas as suas "tropas" e desencadeou o episódio que se tornou conhecido, à época, como "A Guerra das Colas". Em uma entrevista concedida a Jack Welch, da revista *Fortune*, Goizueta sugeriu que uma empresa que não tivesse um "inimigo natural" deveria sair a campo e encontrar um. Quando indagado por que as coisas deveriam ser assim, ele respondeu:

"Porque é a única maneira de provocar uma guerra."

Para a Coca-Cola, a "Guerra das Colas" produziu ótimos resultados. Durante o auge do "conflito" entre as duas gigantescas corporações, a Coca e a Pepsi liberaram uma tremenda energia, em termos de propaganda e marketing, enquanto lutavam pela dominação de mercados ao redor do mundo. Novas técnicas de vendas foram descobertas e aperfeiçoadas, novos mercados foram abertos, e muito dinheiro circulou, por todo o mundo. Mas, no fim, quando nenhum dos dois lados conseguiu estabelecer uma supremacia decisiva, toda a história tornou-se aborrecida. Por isso, assegure-se de que o antagonista que você escolher utilizar em sua história seja do tipo que o seu herói possa derrotar definitivamente. Dragões existem para ser exterminados; e não serem uma chateação constante.

Naturalmente, nem toda história tem um final feliz; e existe um verdadeiro "perigo moral" envolvido na criação de vilões. Imediatamente após o final da Primeira Guerra Mundial, as condições de vida na Alemanha eram assustadoras e brutais. Adolf Hitler envolveu este fato em emoções poderosas e anti-semitismo. O modo como ele suscitou o afloramento dessas emoções no povo alemão, através de seus discursos, pode ser visto em diversos filmes que restaram daquela época. A história que ele contava — de que os judeus eram responsáveis pela situação do país — compeliu o povo a praticar ações que transformaram o mundo em um verdadeiro inferno. Contar histórias é uma habilidade inata aos seres humanos; contudo, sob certos aspectos, trata-se de um processo isento de julgamentos.

Felizmente, existe uma "trava de segurança". As histórias que produzem ações negativas e destrutivas tendem a "canibalizar" quem as conta. Essas pessoas rapidamente eliminam-se a si mesmas do diálogo cultural. Se você deseja que sua história sobreviva e tenha uma vida longa e produtiva, assegure-se de não demonizar seu antagonista. A função do vilão não é criar o conflito; mas, sim, evidenciá-lo, para que possa ser vencido.

A CONSCIÊNCIA

Então, o que permite ao herói triunfar? De que maneira o vilão é derrotado? Em uma história realmente ruim, isto pode ocorrer em um súbito e aleatório momento de sorte, ou quando um personagem jamais visto antes entra em cena com a combinação que abre o cofre do segredo. Porém, em uma boa história — do tipo daquelas que você irá contar —, isto ocorre durante um momento de consciência.

A consciência corresponde ao elemento Ar. Ela é, literalmente, a inspiração que ocorre ao herói (ou heroína), que lhe permite enxergar claramente o problema e praticar a ação correta. As emoções fazem com que o herói deseje movimentar-se; mas, se ele não faz o movimento correto, seus esforços terão sido desperdiçados.

Nos filmes de detetives, este elemento é sempre enfatizado. Muito frequentemente, o momento em que o herói, tendo reunido cuidadosamente todos os indícios, finalmente desvenda o mistério, é marcado por um intenso acorde musical, um *close-up* de seu rosto, ou um breve *flashback*. De qualquer modo, nós ficamos sabendo que ele sabe quem é o assassino! Nós podemos ver isso em seus olhos. Se tratar-se de um filme clássico, como *A Ceia dos Acusados*, pode ser que o herói convide todos os outros personagens à sala de jantar, para explicar-lhes as suas conclusões. Em termos de roteiro cinematográfico, isto se chama "servir a solução".

Na vida real, esses momentos são, quase sempre, muito fugazes — como lampejos — e, às vezes, é fácil deixá-los quase imperceptíveis em uma história. Contudo, eles existem; e sua inclusão na história é crucial.

Diz uma lenda que Thomas J. Watson, o fundador da IBM, certa vez, teve um "momento de consciência" que mudou tudo. Absorto em seus esforços, concorrendo com a Olivetti pelo controle do mercado de máquinas de escrever, de repente ele percebeu algo sobre a IBM que jamais havia pensado antes. Em um lampejo de inspiração, ele se deu conta de que a IBM não era uma empresa do ramo de fabricação de máquinas de escrever e de calcular; mas, sim, uma empresa do ramo de processamento de informações. Esta descoberta fez toda a diferença: a IBM "mudou de ramo", passando a produzir computadores, e o resto é história.

Existe uma certa magia nesses momentos em que alguém exclama "A-ha"! Tal como o ar, é quase impossível reter um desses momentos. Na verdade, embora a história do momento de inspiração de Watson tenha sido contada muitas vezes — e ninguém jamais tenha questionado sua veracidade —, é muito difícil precisar exatamente quando e onde ela ocorreu. Uma vez que se tenha ouvido a história, ela parece tão evidente e crível que as pessoas simplesmente a aceitam como verdadeira. O conhecimento da história deste momento de inspiração torna toda a história da IBM — a qual, de outra maneira, poderia ser resumida a uma incessante e incansável luta pela ascensão à hegemonia sobre o mercado — muito mais interessante. Em meio à história da IBM, este momento é como um sopro de ar fresco.

Quando você procura um desses momentos de inspiração para incluir em sua história, um bom indício é saber que eles são, quase sempre, desencadeados pelos detalhes mais insignificantes.

Adam Kahane, um ex-planejador de cenários mercadológicos para a Royal Dutch Shell, conta a história de uma reunião da qual participou como integrante da *Visión Guatemala*, um grupo de pessoas que trabalhava para encontrar uma solução para o aparentemente infinito ciclo de violência e vingança que marcou a guerra civil guatemalteca, uma das mais longas e sangrentas da

História da América Central. A equipe havia reunido representantes das diversas facções — o exército, os rebeldes, políticos, religiosos e cidadãos — para tentar um entendimento. Ao longo de vários dias, todos ouviram, uns dos outros, descrições de atos de inacreditável barbárie e crueldade praticados por todos os lados. As discussões pareciam levar as coisas a um impasse.

Então, um dos políticos descreveu o episódio que presenciara quando da exumação de uma cova coletiva, no lugar onde ocorrera um massacre particularmente brutal. Quando os corpos foram removidos, o homem notou que ainda restava uma quantidade de ossos muito pequenos, no fundo da vala. Ele perguntou a um cientista forense que trabalhava no local se aqueles seriam ossos de animais — talvez, macacos — que tinham sido enterrados junto com as pessoas.

"Não", disse-lhe o cientista. "Muitas mulheres que foram mortas, naquele dia, estavam grávidas. Aqueles são os ossos de seus filhos não nascidos."

Um pesado silêncio desabou sobre a sala. Denso e profundo, o silêncio durou não segundos; mas, minutos, a fio. Quando a discussão recomeçou, tudo havia mudado. A imagem daqueles pequeninos ossos fez com que todos pudessem dar-se conta da verdadeira dimensão do horror da guerra civil, e da qual todos naquela sala haviam participado. Após o término da reunião, os participantes da conferência, unanimemente, afirmaram que aquele momento fizera toda a diferença. Aquele foi o momento em que todos realmente decidiram que as coisas deveriam mudar.

A tomada de consciência nem sempre é fácil ou agradável; mas, se você quiser que a sua história faça a diferença, ela sempre terá de ocorrer.

A TRANSFORMAÇÃO

A transformação é o elemento que menos necessita de uma explicação, porque ela é o resultado natural de uma história bem contada. Se você tiver dedicado a atenção necessária aos outros elementos, ela simplesmente acontece. Nossos heróis praticam ações para superar seus problemas, e eles e o mundo à sua volta sofrem mudanças. Isto, é claro, relaciona-se com o elemento Espaço. A mudança é o campo em que as histórias desenrolam-se.

No início da Ilíada, Aquiles encontra-se em um estado de irritada agitação, relutando em cumprir seus deveres para com seus camaradas em armas; mas termina a história derrotando seu inimigo, Heitor, e honrando-o na morte. Hamlet hesita, em meio a um mundo moralmente ambíguo; mas, no fim, suas ações terminam por eliminar um grande mal do coração de seu reino. Luke Skywalker aceita a realidade da Força e dá novas esperanças à República.

Boas histórias não têm de ter, necessariamente, um final feliz — a última cena de *Hamlet* dificilmente arrancaria gargalhadas de uma plateia; mas em todas elas há sempre uma mudança.

Nas histórias de vendas, com frequência, não se dá tanta importância à transformação, pois a mudança que se deseja produzir é um pressuposto. Com uma dessas histórias, você pretende transformar seu ouvinte, dono de um Fusquinha velho, no proprietário de um reluzente carro zero quilômetro. Você deseja transformar seu cliente, locatário de uma *kitchenette* no centro da cidade, no proprietário de uma mansão em um condomínio exclusivo. Portanto, você concentra sua atenção em outros elementos. Você motiva as pessoas a deixarem de recauchutar os pneus de um carro velho e a comprarem um novo. Você faz com que elas vejam uma casa nova da mesma forma que você a vê: como a melhor opção para elas. A história que você contar a essas pessoas pode promover esta mudança, ou não; mas você sabe onde quer chegar, desde o início.

No entanto, existe um tipo de história de negócios em que a transformação *é a própria história*. Trata-se das histórias de liderança.

Em seu livro clássico, *On Leadership*, John W. Gardner afirma que as organizações modernas — quer sejam políticas ou empresariais — dependem da liderança, desde o nível do chão da fábrica, até o mais alto gabinete executivo. Neste ambiente em que a informação flui intensamente, quem terminará assumindo posições de liderança? Geralmente, quem souber contar, de maneira eficiente, a melhor história: uma história capaz de catalisar toda a energia de um grupo, para lidar com um problema comum.

Vamos admitir: liderar é muito mais divertido do que seguir a liderança de alguém. Mesmo que não pretenda tornar-se um diretor executivo ou mudar o mundo, certamente você deseja ter mais controle sobre o seu trabalho e as suas próprias ideias. Em última análise, isto é o que o poder de contar boas histórias pode dar a você.

Esta é a transformação que desejamos que este livro produza. *Como Conquistar Clientes e Fechar Negócios* pode ajudar você a tornar-se esse líder. Este livro irá ajudá-lo a utilizar histórias para edificar o moral, fortalecer o espírito de equipe e a definir problemas — e, então, afastar-se um passo deles para que você e seus colaboradores possam descobrir soluções originais e eficazes. E ele ainda irá ajudá-lo a vender essas soluções, para que algo realmente aconteça.

Nos capítulos seguintes, falaremos mais detalhadamente sobre cada um dos cinco elementos componentes de uma boa história. Então, o que você acha? Quer ler umas boas histórias? Elas não são muito longas; e nós garantimos que vale a pena conhecê-las.

Nós ainda incluiremos alguns exercícios que o ajudarão a refinar sua habilidade de contar histórias. Nada disso irá tomar muito tempo, nem será algo difícil ou embaraçoso. Aqui vai o primeiro — que, aliás, é algo que você já estaria fazendo, de qualquer forma.

Amanhã, conte três histórias a alguém. Qualquer tipo de história. Você conta muito mais do que isto, em um dia normal; mas, desta vez, você irá contá-las estando consciente dos cinco elementos que cada história contém. Enquanto você conta suas histórias, ou imediatamente após terminar de fazê-lo, reveja mentalmente estes aspectos:

Paixão: Por que eu contei esta história? O que me faz achar que ela é importante? Eu consegui fazer com que meus ouvintes também a achassem importante?

Herói: A história era sobre quem? Os ouvintes da minha história pareceram haver aceitado o ponto de vista do herói?

Antagonista: Com que problema o herói teve de confrontar-se, e como o fato de contar sua história fez com que eu e meus ouvintes nos sentíssemos?

Consciência: O que o meu herói aprendeu, na história? O que eu adicionei aos meros "fatos frios" que tornou a história "quente"?

Transformação: O que mudou, na história?

Então, ouça três histórias contadas a você, por outras pessoas, fazendo-se as mesmas perguntas acima. Por que estão me contando esta história? Esta história é sobre quem? E assim por diante.

Este é um exercício simples. Ninguém precisa saber que você o está praticando (a menos que você deseje fazer disso uma história, de sua própria autoria), e você irá surpreender-se com a rapidez com que se acostumará a fazê-lo. Certamente, sua prática irá ajudá-lo a lembrar-se das histórias que lhe forem contadas, e você as memorizará com maior facilidade. E, como todo bom vendedor sabe, guardar as histórias dos outros pode ser um hábito muito proveitoso.

***

2

Fogo nas veias: a persuasão pessoal

DAVE AUSTGEN É O TIPO DE CLIENTE com o qual adoramos trabalhar. Dave é o Gerente Geral de Tecnologia e Operações da Shell Hydrogen, uma divisão da Shell Oil — uma das 50 empresas listadas entre as maiores e mais importantes pela revista *Fortune*. Ele deixou seu cargo na divisão de produtos químicos da Shell — uma das principais da corporação, lugar onde fazer uma carreira é o mesmo que trilhar um caminho seguro para conquistar promoções — e migrou para uma das divisões mais novas da empresa, dedicada ao desenvolvimento de combustíveis alternativos. Ele veio à nossa empresa de consultoria, a *FirstVoice* — especializada em estratégias de comunicação para executivos e corporações — com um problema. Ele fora designado para fazer uma explanação de vinte minutos sobre a política da empresa quanto às energias alternativas em uma conferência governamental. Sua plateia seria constituída de potenciais parceiros comerciais, concorrentes, agências reguladoras do governo e ONGs preocupadas com possíveis impactos no meio ambiente. A ele caberia apresentar os planos da Shell, em uma palestra intitulada "Desenvolvendo a Infraestrutura da Economia do Hidrogênio".

Alguns de seus ouvintes seriam especialistas da área tecnológica; outros, não saberiam praticamente nada acerca deste assunto em particular. Engenheiro químico, com grau de mestrado, Dave estava preocupado devido ao fato do material de que dispunha ser excessivamente árido e técnico; e, com um título como o que ostentava, nós tivemos de concordar que não se tratava de um assunto que parecesse ardentemente interessante. Ele nos disse que, do ponto de vista da empresa, sua missão seria a de converter os concorrentes em colaboradores, no que deveria provar-se como um investimento de vários bilhões de dólares em pesquisa e desenvolvimento.

Dave é um sujeito afável, que fala com aquele sotaque característico, que imediatamente costuma-se associar com a região produtora de petróleo no Texas. Ele é evidentemente muito inteligente, e movimenta-se com a desenvoltura física adquirida como um jogador habituado a vencer no jogo corporativo. Nós estávamos curiosos, por isso lhe perguntamos: "Por que você abandonou a segurança da divisão mais estável da sua corporação — a dos petroquímicos — e mudou-se para a divisão de combustíveis alternativos, que ainda é experimental?" Queríamos que ele nos contasse a sua história; e ele assim o fez.

Ele nos falou sobre os lugares que visitara em sua vida; lugares de grandes belezas naturais, que ele temia viessem a não mais existir, para que seus filhos e netos também pudessem conhecê-los, devido ao aquecimento global. Ele nos contou sobre caminhadas em meio à névoa na floresta tropical amazônica, sobre o panorama avistado de um mirante no Parque Nacional Glacier, em Montana, e sobre observar revoadas de pássaros ao pôr do sol, nas ilhas do litoral sul da Flórida. E ele nos falou que, honestamente, acreditava que o projeto com o qual estava envolvido — o desenvolvimento do hidrogênio como um combustível alternativo aos combustíveis fósseis — poderia constituir-se de boa parte da solução para esse problema. Ele nos disse que gostaria de fazer a diferença — sem deixar de ser o homem de negócios que era. Ele estava convencido de que havia muito dinheiro — muito dinheiro até mesmo para os padrões da indústria petrolífera — a ser ganho sendo parte da solução, em vez de parte do problema.

Não foi preciso muito tempo para que ele nos explicasse isso: não mais do que um ou dois minutos — mas ele nos causou uma impressão profunda. Quando ele terminou, nós percebemos que, embora o assunto que seria abordado fosse, mesmo, altamente técnico, a plateia poderia ser vivamente empolgada. Dave tinha uma coisa que todo contador de histórias — pois falar em público trata-se exatamente disto — precisa ter, mais do que tudo: Dave tinha *paixão*.

A paixão é o primeiro dos nossos cinco elementos. Sem ela, não é possível sequer começar — mal se tem ânimo para levantar da cama, de manhã; imagine ser capaz de inspirar uma sala cheia de gente estranha. É o fogo em suas entranhas que faz você sentir que precisa contar uma história, e que faz com que todo mundo acredite que precisa ouvi-la. A paixão é o "por que" da história: por que você a conta, por que nós desejamos ouvi-la.

Encontrar essa paixão, em você mesmo e nas suas apresentações, é absolutamente essencial para a maneira como os negócios são conduzidos, hoje em dia. O tempo do contracheque garantido e vitalício, nas grandes corporações, já passou. Até mesmo no Japão, não são mais distribuídas pensões e aposentadorias em retribuição a alguém por haver sido uma peça anônima e sem rosto na máquina corporativa. A "prata da casa" acabou; o "empreendedor corporativo" — frequentemente associado a outros, em pequenas equipes que fazem de seu modo de trabalho uma "grife" — chegou para ficar. Todos nós desejamos segurança e um contracheque garantido, mas o que está sendo procurado — e muito valorizado — é a próxima "sensação". Nós saberemos do que isto se trata quando pudermos ver. Se não virmos primeiro, nós saberemos quando alguém a tiver visto. Nós a veremos em seu semblante, no brilho em seus olhos, na paixão que mal pode ser contida em sua voz. Allan Weber e Bill Taylor, fundadores da revista *Fast Company*, captaram esse espírito e souberam expressá-lo, em seu *slogan*: "Todo negócio é pessoal". Quer você esteja abrindo o seu caminho em meio ao campo minado das ideias na moderna cultura corporativa, "queimando as pestanas" como integrante de uma equipe criativa ou, simplesmente, chegando mais cedo ao escritório, para fazer ligações telefônicas em busca de novos clientes, caso não esteja pessoalmente comprometido e apaixonadamente envolvido, por que alguém iria notar o que você faz?

Fazer com que outras pessoas importem-se com aquilo com que você se importa é do que trata este livro.

A primeira coisa que qualquer um de nós tem de fazer, se quisermos que as nossas ideias triunfem no mercado, é falar. Infelizmente, como demonstram pesquisas e mais pesquisas, o ato de falar em público ainda ocupa as primeiras posições nas listas dos nossos maiores temores — bem acima do medo de ser vitimado por acidentes, doenças ou ataques terroristas. Isto significa, como disse o comediante Jerry Seinfeld, que "se pudessem escolher entre fazer um discurso durante um funeral ou estar dentro do caixão, a maioria das pessoas preferiria estar morta." Falar em público é apavorante.

E o público nem precisa ser tão grande. Ter de falar durante uma reunião na empresa é, quase sempre, tão estressante quanto falar para um auditório lotado; e ter de pedir um aumento de salário ao seu chefe, cara a cara, é algo suficiente para elevar a pressão arterial de qualquer um. Por sorte, os primeiros minutos do discurso é que são os mais difíceis: depois deles, tudo se torna mais fácil. Trata-se de algo mais do que apenas causar uma boa impressão inicial (embora isto seja um detalhe muito importante, e nós iremos dizer exatamente como lidar com isso). Trata-se de romper uma barreira criada ao longo de milhares de anos de evolução.

Durante a maior parte de seu tempo de existência neste planeta, os seres humanos têm vivido em pequenas tribos; e, encontrar-se com membros de outras tribos sempre foi algo — na melhor das hipóteses — perigoso. É uma situação para a qual, certamente, não se vai sozinho. Nosso costume de apertarmos as mãos — e, assim, mostrarmos que estamos desarmados — é um resquício dos nossos antigos hábitos. Por isso, a primeira coisa que dizemos aos nossos clientes, para os quais vamos fazer uma apresentação pública ou tentar vender algo importante, é que o receio que possam estar sentindo é absolutamente natural. Todos nós sentimos esse medo; e este é um dos temores mais intensos dentre todos os que jamais experimentamos.

Há alguns anos, o exército norte-americano conduziu um projeto de pesquisa sobre o que fazia de alguns homens os melhores soldados. Os pesquisadores determinaram que não buscariam encontrar a mera ausência de medo. O medo, e a consequente liberação de adrenalina provocada no organismo, aguça enormemente os sentidos e é um fator determinante para a sobrevivência. O que os pesquisadores queriam encontrar eram homens que pudessem entrar rapidamente no estado de consciência alerta que o medo provoca, e saírem desse estado tão rapidamente quanto entraram, para fazer o que tivesse de ser feito. Em combate, esta habilidade pode ser a diferença entre a vida e a morte. Mas, o que os pesquisadores poderiam utilizar para identificar os homens capazes de sentir medo sem ficar paralisados por ele? Videogames são muito bons como simuladores de uma série de coisas, mas não conseguem fazer aflorar nossos medos mais profundos.

Os psiquiatras do exército, então, criaram um teste muito simples. Eles pediram para os soldados envolvidos na pesquisa que fizessem um discurso sobre algum tema com o qual mal tivessem alguma familiaridade, para uma plateia de pessoas desconhecidas, e monitoraram suas reações particulares. Entre todos os soldados observou-se um aumento dos batimentos cardíacos, elevação da pressão arterial, sensação de "boca seca", respiração acelerada e pouco profunda e outras reações normalmente típicas de quem é submetido a um estresse severo. Os psiquiatras procuravam encontrar os soldados cuja fisiologia lhes permitisse retornar mais rapidamente ao estado normal, após o choque inicial. Estes seriam os mais habilitados para assumir postos de liderança. O que queremos demonstrar é que você não precisa ser mandado ao Iraque para sentir como é estar na linha de frente: às vezes, apenas pensar em enfrentar uma sala cheia de estranhos é suficiente para produzir a mesma sensação.

E ninguém jamais se acostuma a isto. Atores profissionais experimentam esta mesma reação física. Um estudo médico britânico atesta que os níveis de estresse de atores profissionais em uma noite de estreia são "equivalentes aos de vítimas de acidentes automobilísticos". Se, nessas situações, você se sente como se um caminhão o tivesse atropelado, você não está sozinho. Até mesmo Sir Lawrence Olivier, o maior ator de sua geração, lutou contra o "medo do palco", ao longo de toda a sua carreira — ao ponto de pedir aos outros atores com quem contracenava que não o olhassem nos olhos, quando ele estivesse no palco, pois sentia-se tão vulnerável que poderia entrar em pânico.

Como dizemos aos nossos clientes empresariais, todo mundo se apavora. A questão é, o que você faz quanto a isso? Nós sugerimos que você faça sempre o que faz melhor. E o que é que todo ser humano faz melhor? Contar histórias — quanto mais pessoais e apaixonadas, melhor.

Então, sugerimos a Dave que iniciasse sua palestra na conferência sobre energia contando à plateia o mesmo que havia nos contado: sobre suas viagens, seus filhos, seus sonhos para o futuro, sua visão sobre fazer a diferença. Dave não se sentia embaraçado por falar sobre essas coisas (brevemente, é claro), mas ele estava preocupado. Quanto mais alto o posto ocupado na hierarquia empresarial, maior é a tendência para utilizar a segunda pessoa do plural — "nós", em vez de "eu" — no discurso habitual; e maiores são as chances de atrair a antipatia das plateias. Ocupar a posição de Gerente Geral da Shell é transitar em uma atmosfera muito rarefeita. A preocupação de Dave devia-se ao fato de que ao falar sobre seus sentimentos, em vez de ser o porta-voz dos interesses da empresa, ele pudesse expor-se demais. E ele tinha razão; ao fazer isso, ele assumia correr um risco real. No final, foi um risco que valeu a pena (quanto e como, é algo que diremos logo mais), mas foi preciso coragem para assumir corrê-lo. Como dissemos, Dave é o tipo de cliente com o qual adoramos trabalhar.

Iniciar sua apresentação com uma história pessoal — quão profundamente pessoal é uma questão relativa ao seu grau de conforto — é algo que lhe oferece duas vantagens imediatas.

A primeira é que histórias — particularmente as suas próprias histórias — são fáceis de recordar; e, dada a pressão à qual você está submetido no momento, por que dificultar as coisas para você mesmo? A última coisa que você iria desejar é ter um "branco", logo de início. O olhar perdido e esgazeado — como o de um animal surpreendido pelos faróis de um carro no meio de uma estrada, à noite — de um palestrante que se esforça para lembrar a primeira linha de seu discurso (ou quando ele esconde seus olhos enquanto furtivamente lê o texto e, depois, encara a plateia) causa uma péssima primeira impressão, muito difícil de ser contornada. É muito melhor chegar ao seu lugar, de maneira calma e natural, e fazer o que você faz, naturalmente: contar uma história às pessoas. Não é preciso que seja uma história longa. Se tratar-se realmente de uma história sua — e não de uma que tenha sido escrita para você —, a plateia reconhecerá a autenticidade na sua voz. Os seres humanos são muito bons em captar precisamente este tipo de "deixa", logo ao ouvirem as primeiras palavras. Isto se deve à evolução da espécie. Os humanos incapazes de fazer isso foram eliminados da herança genética coletiva, há muito tempo. Tão preocupado quanto você possa estar com relação à sua plateia, ela se mostrará cautelosa com relação a você. Então, conquiste sua confiança, sendo verdadeiro e agindo de maneira tranquila.

A segunda vantagem é que as histórias permitem que você faça, rapidamente, duas coisas que as pesquisas apontam como as mais importantes para torná-lo "agradável", logo nos primeiros sessenta segundos da sua apresentação: compartilhar uma experiência pessoal e mostrar às pessoas que você está falando com elas, e não simplesmente expondo-lhes um discurso pré-elaborado ou vendendo-lhes uma ideia. Se você puder reparar, é exatamente desta maneira que se iniciam todos os espetáculos cômicos. O comediante sobe ao palco e diz: "Oi, eu acabo de voltar do Rio e, vou contar pra vocês, as estradas são qualquer coisa... Vocês sabem, eu sou de São Paulo [uma informação pessoal]... Tem alguém de São Paulo, aqui? [A apresentação abre-se para a participação da plateia, no momento em que alguém responde afirmativamente.] Em que bairro você mora?... É mesmo? Eu conheço aquelas bandas. Lugar maluco, né? Mas, então, como eu ia dizendo, eu não estou muito acostumado a pegar a estrada..." Ao revelar-se e mostrar-se aberto às manifestações da plateia, o comediante nos faz pensar, "Ei, eu gosto desse sujeito." É o tipo de coisa que funciona, mesmo quando sabemos quão cuidadosamente essa interação pode haver sido calculada. Naturalmente, se o comediante não for realmente de São Paulo, é preciso que ele seja um excelente ator.

Um dos motivos pelos quais as piadas fracassam em seu intento quando utilizadas no início de um discurso empresarial — arrancando, no máximo, risadinhas contidas e nervosas da plateia — deve-se ao fato de os comediantes profissionais utilizarem-nas para revelar algo a respeito deles mesmos: quanto mais verdadeiras e pessoais forem essas revelações, mais engraçadas serão as piadas. Com muita frequência, os palestrantes corporativos escondem-se por trás de suas piadas, utilizando-as para ocultar seu nervosismo ou para desviarem-se de uma possível oposição ao que virão a dizer, mais tarde. Talvez o discurso mais embaraçoso seja aquele escrito por um redator profissional super bem-humorado, para ser proferido por um diretor-executivo, tentando fazê-lo parecer-se com "apenas mais um" dentre os outros funcionários. O texto até pode ser bem escrito, e poderia fazer efeito em um contexto informal; mas, no início de uma apresentação dirigida aos acionistas, soa, inevitavelmente, como algo morno e pré-fabricado, provocando exatamente o oposto da impressão desejada. Isto é uma pena, porque tudo o que um chefe tem a fazer para parecer-se, realmente, com o resto dos funcionários é contar uma história sobre a sua família, sua casa ou sobre o seu dia de trabalho no escritório. Ou sobre algo que ele tenha notado, que lhe dá a certeza de que a empresa está trilhando o rumo certo; o tipo de coisa que todos têm em comum. Comparada à melhor piada pré-fabricada, uma boa história é mais fácil de ser lembrada, mais fácil de ser contada (como diz o pessoal que faz teatro, "morrer é fácil; fazer rir é que é difícil") e muito, muito mais eficiente.

Tip O'Neill, o famoso ex-porta-voz da Casa Branca, edificou toda a sua carreira sobre sua habilidade para iniciar discursos, desta maneira. Extremamente habilidoso, formado na política local de Boston, O'Neill ocupou seu primeiro cargo de destaque na política nacional como líder do comitê da campanha do Partido Democrata para o Congresso. Seu trabalho o fazia viajar por todos os distritos políticos dos Estados Unidos. Em cada um deles, ele tinha de fazer um breve discurso, visando angariar fundos para a campanha. Ele criou o hábito de pedir aos seus anfitriões que o levassem a qualquer lugar que fosse considerado único ou especial para cada comunidade visitada, na tarde que antecedesse a noite de uma das suas apresentações. Assim, ele visitou a casa onde vivera o ex-presidente Truman, no Missouri, e um campo de batalha da Guerra de Secessão, na Geórgia. Não importava o lugar, fosse onde fosse: o importante era que a população local o considerasse especial. À noite, Tip sempre iniciava seus discursos descrevendo a visita que fizera ao local em questão e sobre como se sentira e o significado que isto tivera, para ele. Suas palavras descreviam a importância de um momento pessoal, que nada tinha a ver com o tema do discurso, em si; mas isto criava uma conexão imediata entre ele e suas plateias. As pessoas gostavam disso. Gostavam tanto que, quando chegava a hora de pedir donativos para a campanha, todas apressavam-se a sacar seus talões de cheques, e Tip logo veio a tornar-se um dos mais eficientes porta-vozes da história recente da Casa Branca.

Por tudo isso, havia bons motivos de sobra para que Dave iniciasse sua conferência sobre energia com uma história pessoal. Havia um risco envolvido nisso, é claro; mas o risco oferecia mais um bom motivo para que fosse assumido: porque as pessoas adoram ver alguém assumir um risco e triunfar, no final. Todos nós sempre torcemos pelo sucesso do trapezista no circo. Nós torcemos pelo piloto que recebe a bandeirada final após levar seu carro ao limite da resistência e fazer uma ultrapassagem arriscada, na última volta de uma corrida. Se isso não envolvesse qualquer risco, não seria interessante. E todos desejamos que esses competidores tenham êxito. Quando alguém, visivelmente, "gasta seu último cartucho", nós torcemos para que acerte o tiro.

Alguns anos atrás, Marshall Goldsmith encontrava-se na posição do principal conferencista em um seminário sobre o que as grandes corporações deveriam fazer para que pudessem conservar seus melhores e mais talentosos colaboradores. O seminário duraria todo um fim de semana; mas, já no primeiro dia, as coisas revelaram-se monótonas e sem graça, ao ponto de ameaçar tornar todo o evento um desastre. Naquela noite, o patrocinador do seminário reuniu-se com Marshall e, segundo conta este último, "após alguns martinis a mais" ambos traçaram um plano para salvar o evento.

No dia seguinte, Marshall, dirigindo-se a uma plateia constituída principalmente de executivos de RH de grandes corporações, iniciou sua palestra com um questionamento muito incisivo. "Até onde vocês estão dispostos a chegar, para manter os talentos mais brilhantes nos quadros das suas empresas? O que vocês estão dispostos a fazer? Eu disse 'fazer', não apenas 'falar', para manterem-se competitivos?" Por exemplo, eles poderiam permitir que seus funcionários talentosos deixassem de vestir paletós durante as reuniões empresariais, mesmo que isso pudesse violar o código de vestuário da companhia? Nesse momento, Marshall desvestiu seu próprio paletó. E quanto à gravata? Vocês estão dispostos a permitir que eles não sejam obrigados a usar uma gravata? Marshall estava; ele tirou sua gravata e jogou para um lado, enquanto continuava a falar sobre alguns dos problemas mais comumente enfrentados pelas pessoas mais criativas, dentro da cultura corporativa. Bem, por onde passa um boi, passa uma boiada: que fazer quanto a essa camisa engomadinha? Vamos tirá-la, também. A esta altura, a plateia já se sentava à beira de suas cadeiras. Sapatos, meias... Todos pensavam a mesma coisa: quando ele vai parar? Quão longe ele irá? Será que ele vai tirar as calças? Talvez eles esperassem que isto acontecesse; mas, enquanto apreciavam o suspense, todos ouviam o que Marshall dizia. Sob todo o teatro, ele propunha um desafio sério: sua empresa está atendo-se tão rigidamente às tradições corporativas ao ponto de sufocar seu próprio futuro? Com seus gestos, Marshall sublinhava cada um dos pontos-chave que expunha. Ações falam mais alto do que palavras.

Agora, antes que alguém saia correndo e cometa algum tipo de atentado ao pudor nos corredores, a título de promover uma boa ideia, devemos enfatizar que a atitude de Marshall justificava-se por três bons motivos. Um, porque ele não fazia isso apenas para chocar as pessoas: todos os seus atos tinham uma conexão com o tema de sua palestra. Dois, como um especialista em treinamento de executivos, Marshall é extremamente hábil para perceber as menores pistas físicas quanto ao nível de conforto e de constrangimento das pessoas; e, enquanto ele desempenhava seu ato, seu "radar" interno funcionava na potência máxima. Com a mesma curiosidade com que sua plateia se perguntava "Até onde ele irá chegar com isso?", ele perguntava-se a si mesmo "Até onde eu poderei chegar com isto?" Se, em qualquer momento, ele notasse que o tom do riso da plateia passasse da diversão para o nervosismo, ele pararia imediatamente. Todos os presentes estavam torcendo pela mesma coisa: para que ele fosse até o limite; mas, sem ultrapassá-lo. Se você brinca com fogo, é melhor ter cuidado para não se queimar. Marshall fez um trabalho de mestre, ao testar os limites e dar um passo atrás, no momento exato, arrancando fervorosos aplausos da plateia. Em terceiro lugar, além de ser um dos mais bem pagos treinadores de executivos do mundo, Marshall é, também, um *stripper* bastante bom. Se, em algum momento, ele ficasse embaraçado ou saísse de sua própria zona de conforto, todo o "castelo de cartas" poderia desabar. Foi seu comprometimento apaixonado com aquilo que dizia que lhe permitiu permanecer focado em sua mensagem e tornar seus atos coerentes com a mesma. A plateia adorou. Isto aconteceu há cinco anos, e as pessoas ainda comentam sobre aquela conferência.

Assim sendo, as pessoas gostam de torcer por quem assume correr um risco e vence — desde que sintam-se apaixonadamente envolvidas e capazes de fazer a mesma coisa. Se você não acredita nisto, pergunte a Bill Clinton.

Provavelmente não exista, na política norte-americana, nenhuma ação mais arriscada do que a praticada por Bill Clinton durante uma entrevista coletiva à imprensa nacional, concedida na Casa Branca, em janeiro de 1998; quando, com o dedo em riste, ele voltou-se para as câmeras e fitou a nação nos olhos, afirmando enfaticamente: "Eu não mantive relações sexuais com aquela mulher, a Srta. Lewinsky."

A não ser, talvez, no sentido mais técnico do termo, ele estava mentindo deslavadamente. Ao fazê-lo, ele estava arriscando o bem mais precioso de um presidente: a confiança nele depositada pelo povo. Bem, nós não estamos defendendo a atitude de Clinton, e o peso político da situação ainda é um assunto sujeito a debates — mas não para nós, porque não atuamos no ramo da política. Nós somos do ramo das comunicações. Por isso, o que nos fascina acerca daquela simples afirmação, que logo foi desmentida pelos fatos — inclusive pelo exame de DNA da substância encontrada naquele célebre vestido azul — é que, na verdade, ela acabou fazendo aumentar o apoio popular a Clinton. Ele subiu nas pesquisas de popularidade e manteve-se no topo da lista. Aliás, quanto mais ele era atacado, mais sua aprovação subia nas pesquisas. Quanto mais vezes aquela sua fala era reproduzida nos telejornais, mais as opiniões se polarizavam, no país — ficando a maioria a favor do presidente. Isto era contra a lei da gravidade política: era como se estivéssemos vendo alguém levitar. Tal como os comentaristas Republicanos não cansavam de nos lembrar, o mundo não deveria ser assim. Simplesmente, não era algo lógico!

Porém, tampouco são lógicas as motivações primárias das pessoas: o tipo de motivações que faz com que as pessoas apóiem as suas ideias ou as ignorem, solenemente. Clinton podia não contar com a verdade dos fatos ao seu lado; mas ele tinha a paixão. Nos dois sentidos do termo — e esta conexão semântica é mais do que mera coincidência, porque existe, como Marshall também demonstrou com sua atuação, um componente nitidamente sexual (embora não necessariamente evidente) em toda paixão. O amor apaixonado faz com que liberemos toda a energia dos nossos seres e consolida nossas relações mais íntimas. O ódio apaixonado é o combustível que alimenta desavenças e preconceitos, por gerações. É uma coisa perigosa, essa paixão; mas os nossos heróis, desde Prometeu até hoje, são aqueles que sabem brincar com fogo e sair vencedores.

"Vencedores" é a palavra-chave. Então, o que é possível fazer para assegurar-se de que, ao assumir correr o risco de falar em público, numa apresentação que quebre os padrões e transmita, realmente, o que lhe parece mais importante, você saia vencedor?

Bem, em primeiro lugar, perceba que fazer com que uma porção de gente fique furiosa com você não é sinônimo de haver fracassado — ao menos, não totalmente. Fracassar completamente é perceber que as pessoas não dão a menor importância ao que você diz: é quando elas não prestam nenhuma atenção e até mesmo dormem, enquanto você fala. Comprometer-se com a sua paixão, geralmente, é suficiente para evitar que isto aconteça; portanto, você já tem meio caminho andado. Em segundo lugar, imagine que você está para entrar em uma luta. Se você não puder visualizar-se em uma arena, é porque você não precisará dar-se ao trabalho de convencer sua plateia: ela já estará do seu lado, e é provável que você sequer precise falar para ela — basta mandar um memorando àquelas pessoas. Mas, se você sentir que está em meio a uma luta e que perdê-la significa tirar o pão da boca dos seus filhos (mesmo que você ainda não tenha filhos, confie em nós: eles virão, Gafanhoto; eles virão), é melhor fazer o seu dever de casa e estudar o que diziam os velhos mestres. Os dois mestres cujo estudo recomendamos são Sun-tzu, com sua obra clássica, intitulada *A Arte da Guerra*; e Miyamoto Musashi, com o seu *Livro dos Cinco Anéis* — também conhecido como *Escritos Sobre os Cinco Elementos*.

A Arte da Guerra, de Sun-tzu, escrito durante o período clássico da Dinastia Chou (entre 551 e 249 a.C.), é o mais antigo manual de táticas de guerra do mundo, sendo utilizado até hoje pelas mais elitizadas forças militares — inclusive pelos famosos Marines norte-americanos —, bem como o mais avançado e visionário manual de planejamento e estratégia para negócios. *O Livro dos Cinco Anéis*, de Musashi, foi escrito em 1643 pelo mais famoso espadachim do Japão, no território de Kyushu, durante o período em que o samurai retirou-se para meditar em uma caverna. Mas não se deixe enganar pelo que o aspecto da meditação possa lhe sugerir. O livro é um tratado maravilhosamente sangrento sobre como cruzar espadas com o inimigo e terminar o combate com a sua cabeça e seus braços ainda ligados ao corpo. Ele tem sido utilizado, há anos, como o texto fundamental para o treinamento de executivos na cultura corporativa *zaibatsu*, no Japão. Enquanto a economia globalizada se expande e os mercados asiáticos continuam a crescer exponencialmente, aprender alguma coisa com os nossos potenciais concorrentes é uma atitude obviamente inteligente. Estes livros têm muito a nos ensinar sobre a guerra enquanto embate de ideias.

O clássico de Sun-tzu inicia-se assim: "A guerra é um assunto de importância vital para o Estado; a província da vida ou da morte; o caminho para a sobrevivência ou para a ruína [...] Por isso, tentamos compreendê-la em termos dos cinco elementos fundamentais [...] O primeiro desses fatores é a influência moral; o segundo é o clima; o terceiro é o terreno; o quarto é o comando; e o quinto é a doutrina."

Substitua a palavra "Estado" pelo nome da sua empresa e você terá uma boa noção sobre o assunto de que se trata. Os cinco elementos de Sun-tzu e os nossos cinco elementos são, aproximadamente, análogos. O que ele chama de "influência moral" nós chamamos de "paixão". Por isso, antes de entrar em uma sala de reuniões para apresentar suas novas ideias, faça a si mesmo algumas perguntas fundamentais, para assegurar-se de que "a força esteja com você". Você realmente se importa com o que está para dizer? Trata-se de uma verdade? Deixe a mentira para os profissionais. Se você não puder encontrar nada de verdadeiro sobre o que pretende dizer, arranje outra ideia para falar a respeito. Mais além, Sun-tzu também define a influência moral como aquilo que faz com que um povo siga os seus líderes, mesmo "até a morte". Sua ideia não precisará de gente "morna", que a apóie vagamente. Você deve buscar gente disposta a correr riscos por ela, tanto quanto você está disposto a fazê-lo. Para tanto, é preciso ser "quente".

Nos termos utilizados nas salas de reuniões, o que Sun-tzu chama de "clima", nós chamamos de "tempo". A energia que circula em uma reunião realizada logo nas primeiras horas da manhã é diferente daquela que circula em uma reunião — sobre o mesmo assunto — que acontece logo após o almoço, quando todo mundo está com a barriga cheia e sentindo-se meio preguiçoso; e esta é totalmente diferente de uma reunião realizada pouco antes do final do expediente, quando o efeito da cafeína já passou e toda a energia criativa das pessoas esgotou-se. Assim sendo, para quando programar sua reunião? Evidentemente, é melhor marcá-la para a primeira hora da manhã; mas, pode ser que você não tenha controle sobre esses horários. Neste caso, é melhor adaptar o conteúdo a ser apresentado na reunião, para que seja adequado ao horário de que você dispõe.

As manhãs são sempre claras, brilhantes, novas e dinâmicas; e você pode levar bastante tempo para expor os detalhes que embasam os seus planos. Após o almoço, você precisa atrair os seus ouvintes, para que eles focalizem sua atenção. As pessoas tendem a sentir uma certa "moleza" após a refeição, e a maioria de nós sofre uma "queda de energia" entre as duas e as quatro horas da tarde (o que explica o hábito da *siesta*, praticado em alguns países); por isso, tenha em mente que você irá enfrentar uma certa dificuldade para fazer com que sua plateia concentre-se na tarefa a ser realizada. Torne as coisas mais leves e suaves. Nenhuma parte da sua apresentação deve estender-se por mais de cinco minutos; e, se você trabalha em equipe, passe a vez de falar aos outros, com frequência. Se você planeja fazer uma apresentação de Power-Point, pelo amor de Deus, não apague as luzes da sala! Antes do final, a energia das pessoas já haverá sido totalmente consumida. Não espere que alguém decida algo: esforce-se para que todos se lembrem do que foi dito. "Enxugue" sua apresentação ao máximo e encerre-a de maneira rápida e forte. Seu objetivo deve ser o de fazer as pessoas pensarem sobre a sua ideia, à noite.

Por "terreno" nós nos referimos ao local físico, onde você realmente se encontrará. Se você tiver de fazer sua apresentação para um grupo de pessoas, chegue mais cedo. Lord Nelson — o mais bem-sucedido almirante da marinha britânica, herói da Batalha de Trafalgar — disse que devia todo o seu sucesso ao hábito de chegar sempre quinze minutos adiantado a qualquer compromisso que tivesse. Este é um hábito que você deve adquirir. Ele lhe dará o tempo necessário para familiarizar-se com o equipamento colocado à sua disposição. Assegure-se de que o PowerPoint esteja rodando normalmente e que o som do sistema esteja bem ajustado. Experimente o espaço que você terá para utilizar. Se você tiver de fazer toda a sua apresentação sentado, apanhe a sua cadeira e sente-se confortavelmente, para testá-la. Escolha uma cadeira que não faça barulho, quando você mudar de posição sobre o assento. Se puder fazer sua apresentação em pé, faça-o; mas não caia na armadilha de postar-se detrás de um púlpito. Os olhos humanos adoram perceber movimentos; particularmente o movimento de coisas que, alternadamente, aproximam-se e afastam-se de nós. Lembre-se daquelas magníficas cenas cinematográficas em que o herói parece correr eternamente em nossa direção, ou quando uma bela garota parece vir ao nosso encontro, de braços abertos, em câmera lenta. Sobre um palco, o movimento de um lado para outro sugere uma tentativa de ganhar tempo: funciona, desde que você esteja, realmente, pensando em uma resposta a uma dúvida ou na solução para um problema; de outro modo, evite fazê-lo. Aqui vai um truque rápido: quando estiver falando sobre o futuro, dê um passo adiante, em direção à platéia. Quando falar do passado, dê um passo para trás. E quando estiver falando sobre o "aqui" e o "agora", posicione-se, imóvel, no centro do palco.

Quando Sun-tzu diz "comando", ele se refere a um general — ou seja, você. A qualidade mais apreciada em um general é a coragem. Aristóteles definia a coragem não como a mera ausência de medo, mas como o perfeito equilíbrio entre a timidez e o excesso de autoconfiança. Em campo, o melhor general que jamais vimos foi Joe Montana, o ex-zagueiro do time de futebol americano *San Francisco 49ers*. Atualmente, ele viaja fazendo conferências sobre motivação; se você puder assistir a uma delas, não deixe de fazê-lo. Ele possui uma habilidade natural para comandar a atenção de qualquer plateia sem esforço, justificando plenamente seu apelido, "Joe Cool". Ele conta uma história sobre o ponto decisivo que ele marcou em uma partida do *Super*

Bowl XXIII, de maneira tão elegante e bem-humorada, que não se deve perder a oportunidade de ouvi-la. Nós a descreveremos, aqui; mas, sinceramente, recomendamos que você ouça Joe contando-a, ao vivo. A história tem seu ponto alto no momento em que ele agarra seu próprio corpo, projeta seu braço para trás e arremessa uma bola imaginária em um passe perfeito; dá para sentir a intensidade que transparece em seus olhos e a calma com que ele modula sua voz. Aliás, assistir ao modo como os grandes oradores falam em público é a melhor maneira de tornar-se um deles. Comprometa-se a fazer isto.

O elemento final de Sun-tzu é a "doutrina", ainda que algumas traduções refiram-se a ele como "política". Trata-se do seu plano de ação: a espinha dorsal do seu discurso. Pratique-o, em voz alta. Você não precisa decorar todo o seu discurso, palavra por palavra (na verdade, se você fizer isso, o discurso tenderá a sair meio "capenga"), mas é necessário que você se sinta totalmente familiarizado com a sequência das coisas que serão ditas, de modo que, se acontecer algo inesperado (o que, quase sempre, acontece: o microfone falha, um garçom deixa cair uma bandeja ou o PowerPoint recusa-se a rodar), isso não o desequilibre. Não tente memorizar todo o seu discurso; apenas diga-o para si mesmo, algumas vezes. Lê-lo em silêncio não é a mesma coisa. Nossa recomendação é que você o profira cinco vezes — sendo ao menos duas, diante de uma plateia viva. Qualquer tipo de plateia: até os seus gatos servem; mas seus amigos, certamente, serão uma plateia melhor. Se o seu discurso durar vinte minutos ou mais, diga-lhes que você irá pagar uma cerveja para todos, ao terminar; ou, melhor ainda, diga-lhes que você retribuirá o favor na próxima vez em que eles precisarem de uma plateia. Pergunte-lhes o que "funcionou" ou não, no seu discurso; mas você poderá aprender muito, apenas observando as reações das pessoas, à medida que fala. Ensaiar diante de uma plateia — mesmo que seja uma plateia de apenas um ouvinte — é algo indispensável para aumentar sua confiança. Resista à tentação de falar sobre o seu discurso. Não diga às pessoas sobre o que você irá falar: apenas faça o seu discurso. É preciso que você diga as coisas como se elas estivessem "na ponta da língua"; e certas coisas que parecem sensacionais quando escritas, simplesmente não fazem o mesmo efeito, quando ditas. Elimine-as do seu discurso e procure outra forma de dizê-las, que lhe pareça mais fácil de ser verbalizada e mais agradável aos seus ouvidos, pois também é necessário que as coisas soem bem.

Finalmente, assegure-se de saber o que você deseja que a plateia faça, quando você começar a falar. Você não está ali apenas para receber aplausos. Você já investiu um bocado de tempo e energia para trazer essas pessoas para o seu lado; agora, diga-lhes especificamente o que você quer que elas façam. Expresse suas ideias de maneira simples, clara e esteja certo de que todas são factíveis.

Sun-tzu escreveu sobre estratégia. Ele é o tipo do sujeito que visualiza toda a situação em um quadro geral. Musashi, o samurai, fala direta e pessoalmente com seus leitores. Ele é o sujeito que ensina a desferir o golpe fatal.

Miyamoto Musashi é um ícone cultural japonês. Sua vida tem sido o assunto de vários livros e filmes, incluindo a clássica "Trilogia do Samurai", estrelada por Toshiro Mifune. Musashi era um órfão, descendente de uma linhagem de samurais, que matou um homem pela primeira vez — em um duelo com espadas — aos treze anos de idade. A partir de então, ele passou trinta anos viajando por todo o Japão, desafiando os melhores guerreiros para combates pessoais, com o único objetivo de aperfeiçoar sua arte. Ele jamais perdeu um duelo. Ao longo de sua jornada, ele tornou-se um mestre nas tradicionais artes japonesas da pintura e da caligrafia com pincel, e seus trabalhos atualmente são exibidos nas mais refinadas galerias e museus do mundo. Musashi compreendeu que a pena — ou seu equivalente, o pincel japonês — não é mais poderosa do que a espada; mas, sim, uma extensão natural desta. Budista dedicado, ao final de sua vida — que o levara da pobreza aos mais elevados níveis da sociedade japonesa — ele retirou-se para uma caverna, para contemplar tudo o que havia aprendido e o que deveria ensinar. O resultado disso foi *O Livro dos Cinco Anéis*.

O livro é extremamente prático, em termos de ensinar como brandir uma espada, controlar as linhas de ataque do oponente e utilizar o tempo e o ritmo a favor do lutador — pontos absolutamente importantes, a serem lembrados ao fazer uma apresentação em público. Mas o coração de sua técnica inigualável era o que Musashi chamou de *hitotuse no uchi*: "vencer com um único golpe". Em suas próprias palavras, "Conquiste a capacidade de vencer com certeza, tendo em mente um único golpe. Esta é a maneira de sair vitorioso de todos os combates. Exercite-a bem."

Na moderna esgrima *kendo*, quando tal golpe é desferido, o combate é encerrado e o vencedor é declarado. Ele tem sido descrito como um golpe que "ressoa no coração e na mente de quem o recebe, e também na mente de quem o aplica". Isto é a quintessência de uma história: um fato (o golpe), envolvido em uma emoção pura e espontânea, que permite a quem o aplica transformar-se em um vencedor. É um momento de pura paixão.

William Safire, ex-redator dos discursos de Richard Nixon e colunista do *New York Times*, responsável por fazer do mundo um lugar mais gramaticalmente correto, conhece bem o que faz um discurso ser bom — pois já escreveu muitos. Ele diz que no centro de todo grande discurso político existe uma única frase, simples e memorável, que contém tudo o que o discurso inteiro tenta dizer, em linguagem simples. Quem poderia lembrar do discurso de posse de Kennedy sem a famosa frase "Não pergunte o que o seu país pode fazer por você: pergunte o que você pode fazer pelo seu país"? Ou o discurso inaugural de Roosevelt, sem a afirmação "A única coisa que devemos temer é o próprio medo"? Até mesmo a ordem peremptória de Reagan, "Sr. Gorbatchev, derrube esse muro!", ainda ecoa através da História. Essas frases são, em termos de linguagem, o que Musashi definia como "o golpe único". Elas contêm a essência de todo o discurso. Elas são a centelha que gera a necessidade do palestrante falar, em primeiro lugar — e que acende a chama que nos é passada. A ideia que elas contêm se alastra, porque tem a mesma natureza do fogo. É contagiosa.

Nós sempre recomendamos aos nossos clientes que, uma vez que tenham redigido seus discursos, tentem resumi-los em uma única frase, de fácil memorização. Não é preciso que esta frase seja, propriamente, dita no discurso; mas mantê-la constantemente ecoando na mente é sua vantagem mais importante.

Assim, após havermos trabalhado com Dave Austgen em seu discurso para a conferência sobre energia — garantindo que ele contivesse todos os cinco elementos essenciais a uma boa história (paixão, um herói, um antagonista, consciência e transformação) —, trabalhamos em conjunto para que ele formulasse sua frase central. Uma vez que ele conhecia bem o assunto e importava-se sinceramente com o que seria dito, foi fácil fazer com a frase surgisse. "Como alternativa aos combustíveis fósseis, os veículos com célula de hidrogênio são possíveis e lucrativos; e eles são a coisa certa a ser feita, agora." Dave jamais disse esta frase, em seu discurso — mesmo porque, jamais precisou fazê-lo; mas, caso tivesse de confrontar-se com a plateia, ele estaria preparado para desferir seu "golpe fatal".

Como Dave se saiu com seu discurso? Apenas para lembrar do objetivo que o discurso deveria atingir, a Shell desejava encontrar potenciais parceiros para um gigantesco projeto de pesquisa e desenvolvimento. Bem, ao final dos vinte minutos de sua apresentação, Dave foi abordado pelos representantes de quatro dos maiores concorrentes da sua empresa no mercado de exploração de fontes de energia (e, quando a Shell afirma tratar-se de quatro "dos maiores", é porque eles são realmente *grandes*!) que queriam informar-se quanto às possibilidades de parcerias estratégicas. Como resultado disto, o projeto de Dave de criar uma infra-estrutura econômica para a exploração do hidrogênio — o que nós achamos que pode ser, realmente, uma grande contribuição para a solução do problema do aquecimento global — já segue adiante, "a todo vapor". Isto aconteceu porque Dave tinha paixão suficiente para correr riscos ao fazer o seu discurso e, ao fazê-lo, utilizou o poder de uma boa história.

***

3

Incendiando corações:
como motivar as massas

ENTÃO, AGORA VOCÊ SABE MAIS OU MENOS o que fazer, se quiser entrar em uma sala e vender a pessoas, que precisam de certas coisas, exatamente o que elas precisam. Desde que você e essas pessoas deem alguma importância a essas coisas, o negócio estará fechado. Se elas ainda não dão a devida importância, até o final deste livro você saberá o que fazer para que elas se importem. Mas, e se você não puder estar pessoalmente na presença delas? Como poderia motivar sua equipe de vendas para que fizesse isso por você? Ou, ainda, e se você tivesse de vender milhões de coisas, a milhões de pessoas, em milhões de salas de estar, espalhadas por todo o país? Se você trabalha para uma loja de produtos de *design* sofisticado, seu poder de persuasão pessoal pode ser a única habilidade realmente imprescindível para manter o seu emprego; mas as pessoas que produzem as coisas que você vende — as corporações, cuja produção depende do movimento do comércio varejista — ainda precisarão da sua ajuda para amplificar seu poder de atração. Até mesmo o mais criativo dos empreendedores criativos precisa saber como levar as coisas a um outro nível. Por sorte, uma das vantagens de contar histórias como estratégia de comunicação é que elas podem, facilmente, passar a outros níveis, em qualquer situação.

Uma boa história funciona tão bem sendo adaptada para a televisão quanto ao ser contada, em voz baixa, a um sujeito no fundo de uma sala de reuniões. Seu efeito é o mesmo, no banheiro das senhoras ou na sala de reuniões da diretoria. As pessoas adoram uma boa história. Nós jamais nos cansamos delas. E uma boa história é como carvão em brasa: espalha-se com o vento e incendeia tudo.

Um dos motivos para isto é que uma boa história invariavelmente contém um componente de surpresa. Na verdade, Jerome Bruner, o psicólogo cognitivo que mencionamos anteriormente, afirma que as histórias sempre nascem do inesperado. Se o seu companheiro (ou companheira), que chega em casa, vindo do trabalho, todos os dias às 18h, não aparece até as 18h15, seu cérebro — quer você queira ou não — torna-se intensamente ocupado, criando histórias para explicar a situação. Ele (ou ela) está lutando heroicamente para encontrar um caminho livre em meio ao trânsito, ou seu chefe o (a) fez trabalhar até mais tarde, ou ele(a) lembrou-se de que hoje é uma data especial e parou no caminho para comprar flores. O que quer que você tenha imaginado, o seu processo de contar uma história permite-lhe encarar um acontecimento sobre o qual você não tem nenhum controle — o fato de seu (sua) companheiro(a) não estar presente — e transformá-lo em uma narrativa cujos rumos são definidos por você. Fazer isso também permite que possam ser experimentadas respostas e reações que você colocará em ação, no futuro. Se a história do atraso devido ao trânsito provar-se verdadeira, você estará pronto(a) para receber seu par com uma palavra de compreensão e, quem sabe, um drinque. Caso ele (ou ela) tenha parado em uma floricultura, você estará pronto(a) para dizer "Ah! Não precisava...", e saberá onde encontrar um vaso.

O "elemento-surpresa" que se encontra no coração de uma boa história é um dos motivos que a torna tão fascinante. As pessoas adoram enigmas e mistérios a ser solucionados. Excite-lhes a curiosidade e você terá toda a sua atenção. Esta também é uma das razões pelas quais as histórias mais curtas e mais "contagiosas" — aquelas que se espalham mais rapidamente — são piadas, que brincam com um elemento-surpresa.

Tomemos como exemplo a clássica piada do casal de coelhinhos em sua primeira noite de lua-de-mel, quando ele diz a ela: "Vai ser bom, meu bem... Não foi?" São apenas sete palavras e, uma vez que você a tenha ouvido, não pode mais esquecê-la. A história funciona tão bem porque cria uma expectativa — "Vai ser bom, meu bem..." — e nos surpreende com um final abrupto, que apela à nossa compreensão: "Não foi?" O momento que nos surpreende envolve nossa própria capacidade interna de "montar" uma história e, imediatamente, começamos a fantasiar sobre a proverbial "rapidez" do coelhinho. Não se trata de uma história muito elaborada: apenas de uma sucessão de imagens mentais. Mas, ao provocar essa reação, a história nos transforma de ouvintes passivos em participantes do seu enredo. Então, nós fazemos o que se espera que qualquer plateia de uma apresentação humorística faça: nós rimos. Nós demonstramos que entendemos a piada; que solucionamos o enigma. Justamente porque a surpresa e a solução do enigma acontecem tão rápida e simultaneamente é que a nossa resposta psicológica nos é tão agradável. Na era da internet, uma boa piada pode circular por todo o mundo em menos de 24 horas. E uma piada excelente pode permanecer sendo engraçada por anos; mesmo que seja, eventualmente, adaptada às condições momentâneas, seu impacto conserva-se, inalterado.

Esta capacidade que as histórias têm de lidar com o inesperado e de nos envolver ativamente na busca por soluções é um dos motivos pelos quais as mais bem sucedidas organizações utilizam essas narrativas como um de seus principais recursos para a motivação de seu pessoal. Isto é particularmente importante para as empresas cujos serviços prestados são, cada vez mais, tratados como produtos. O ramo da hotelaria "cinco estrelas" é um bom exemplo disto. Quando você aluga um quarto de hotel, basicamente, está recebendo as mesmas coisas, quer esteja em um motel de beira de estrada, ou no Ritz-Carlton. Você está pagando por quatro paredes, uma cama e uma noite de sono. A razão pela qual você paga muito mais caro no Ritz compreende uma série de fatores intangíveis — a maioria dos quais, por sua vez, pode ser compreendida em uma única coisa: o Ritz lhe trata bem. A cadeia de hotéis Ritz-Carlton foi o único empreendimento hoteleiro que ganhou o prestigioso prêmio Malcolm Baldrige, conferido pelo Departamento de Comércio do governo norte-americano. E o Ritz já ganhou o prêmio não apenas uma, mas duas vezes. A corporação conseguiu isto por fazer com que cada hóspede se sentisse como um membro da família. Tal como aquele bar, na esquina da rua da sua casa, que você frequenta há anos, o Ritz parece ser o tipo de lugar onde "todo mundo conhece o seu nome".

Em grande parte, isto se explica pelo fato de a cadeia de hotéis Ritz possuir, de longe, o mais sofisticado banco de dados em seu ramo de atividade. Se você pedir o seu martini batido, não mexido, em Nova York, quando hospedar-se no Ritz em Pequim, notará que o *bartender* sabe como você gosta da sua bebida. Manter uma equipe com mais de trinta mil funcionários, em 63 hotéis, nos cinco continentes, conseguir anotar esses detalhes tão sutis, particulares a cada cliente, e ainda lembrar-se de consultar uma lista com todos eles, sempre que necessário, não é tarefa fácil. Para manter todos os funcionários perfeitamente atualizados e em sintonia com as mudanças, o Ritz utiliza o que sua vice-presidente de RH, Sue Stephenson, chama de "Histórias WOW" (acrônimo de *Words of Wisdom*, "palavras de sabedoria" em português).

Três vezes por semana, a hora da "chamada" diária — uma reunião com toda a equipe, que ocorre imediatamente antes de uma troca de turno — é dedicada à leitura de Histórias WOW. Estas são histórias de funcionários do Ritz, em todo o mundo, que excederam o mero cumprimento de seus deveres para atender às necessidades especiais de algum hóspede. As Histórias WOW são submetidas ao escritório central, que escolhe as melhores e as reenvia, por e-mail, em um boletim diário de instruções e informações aos funcionários. Assim, todas as segundas, quartas e sextas-feiras, a mesma história será lida e comentada entre todos os funcionários do Ritz, no mundo inteiro. As histórias são escolhidas entre as que melhor refletem algum aspecto interessante para o desenvolvimento das atividades profissionais na companhia — por exemplo, como antecipar-se a situações inesperadas —, e esses temas são discutidos de maneira natural e fluida entre os participantes. Em vez de chegarem aos funcionários como diretrizes corporativas a serem obedecidas, essas questões vêm como um reforço positivo sobre o modo como seus colegas comportam-se naturalmente, em seu cotidiano.

Na cultura corporativa do Ritz, ter sua história escolhida é algo que rende muito prestígio. As histórias são sempre submetidas pelas diversas gerências, mas, muito frequentemente, elas tratam de situações que envolvem os funcionários dos escalões mais baixos — as pessoas que realmente têm contato direto com os clientes. Se a sua História WOW é escolhida para ser lida, há uma pequena recompensa financeira — cem dólares — a ser recebida; mas ela é conferida apenas em caráter simbólico, pelos "direitos autorais". A verdadeira recompensa é saber que seus colegas, ao redor do mundo, serão informados sobre o bom trabalho que você está fazendo. Depois que uma História WOW é lida e discutida, durante uma reunião da equipe, outras histórias locais, naturalmente, vêm à tona. É mais ou menos como o que ocorre em qualquer reunião de colegiais: o assunto desperta aquele espírito de "você pode fazer melhor do que isto?" — o que engendra um ciclo virtuoso de histórias pessoais, que recompensa e reforça o padrão de comportamento dos funcionários, e que faz com que o Ritz seja o Ritz.

Quando ouvimos falar sobre a maneira como eles estavam utilizando as histórias, tivemos de ir verificar por nós mesmos. Não estávamos no *lobby* do Ritz-Carlton de Marina del Rey havia mais de três minutos — na verdade, mal havíamos tido tempo de dizer "Histórias WOW" — quando começamos a ouvir sobre a história de Fran Adams. Esta fora escolhida como uma das dez melhores Histórias WOW de 2004 (sim, porque há uma competição), e todo o pessoal do hotel sentia-se muito orgulhoso por contá-la, várias vezes. Vale a pena reproduzi-la, aqui.

Tal como uma porção de boas histórias, esta também tem início em uma noite escura e tempestuosa. Neste caso, durante um mês de fevereiro em que o clima apresentava-se tão particularmente hostil que o bar onde Fran atendia ao balcão, no térreo, estava quase deserto. "A única pessoa no salão era um cavalheiro idoso, um típico executivo veterano, que bebe apenas o mesmo *scotch*, há cinquenta anos." Então, um casal jovem e atraente — vamos chamá-los Dick e Jane — entrou no bar, vestindo camisas havaianas, apesar do tempo feio que fazia, e pediu dois *mai tais*. Ambos pareciam um tanto tristes e calados, mas Fran é o tipo de *bartender* capaz de fazer qualquer pessoa abrir seu coração, e logo os dois começaram a contar-lhe sua história. Dick e Jane eram recém-casados, e haviam planejado, há muito tempo, passar sua lua-de-mel no Ritz-Carlton de Kapalua, no Havaí. Na verdade, eles já tinham uma reserva feita naquele hotel, para dali a seis meses; mas Dick acabara de ter um câncer diagnosticado: um tipo especialmente devastador de linfoma de Hodgkin. Então, eles resolveram antecipar sua lua-de-mel enquanto estavam em Los Angeles, para que Dick fosse submetido a sessões de quimioterapia. Onde se encontravam, parecia ser o lugar mais próximo do Havaí que os dois poderiam chegar; assim, eles resolveram aproveitar ao máximo. Quando conta esta história, ao chegar nesta parte, os olhos de Fran parecem reproduzir aquele mesmo olhar estupefato que os pacientes terminais de câncer exibem, enquanto tentam encontrar um meio-termo entre a esperança de cura e a negação da doença. Evidentemente, a história do casal havia tocado fundo em seu coração.

Fran arranjou alguém para substituí-la no bar e resolveu entrar em ação. Ela encontrou Don Quimby, o gerente que estava de serviço, e juntos eles vasculharam a sala onde são guardados os apetrechos para banquetes, reunindo qualquer coisa que pudesse lembrar o Havaí — uma rede de pesca, uma coleção de conchinhas e estrelas do mar, um pôster de uma dançarina havaiana de *hula*, em um *luau* — e, rapidamente, "repaginaram" a decoração do quarto do casal. Eles até mesmo encheram um balde de gelo com areia e fincaram uma plaquinha, na qual lia-se "Praia Particular de Dick e Jane". Don encontrou uma chave eletrônica (uma espécie de cartão magnético usado pelos hóspedes para abrir as portas dos seus quartos) do Ritz de Kapalua, que havia sido esquecida por um hóspede, e reprogramou-a para que abrisse a porta do quarto de Dick e Jane. Don também se lembrou de vestir uma camisa havaiana quando foi entregar a nova chave do quarto ao casal. Ele os conduziu à sua "nova suíte de lua-de-mel em estilo havaiano", onde uma garrafa de champanhe — ofertada com os cumprimentos da casa — esperava por eles. Pelos três dias seguintes, toda a equipe do hotel fez de tudo para que o casal pudesse imaginar que desfrutava da lua-de-mel havaiana dos seus sonhos.

Bem, como estratagema de marketing, isto é brilhante. É o tipo da coisa que desencadeia uma avalanche de publicidade "boca a boca". Eles deram a Dick e Jane o tipo de "história de lua-de-mel" sobre a qual desejavam que as pessoas pensassem, sempre que ouvissem o nome "Ritz-Carlton". Todos os amigos de Dick e Jane, certamente, iriam perguntar-lhes como haviam sido as coisas em Los Angeles; e, quando ouvissem a história, também iriam desejar hospedar-se no Ritz — além de passarem a história adiante, aos seus próprios amigos, e assim sucessivamente. Mas o que faz desta uma história memorável é o fato de ela não haver sido criada por um especialista em estratégias de marketing, em seu escritório: ela surgiu espontaneamente, das interações criadas diretamente entre o pessoal dos escalões mais baixos e os clientes, que são a própria alma dos negócios, no ramo de hotelaria.

Quando a história de Fran foi escolhida como uma História WOW, ela recebeu e-mails e ligações telefônicas de seus colegas, do mundo todo — muitos com os quais, aliás, ela já havia trabalhado —, dizendo-lhe quanto haviam apreciado sua história e como ela os havia sensibilizado, parabenizando-a pelo trabalho bem feito. Depois que a sua foi escolhida como uma das melhores Histórias WOW do ano, Fran recebeu uma carta de Simon Cooper, o presidente e diretor-executivo da cadeia de hotéis, louvando sua dedicação e dizendo-lhe quanto ele havia, pessoalmente, gostado de sua história. Fran disse que o fato mais significativo, para ela, foi que "a carta não estava escrita em um papel timbrado da empresa; mas, sim, em um papel de carta pessoal." Mesmo que sua história tenha sido utilizada como fator motivador, em nível corporativo, ela recebeu uma resposta absolutamente pessoal.

É claro que Fran é uma funcionária excepcional (ainda que para os padrões do Ritz ela seja considerada mais "normal" do que seria possível imaginar); e, portanto, reter funcionários como ela, mantendo-os motivados para o trabalho, é uma das metas de qualquer bom encarregado pelo departamento de recursos humanos. Por isso mesmo, devemos mencionar que, após nos contar sua história, Fran fez uma pausa e concluiu: "Vocês sabem, a minha família frequentemente me pergunta por que eu continuo neste emprego. Eu nunca viajo nas temporadas de férias, nas festas ou nos feriados; estas são as épocas em que estamos mais ocupados, por isso eu nunca consigo comemorar na companhia deles. E eu posso ser designada para trabalhar em qualquer lugar. Mas eu digo ao meu pessoal, onde eu poderia estar, em posição de fazer tanto bem a outras pessoas; e onde eu seria mais reconhecida por isso? Eu quero dizer, na verdade, que este trabalho vicia."

A cultura de contar histórias no Ritz não termina — nem começa — com as Histórias WOW. O lema da corporação, "Damas e cavalheiros servindo a damas e cavalheiros", é levado muito a sério. Para conseguir um emprego lá é necessário passar por três entrevistas. A primeira delas é apenas uma conversa inicial, na qual o entrevistador deixa claro que o trabalho em uma cadeia de hotéis é bastante duro e costuma exigir muito do candidato; ou seja, trabalhar ali não é, absolutamente, nada parecido com hospedar-se em um hotel de luxo. A segunda entrevista é a mais importante; e, para desenvolver as pouco mais de cinquenta perguntas constantes do questionário apresentado aos candidatos, o Ritz-Carlton contou com o auxílio da Talent Plus. Eles observaram várias centenas de funcionários do hotel — em todos os escalões — cujo desempenho era considerado ótimo, buscando encontrar os traços de personalidade que os diferenciavam de um número igual de funcionários que exercessem as mesmas funções, com desempenho inferior. A partir das conclusões a que chegaram, eles idealizaram as questões propostas aos candidatos, visando encontrar os que apresentassem a personalidade desejada para cada função.

Karrin McCarron, chefe do departamento de recursos humanos do Ritz de Marina del Rey, é uma das pessoas treinadas para aplicar e interpretar as respostas dessas entrevistas. Esta não é uma tarefa fácil, pois as respostas a algumas das perguntas podem parecer bastantes óbvias. Hotéis são empresas prestadoras de serviços; portanto, não seria necessário pensar muito para responder "corretamente" a uma pergunta do tipo "Você gosta de ajudar às pessoas?" Por isso, 45 das 55 perguntas do teste exigem um desdobramento das respostas. Se o candidato responde afirmativamente, Karrin pergunta-lhe: "Você disse que gosta de ajudar às pessoas. Você pode descrever-me um exemplo de como faz isso?" Se o candidato respondeu afirmativamente apenas por achar que este seria o tipo de resposta que se esperava dele, a tendência é de que também prolongue a conversa em termos genéricos: "Bem, eu sempre ajudo às pessoas. Eu gosto de fazer isso." Contudo, se a pessoa realmente age assim, é muito provável que conte uma história específica, que lhe venha à memória: "Sabe, minha mãe está ficando idosa, e eu gosto de dar uma passadinha na casa dela para ajudar com a limpeza. Quando estamos na cozinha, sempre temos uma oportunidade para conversar. Outro dia..."

Segundo as palavras de Karrin, "No Ritz, nós dizemos que uma história é a prova de uma ação."

Cada uma das histórias contadas pelos entrevistados servia para demonstrar seu nível de envolvimento emocional com as situações descritas — um dos traços de personalidade que o Ritz buscava encontrar nos candidatos que contrataria. Uma vez que histórias são fatos envolvidos em emoções, se o fato é real e está conectado a uma capacidade ou qualidade emocional que o Ritz esteja buscando, automaticamente será gerada uma história, que emergirá de imediato na mente do entrevistado. Fatos, emoções e consciência: as três chaves para utilizar uma história no mundo dos negócios, de maneira correta.

Ser um bom contador de histórias — bem como ser um bom ouvinte — são qualidades que necessitam ser exercitadas; mas que rapidamente podem permear a cultura corporativa e tornarem-se hábitos positivos. No dia em que estivemos presentes à reunião da "chamada" diária da sua equipe, Karrin — que, normalmente, inicia as discussões em grupo — não tinha uma História WOW para ler, em voz alta, aos seus comandados. A reunião tratou, principalmente, sobre modos de minimizar as dificuldades causadas por um projeto de reestruturação no "coração da casa" (como eles chamam a área dos "bastidores", à qual os hóspedes raramente têm acesso). Tais dificuldades são aquelas do tipo capaz de causar um estresse "de fundo" nos funcionários, fazendo com que seu trabalho seja percebido como algo menor do que eles poderiam oferecer, pelos clientes — que, por sua vez, não saberão bem por que decidirão gastar seu dinheiro em outro lugar, na próxima vez. Karrin, que acabara de retornar ao trabalho, após uma semana de afastamento por motivos pessoais, deu início à reunião agradecendo pelas boas-vindas que recebera de todos, em sua volta. Seu pai havia sofrido uma queda feia, ao tentar consertar o telhado de sua casa, tendo fraturado as duas pernas. A cirurgia a que ele fora submetido havia transcorrido bem (e o fato de Karrin estar ao lado dele havia sido muito bom, para ambos), mas seu estilo de vida teria de ser mudado, dali em diante. Felizmente, ele tinha bons amigos, que se reuniram para apoiá-lo: coletivamente, todos contribuíram para que uma rampa fosse construída diante da varanda de sua casa, de modo a permitir o trânsito de uma cadeira de rodas, para que ele não viesse a se sentir como um prisioneiro dentro de seu próprio lar, pelos meses seguintes. Saber que podia contar com tantos e tão bons amigos, que desejavam ajudá-lo, foi o melhor remédio que o pai de Karrin poderia haver desejado.

A partir desse ponto, foi fácil fazer uma transposição da história para a sua situação profissional: não devemos permitir que dificuldades enfrentadas devido a mudanças circunstanciais nos coloquem uns contra os outros. Se todos trabalharmos em conjunto, tais mudanças podem, de fato, nos tornar uma equipe melhor. Todos na sala balançaram as cabeças, em sinal de aprovação e concordância: eles haviam compreendido o ponto que estava sendo discutido. Ao final da reunião, várias pessoas contaram a Karrin histórias breves sobre situações semelhantes, envolvendo a si mesmas ou aos seus pais. A história funcionou tão bem como fator de motivação porque era autêntica e altamente emocional. Mas ela só pôde soar tão autêntica e natural porque não chegou aos funcionários na forma de um comunicado dos escalões superiores; mas, sim, como o tipo de história que os funcionários do Ritz contam e ouvem entre si, o tempo todo. Este é o tipo de história que une as pessoas em uma comunidade; e é um dos motivos pelos quais o Ritz orgulha-se de manter um dos níveis mais baixos de rotatividade de pessoal, em toda a indústria hoteleira. A corporação investe um bocado de tempo e dinheiro para encontrar e treinar as pessoas certas; portanto, mantê-las em seus quadros é uma prioridade.

Evidentemente, histórias são boas para motivar uma equipe de vendas relativamente pequena, que se reúna habitualmente para compartilhá-las. Mas, será que elas podem funcionar igualmente bem quando uma equipe é constituída por profissionais das mais diversas áreas de atuação, espalhada por todos os continentes e, necessariamente, deve ser, em larga medida, responsável por sua autogestão e autossuficiência? Em tal situação, as histórias podem ser a única coisa realmente efetiva. Vejamos o exemplo da empresa Mary Kay.

Nós gostamos de contar a história da Mary Kay porque se trata de uma história que começa com uma história. Em 1963, Mary Kay Wagner, havendo trabalhado com vendas diretamente ao consumidor desde a década de 1930, cansou-se de ver protelada sua promoção na carreira, sendo preterida por pessoas a quem ela chamou de "homens menos qualificados" (àquela época, a emenda à Constituição norte-americana que estabelece a igualdade dos direitos civis entre homens e mulheres ainda demoraria vários anos para ser promulgada). Então, ela resolveu aposentar-se e escrever um livro que ensinasse às mulheres como obter uma renda suplementar trabalhando no ramo de vendas. Ao contar sua história, porém, ela se deu conta de que havia, na verdade, descoberto um excelente modelo de negócio comercial. Assim, ela reuniu cinco mil dólares das suas economias e, em vez de lançar um livro, fundou uma empresa. Hoje em dia, a Mary Kay conta com mais de um milhão de representantes de vendas — chamadas "consultoras de beleza" — em 35 países, com uma receita anual que ultrapassa a casa dos dois bilhões de dólares. Somente na China, a Mary Kay conta com mais de 400.000 representantes de vendas. Enquanto gigantes corporativos como a GE e a General Motors lutam para colocar um pé no mercado chinês, a Mary Kay, com sua ênfase inata no poder de contar histórias, já consolidou sua posição ali, há muito tempo — e apenas fez crescer, desde o início. E isto porque, em meio à trajetória da Mary Kay na China, o governo comunista mudou as regras do jogo e tornou ilegal a tradicional técnica de vendas da companhia: a abordagem direta ao consumidor, de porta em porta. Contudo, uma vez que o que une a rede de vendedoras da Mary Kay é o compartilhamento de histórias e mitos corporativos, contados e recontados em gigantescas convenções empresariais em Houston, no Texas, ou em torno de bules de chá, em aldeias espalhadas por todo interior da China, o que poderia ser um bloqueio total na rota de crescimento da companhia não passou de um pequeno acidente de percurso. Como assinalou Bruner, as histórias são uma forma de reação ao inesperado, por isso uma história embasada em alguma estratégia corporativa é extremamente flexível; e, uma vez que contar histórias é algo inerente à condição humana, tal ato é transcultural. As histórias podem variar, de uma cultura para outra; o ato de contá-las, não.

Liang Yan não faz mais vendas de porta em porta. Em vez disso, ela trabalha em uma calçada de Wangfujing, no sempre muito movimentado distrito comercial de Pequim. Quando avista uma cliente em potencial, ela convida a mulher para que a acompanhe até uma pequena sala no segundo andar de um prédio, situado logo após contornar a esquina. Ali, sobre uma bancada rosa-choque, ela presenteia sua nova amiga com uma sessão completa de maquiagem, que leva cerca de duas horas para ser finalizada. Enquanto utilizam a maquiagem, elas fazem o mesmo que todas as mulheres do mundo, quando vão a um salão de beleza: elas conversam, fazem mexericos e contam histórias. Mas, quando conta suas histórias, Liang não visa apenas vender seus produtos: ela vende sua paixão por ser integrante de uma equipe da Mary Kay. Ela vende um plano de carreira.

A Mary Kay utiliza uma estrutura clássica de marketing vertical. As representantes de vendas ascendem em uma pirâmide ao conseguirem colocar outras representantes sob sua indicação. Ao longo de sua escalada, elas recebem uma pequena porcentagem dos lucros obtidos pelas novas representantes por elas recrutadas, para quem atuam como o contato de distribuição e o canal de informação sobre os produtos, proporcionando-lhes, ainda, o necessário apoio emocional. Dentre essas três coisas, o apoio emocional é o fator que mais fortalece a conexão entre elas.

Todos os anos, em fins de julho, mais de 50.000 das mais bem-sucedidas distribuidoras dos produtos da Mary Kay desembarcam em Dallas, no Texas, e lotam o Centro de Convenções. Elas são facilmente identificáveis, pois a maioria veste-se com a característica tonalidade rosa-choque da Mary Kay — e todas estão sempre sorrindo. Elas reúnem-se anualmente para saudar as novas diretoras nacionais de vendas: mulheres que, por sua perseverança, trabalho duro e dedicação, chegam ao topo da pirâmide corporativa. Nessas grandes reuniões — que mais parecem comemorações do que uma convenção de vendedoras —, as vencedoras de cada ano são presenteadas com o símbolo de *status* mais cobiçado na Mary Kay: um reluzente e vistoso Cadillac rosa-choque, novinho em folha.

Esses encontros em Dallas sempre são iniciados com uma oração, de acordo com o modelo de vida equilibrada preconizado por Mary Kay, cuja tradição reza: "Primeiro, Deus; em segundo, a família; e, em terceiro, a carreira". (Na China, o lema é traduzido como "Primeiro, a fé"; mas a noção permanece a mesma.) Então, quando cada uma das diretoras é presenteada com o seu novo automóvel, elas sobem ao palco e contam uma história — sempre inspiradora. Sua capacidade para inspirar os outros, afinal, foi o principal motivo que as fez ascender na pirâmide, até a posição de diretoras: verdadeiras "animadoras de torcida". Este é um momento quase "evangélico": pode-se sentir no ar uma autêntica paixão, focalizada na história de sucesso de uma pessoa. Esta paixão é visível nos semblantes das mulheres que contam suas histórias e na expressão de êxtase estampada nos rostos da plateia.

Ironicamente, foi esta mesma paixão comunitária que levou o governo chinês a posicionar-se contrariamente ao marketing direto (não apenas contra a Mary Kay, mas também contra a Amway e outras empresas do gênero), considerando suas atividades como semelhantes a "cultos estranhos, de seitas e grupos supersticiosos". O que permitiu à Mary Kay adaptar-se rapidamente à nova situação foi algo que estava no cerne de sua história corporativa.

Uma mulher trabalhadora sente-se oprimida. Ela percebe que o poder para mudar as coisas está em suas mãos e, então, junta-se a outra mulher como ela mesma, não para "derrubar o sistema", mas para torná-lo mais eficiente e obter dele uma resposta mais significativa, no nível mais domesticamente básico. Uma diretora da Mary Kay não chega a ser o que é por haver derrotado a concorrência: ela obtém mais sucesso quanto mais incentiva e valoriza as qualidades das mulheres que se encontram um nível abaixo dela mesma. Ela obtém o sucesso ao tornar-se uma trabalhadora modelo. Esta é uma história capaz de enternecer até mesmo o coração do maoísta mais empedernido. Como diz Liang Yan, "Eu ganho mais dinheiro em um mês do que toda a minha família ganha em um ano. Seja bem vindo ao lugar onde enriquecemos as vidas das mulheres."

Sabemos, então, que contar histórias é a chave para a motivação corporativa e para o sucesso. Por quê? Porque os seres humanos fazem conexões entre si desta maneira. E ninguém sabe disso melhor do que os vendedores de automóveis.

Os hormônios e seus "primos", os neurotransmissores, são substâncias químicas que controlam, em grande parte, a maneira como reagimos às histórias com que nos deparamos, todos os dias. A adrenalina provoca nossas reações de combate ou fuga, diante de uma ameaça. A insulina faz com que nos sintamos seguros e confortáveis (este é um dos motivos pelos quais comer chocolate nos faz sentir amados e apreciados), e a tiroxina aguça nossa consciência. Os mais poderosos hormônios humanos são os hormônios sexuais — a testosterona e o estrogênio. São eles que determinam se somos machos ou fêmeas. Todo ser humano possui quantidades de ambos, em seu organismo: é a proporção dos componentes na mistura que faz a diferença entre os sexos. E é nesse nível que as empresas automobilísticas concentram seus melhores esforços promocionais.

Comprar um automóvel é fazer um grande negócio. É a segunda maior e mais significativa compra que a maioria dos consumidores fará em sua vida. E, a menos que seu carro costume deixá-lo "na mão", no meio de uma estrada, é o tipo de compra facilmente postergável. Assim, fazer com que as pessoas assinem na linha pontilhada do contrato de venda de um automóvel é, em certo sentido, o teste mais apurado da arte e da capacidade motivacional de um vendedor. Tudo começa por conhecer a pessoa para quem se deseja vender o carro.

Desde a prancheta do projetista em diante, só podem existir dois tipos de carros — assim como há apenas dois tipos de compradores para eles. Há os carros "machos", que parecem ser movidos a testosterona e são anunciados em meio a uma profusão de imagens de pneus fumegantes, motores pulsantes e mãos operando a alavanca do câmbio. Estes são carros como a Ferrari Testarossa; carros que serão comprados por homens jovens, para que circulem por aí, esperando atrair mulheres. Os elementos utilizados nos anúncios publicitários desses automóveis são completamente familiares ao cérebro reptiliano: movimentos rápidos, estradas sinuosas, borrifos de lama ou corridas através de um deserto, enquanto uma vozinha (do nosso id?) parece sussurrar em nossos ouvidos: "zum-zum-zum".

E também existem os carros "fêmeas", que as mamães compram para levar e trazer seus filhos pelo trajeto entre a casa e a escola: carros projetados para proteger os seres resultantes daqueles "embalos" protagonizados por elas, certa noite, no passado, no banco traseiro de algum carro possante. Os anúncios desses carros sempre mostram crianças embarcando e desembarcando deles — perfeitamente estacionados junto ao meio-fio — e embora jamais pareçam trafegar além do limite permitido de velocidade, todos os passageiros a bordo usam seus cintos de segurança; e seus freios sempre funcionam perfeitamente, imobilizando o veículo no mesmo instante em que são acionados. A Volvo, em particular, construiu a imagem de sua marca no mercado graças à fabricação deste tipo de automóvel; ainda que, há pouco tempo, os SUVs — veículos comprovadamente menos seguros do que os modelos *sedan* comuns — tenham aprendido a explorar, de maneira sutil, este mesmo mercado.

G. Clotaire Rapaille, um antropólogo cultural cujo trabalho é utilizado por muitas indústrias automobilísticas para ajudar-lhes a atingir, nos níveis mais profundos, os consumidores potenciais de seus carros, explica que a segurança, por si mesma, não é tão importante quanto a *sensação* de segurança. "A primeira sensação [que as pessoas desejam sentir] é a de que tudo o que está ao seu redor seja redondo, macio e reconfortante." Nada diferente, como notamos, da sensação de acolhimento e segurança que temos ao ser abraçados de encontro ao seio materno. Por isso, nesses carros tem de haver uma profusão de *air-bags*. "Em seguida, vem a noção de que é preciso estar no alto, para estar em segurança. Há uma contradição implícita, aqui; pois as pessoas que compram SUVs sabem, em nível consciente, que quanto mais alto o veículo, menor sua estabilidade e maiores são as chances de sofrer um capotamento. Contudo... dentro deles, elas sentem-se maiores, mais altas e mais seguras. Você se sente seguro porque está numa posição mais elevada e acredita dominar tudo o que está abaixo." Aprofundando-se em sua análise, ele acrescenta: "Qual era o elemento-chave da sua segurança, quando você era uma criancinha? O momento em que sua mãe o segurava, bem alto, em seus braços e o alimentava — o que geralmente envolvia algum tipo de líquido quentinho. É por essa razão que os porta-copos são absolutamente essenciais para a "segurança" no veículo. É fantástico observar como mulheres inteligentes e bem-educadas olham para um carro e a primeira coisa em que reparam é na quantidade de porta-copos que há no console." Fantástico, talvez; mas, se você pretende vender automóveis, isto não deveria surpreender-lhe. Este é um detalhe da história sobre o qual a sua equipe de *designers* deve estar muito bem informada. Em grande medida, as companhias automobilísticas norte-americanas são notavelmente hábeis em perceber com quem estão falando e as maneiras de atingir a esse público, em níveis muito profundos.

Este foi o motivo pelo qual William Clay Ford Jr. caiu em desgraça, em uma história trágica clássica. Se você pensa que, um dia, poderá chegar tão alto na hierarquia da sua empresa que não precisará mais ficar constantemente aperfeiçoando histórias para motivar as pessoas que se encontram abaixo de você, é melhor pensar duas vezes. Se alguém jamais esteve em tal posição, essa pessoa foi Bill Ford. Seu nome não estava estampado apenas na placa afixada na porta de sua empresa: ele aparecia no centro do logotipo colocado em cada carro que a Ford já produzira. Bisneto de Henry Ford, o legendário fundador da companhia, e de Harvey S. Firestone, fundador da companhia de pneus Firestone, Bill realmente nascera como "prata da casa". Sua família era, de longe, a detentora da maior parte das ações da companhia, e ele cresceu como um membro da "realeza" de Dearborn, no Michigan, cidade que abriga a sede da corporação. Porém, Bill não ganhou o cargo de diretor-executivo apenas devido às suas conexões pessoais. Ele passou toda a sua vida adulta treinando para consegui-lo, começando por lavar os vidros dos carros que saíam da linha de montagem, no chão da fábrica, passando, mais tarde, à divisão financeira da companhia — o tradicional "campo de treinamento" para os futuros executivos da Ford — e trabalhando vários anos como um executivo de escalão intermediário no departamento de desenvolvimento de produtos. No ano 2000, ele era o chefe da divisão de caminhões pesados da Ford, um dos ramos mundialmente mais lucrativos da corporação, desde sua criação. Bill conhecia a companhia, conhecia as pessoas que eram suas proprietárias e conhecia o seu trabalho.

E, em larga medida, ele conhecia o futuro. Ele percebeu que os índices de lucratividade recorde que a Ford vinha obtendo, no final dos anos 1990, deviam-se principalmente à gasolina barata e aos veículos SUV, montados sobre chassis de caminhões. Mas o preço da gasolina não poderia manter-se baixo para sempre. Bill era, de certa forma, um homem de negócios *new age*; que obtivera seu grau de mestrado em Administração no prestigioso MIT, e estava apaixonadamente comprometido com a produção dos novos "carros verdes" — veículos híbridos, que conseguissem fazer grande quilometragem por litro de combustível, sem sacrificar seu desempenho ou segurança. Ele havia resolvido dedicar-se inteiramente a isto em 2000, muito antes que o mercado "repentinamente" mudasse em favor de um tipo de combustível mais eficiente (quando a gasolina, de maneira previsível, tornou-se muito mais cara), fazendo com que a Ford estivesse perfeitamente bem posicionada e preparada para, naquele momento, lançar seus novos produtos e dominar o mercado. Mas não foi isto o que aconteceu. A Toyota, com o seu elegantemente desenhado Prius, era a companhia que estava nessa posição. Quando a poeira baixou, em 2006, a Toyota superara, pela primeira vez, a Ford, como a terceira marca de automóveis mais vendida nos Estados Unidos (que havia sido, outrora, a marca de automóveis mais vendida em todo o mundo). Bill Ford tivera a ideia certa, na época certa. O que ele não conseguira fazer foi vendê-la ao seu próprio pessoal.

Se você pretende usar uma história como fator motivador, é preciso atentar para que aquilo que o motiva, em termos de negócios, seja a mesma coisa que motivará a sua plateia. Isto é particularmente verdadeiro quando se tenta atingir a uma plateia muito numerosa. O quadro de funcionários da Ford é imenso, computando-se os trabalhadores de suas mais de setenta fábricas, espalhadas pelos cinco continentes. Em grande parte, eles são apaixonadamente ligados à companhia; e existe, entre todos os funcionários, um forte senso de pertencerem a uma mesma "família". Há muitos casos de famílias de trabalhadores empregadas pela Ford há três ou quatro gerações — Bill Ford é um exemplo disto —, e todos eles adoram carros. Basta conversar por alguns minutos com os projetistas ou com os executivos da companhia, e logo você ouvirá falar sobre os carros que eles têm em suas garagens, com os quais gostam de "brincar", nos fins de semana. Esses sujeitos têm motores em suas cabeças. Então, quando Bill Ford foi a público — sendo exaustivamente citado pela imprensa — dizendo que a sua geração seria aquela que poria fim à dependência da Ford dos motores de combustão interna, suas afirmações não soaram como algo muito motivador — antes, o contrário: estas foram um gigantesco fator desmotivador. As pessoas que trabalhavam para ele não queriam ser parte da morte de algo que adoravam: tudo o que elas sempre desejaram foi queimar pneus no asfalto e fazer seus motores roncar à toda, ao pôr-do-sol, em direção a um futuro tão longínquo quanto suas imaginações pudessem vislumbrar. Assim, eles fizeram o que todos os funcionários fazem, quando você os desmotiva: "corpo mole". Em vez de, alegremente, solucionarem problemas, eles passaram a criá-los — alegremente. A equipe de projetistas "estourou" o prazo. Os engenheiros de produção não encontraram as soluções que deveriam para os problemas técnicos. E, quando a Ford finalmente apresentou seu híbrido SUV — o Escape —, seu produto não passava de mais um similar no mercado; mais caro e menos potente do que seus concorrentes. As ações da companhia despencaram. Para tentar salvar a situação, Bill cedeu seu lugar a um novo diretor-executivo, proveniente da indústria aeronáutica. Se esta manobra será suficiente para deter a maré de tinta vermelha nos balanços da companhia, ainda é uma questão em aberto.

Bill Ford cometeu um erro clássico entre os diretores-executivos: achar que aquilo que o motivava (ser um cidadão corporativo responsável, na era do aquecimento global) também motivaria a todo mundo. Mas não apenas não motivou, como produziu um efeito contrário. Ele tinha os fatos certos, mas envolveu-os com as emoções erradas.

Ser um zagueiro de fim-de-semana nos jogos internos da empresa é fácil; mas imagine o que poderia haver acontecido se, em vez de apelar para a responsabilidade da sua corporação em meio à nova era, Bill tivesse apelado para os tradicionais valores familiares da Ford. Ele encontrava-se em uma posição única para falar sobre a fé em que a Ford fosse uma coisa passada de pai para filho; e, além disso, todos os funcionários de sua companhia, desde os escalões mais baixos, estão perfeitamente sintonizados com este tipo de história. Na verdade, o que mais sobrecarrega a Ford é um problema transgeracional: como pagar a folha de benefícios relativos aos planos de saúde e às pensões de seus trabalhadores aposentados. Um dos pontos em que o sindicato dos funcionários da Ford mostra-se mais inflexível é quanto a possíveis cortes ou reduções nesses benefícios, porque a maioria de seus contribuintes ativos é constituída de filhos e filhas de funcionários aposentados. E estes não vão deixar seus pais serem prejudicados. Se os pais de seus funcionários ativos não puderem pagar pelos remédios de que necessitam, a Ford será a primeira a ouvir falar a disso. Para a Ford, a família é um poderoso fator motivador.

Então, o que teria acontecido se Bill Ford, em vez de anunciar a morte do motor de combustão interna, se levantasse e dissesse: "Daqui a cem anos, eu quero que meus filhos e os filhos de vocês dirijam por estradas computadorizadas, em total segurança, rodando a 300 km por hora, em um reluzente Ford novo. Trabalhando juntos, nós poderemos fazer com que isto seja possível. Mas, o mundo está esgotando suas jazidas de petróleo; por isso, temos de encontrar uma nova maneira de impulsionarmos nossos motores. Ora, nós somos os filhos e filhas das pessoas que inventaram a linha de montagem, caramba! A inspiração está em nossos genes! Nós podemos manter acesa a chama e fazer da Ford a 'número um', enquanto disparamos em direção a um futuro brilhante. Não apenas porque somos talentosos — e todos nós o somos — e nos comprometemos a isto, mas porque avançamos apoiados sobre os ombros de gigantes!"

Será que esta história poderia ter funcionado melhor? Certamente, não teria sido pior.

Agora, compare a história de Bill Ford com a de Peter Schultz, o primeiro executivo norte-americano a assumir o cargo de diretor-executivo da Porsche AG. Vamos deixar que ele mesmo a conte para nós.

"Tomar decisões é fácil; mas, conseguir que as coisas sejam feitas e tais decisões sejam implementadas é difícil... Como o novo presidente da Porsche compareci a todas as corridas de nossos carros. A primeira que assisti foi em Sebring, nos Estados Unidos. Foi muito excitante ver aquele 'monstro' do Porsche 935s, com 700 cavalos de potência, correr pela pista. A Porsche venceu aquela corrida."

"Quando cheguei à sede da corporação, na Alemanha, convoquei uma reunião. Eu estava exultante, depois da corrida em Sebring, mas sabia que o moral estava baixo, na companhia. Perguntei qual seria a corrida mais importante daquele ano, e disseram-me que seria a famosa 24 Horas de LeMans — que aconteceria dali a apenas 62 dias. Perguntei se poderíamos vencê-la." Neste ponto, sua voz assume um ligeiro sotaque alemão, enquanto ele continua. "Bem, sabe, Sr. Schultz, o senhor não entende... Nós não podemos vencer. Nós inscrevemos dois 924 turbos, mas eles são carros de linha de produção, que irão competir com carros de corrida. Não temos a menor chance de vencer. Talvez consigamos ganhar um prêmio pelo melhor carro da categoria..."

"Uma das funções mais importantes de um diretor-executivo é deixar bem claro o que diabos estamos fazendo aqui. Então, eu disse a todos que faríamos uma nova reunião, na manhã seguinte, às dez horas, durante a qual eu gostaria que todos me dissessem uma dentre duas coisas: ou como nós iríamos vencer aquela corrida, ou o que eles pretendiam fazer em seus novos empregos, pelos quais já deveriam estar procurando. Enquanto eu fosse o presidente, a Porsche jamais participaria de uma corrida que não pretendesse vencer."

"No dia seguinte, aconteceu um momento mágico. Havia eletricidade na atmosfera da sala. O moral estava elevado." Sua voz assume novamente o sotaque alemão, mas com um tom brincalhão. "Bem, Sr. Schultz, existe uma maneira. Nós podemos pegar os motores dos 924s e conectá-los à transmissão do 917s, e se nós..."

Não foi apenas a atitude das pessoas naquela sala que mudara: as notícias sobre a mudança de mentalidade na direção da corporação correram por toda a Porsche. Peter Schultz continua: "Dois dias depois, eu recebi uma ligação telefônica de Jacky Ickx. Ele fora um dos melhores pilotos do mundo, mas já havia abandonado as pistas. Ele disse que ouvira um boato sobre a Porsche pretender vencer a corrida em LeMans e que, se aquilo fosse verdade, ele estaria disposto a sair de sua aposentadoria e correr para nós. Logo, uma porção de corredores famosos também estava querendo pilotar nossos carros. Bem, nós vencemos aquela corrida. E continuamos a vencer, pelos sete anos em que estive à frente da Porsche."

Em termos de história, o que Peter Schultz fez foi conectar sua paixão, recém adquirida em Sebring — aquela excitação visceral, quase sexual, que lhe sobrevém, quando está nos boxes, respirando o ar carregado de uma mistura de pneus superaquecidos e hidrocarbonetos meio queimados —, com a frustração que cozinhava em silêncio dentro do peito dos projetistas, desde que a administração anterior recusara comprometer-se com a única coisa com que eles realmente se importavam: vencer corridas. Afinal, foi para vencer corridas que eles decidiram trabalhar na Porsche, em primeiro lugar. O histórico dos automóveis de competição da Porsche é o que faz com que seus outros carros sejam vendidos, e a razão pela qual seus compradores são tão fiéis à marca. O que Schultz fez naquela reunião foi o mesmo que riscar um palito de fósforo e deixá-lo cair em um tanque de gasolina — embora, neste caso, a explosão tenha sido totalmente positiva. Como ele mesmo diz: "Eu descobri um importante segredo de gerenciamento. Se você deseja atrair as melhores pessoas para que façam o que elas sabem fazer melhor, não use simplesmente o dinheiro para isso. É preciso que você tenha um projeto excitante. Os funcionários querem fazer parte de uma equipe vencedora. Se você quiser atrair e manter as melhores pessoas, é preciso que você as faça sentirem-se como parte de algo maior do que qualquer uma delas, individualmente."

Então, como fazer isso? Bem, você conta às pessoas a sua história, e ouve a história que elas têm para contar. E assegura-se de que o que as mantém unidas não sejam apenas boas ideias e boas intenções; mas, também, um comprometimento apaixonado pela meta a ser atingida por todos. Você reúne as pessoas e as entusiasma com a sua ideia — a tal ponto que estas também se tornem as ideias delas mesmas. Tanto do ponto de vista criativo, quanto do gerencial, esta é a última palavra em termos de motivação.

Para resumir o que vimos até agora, contar histórias como estratégia de comunicação corporativa é algo muito proveitoso, porque:

1. Histórias são extremamente contagiosas. Elas podem espalhar-se muito rapidamente, mesmo através da estrutura das maiores corporações, porque as pessoas adoram contá-las, umas às outras. Contar uma boa história é algo muito divertido. Fazer de uma história dessas a sua história não é muito difícil. Este livro vai continuar dizendo-lhe exatamente como fazer isso.

2. Contar histórias é uma prática adaptável a qualquer escala. Quer você seja um integrante de uma pequena equipe criativa, que tem de lidar com um projeto de curto prazo, quer você seja parte de uma grande corporação lidando com o cumprimento de metas a serem atingidas em vários anos, encontrar a história certa para contar é a chave para o sucesso.

3. As histórias unem as pessoas, criando um verdadeiro espírito de equipe. Isto é muito importante quando você faz parte de uma equipe coesa, que se reúne frequentemente (como as equipes do Ritz o fazem, durante sua "chamada" diária), e pode ser ainda mais importante se os integrantes da sua equipe de vendas se espalham por todo o mundo, como as "consultoras de beleza" da Mary Kay.

4. Uma vez que as histórias, como ressalta Jerome Bruner, são baseadas na resposta humana natural ao inesperado, as estratégias baseadas em histórias devem ser muito flexíveis e adaptáveis.

Quando a hierarquia comunista da China tornou ilegais as vendas de porta em porta, a mitologia particular da Mary Kay permitiu que a companhia rapidamente pudesse reagrupar-se, adaptar suas técnicas de vendas e obter a aprovação geral. Mas a história tem de ser contada com honestidade e, necessariamente, deve conectar-se com uma paixão profundamente alimentada por todos.

5. A paixão, o primeiro dos nossos cinco elementos, é o que impulsiona uma história para diante. Isto funciona até mesmo em nível hormonal: trata-se da própria vitalidade que está no cerne da sua história. Se você não consegue fazer com que as pessoas conectem-se à sua história, é porque você está contando a elas a história errada.

***

4

Todo mundo é um herói: como histórias constroem credibilidade

WARREN BUFFETT É O NOSSO HERÓI. Não porque ele seja o homem mais rico dos Estados Unidos: seu amigo, Bill Gates, é quem detém esta honraria. Tampouco por causa de sua incrível habilidade para escolher as ações de companhias que, em pouco tempo, revelam-se campeãs no mercado financeiro — habilidade esta que já rendeu a Buffett o apelido de "Oráculo de Omaha". Ele mesmo é o primeiro a dizer que permanece sendo o principal investidor norte-americano não por saber prever o futuro, mas por atribuir corretamente o devido valor a cada companhia, no mais palpável aqui e agora. E ainda que a dele venha sendo a voz mais insistente pela reforma da visão de gerenciamento das grandes corporações, de modo a favorecer mais aos pequenos e médios investidores (quase todos, aliás, provenientes da classe média; que mantêm seus recursos previdenciários e de poupança aplicados no mercado de ações), também não é por este motivo que fazemos coro a ele. Então, o que faz dele o nosso herói?

Bem, como homens de negócios — e, particularmente, como consultores de comunicação —, nós precisamos manter um olho sempre aberto para um grande quadro geral, para que possamos inserir a história de um dos nossos clientes no grande caldeirão que é a história da nossa cultura. A cultura corporativa é altamente competitiva; por isso, precisamos saber, constantemente, quem está vencendo o jogo, e por quê. O placar é exibido em Wall Street, mas nenhum de nós dois é muito bom com números — na verdade, somos péssimos. Exatamente por este motivo, precisamos de alguém capaz de resumir toda a informação "bruta" e traduzi-la para uma linguagem humanamente inteligível, para que possamos compreendê-la, absorvê-la e utilizá-la.

Quem quer que consiga fazer isso, será o nosso herói. Tudo o que necessitamos é de algumas palavras de bom senso, para nos colocar no rumo certo. Nós somos como turistas em um país estranho, procurando sempre pela melhor vista do panorama: aquele lugar determinado, em que podemos parar no acostamento da estrada, por alguns momentos, e tirarmos fotos. Só precisamos do ponto de vista correto: depois disto, todas as outras peças encaixam-se em seus devidos lugares.

Se você pretende entender a economia norte-americana, à medida que esta avança através de um novo século globalizado, o ponto de vista de Warren Buffett é o mais claro e cristalino que você poderia desejar. E, como podem atestar os mais de 14.000 acionistas de sua companhia — a Berkshire Hathaway —, que costumam lotar uma arena em Omaha, em encontros anuais, Buffett é muito generoso ao compartilhá-lo.

Tais eventos assemelham-se mais a uma feira interiorana do que a uma convenção corporativa, cheia de assessores financeiros com narizes empinados. A maioria das companhias subsidiárias da Berkshire (tais como a GEICO) monta estandes para vender seus produtos, com descontos substanciais para os acionistas. Há até mesmo um ótimo churrasco, nessas reuniões. Mas, a atração principal do evento acontece quando Buffett e seu "braço direito" no mundo dos investimentos, Charlie Munger, tomam o centro do palco para responder a qualquer tipo de dúvida da plateia — por seis horas. Essas sessões de debate são tão abertas, honestas e informativas que muitos pais, que já chegaram a pagar quase cem mil dólares por uma quota de ações da Berkshire Hathaway, levam seus filhos às reuniões para que vejam como o mundo dos negócios funciona, quando as coisas são feitas do modo correto.

Comparando suas reuniões anuais às promovidas por outras empresas, Buffett diz: "Muitas reuniões anuais são pura perda de tempo, tanto para os acionistas, quanto para os gerenciadores. Às vezes isto é assim porque as gerências relutam em revelar-se, quando se trata de assuntos de natureza exclusivamente relativa aos negócios. Mais frequentemente, essas reuniões não são produtivas por culpa dos acionistas participantes, que estão muito mais preocupados com a sua situação momentânea nos negócios do que com as grandes transações em que a corporação está envolvida... Sob tais circunstâncias, a qualidade dessas reuniões deteriora-se a cada ano, pois os assuntos de interesse individual desencorajam aos outros participantes, que, porventura, pudessem interessar-se pelos negócios, de maneira mais abrangente."

"As reuniões da Berkshire são uma outra história. A quantidade de acionistas presentes a elas aumenta a cada ano, e ainda estamos para ouvir uma só pergunta boba ou comentário de inspiração egoística."

Como é que Buffett, sendo o mestre de cerimônias no picadeiro desse circo, faz para que nenhuma de uma série tão longa de reuniões "vá para o vinagre"?

Ele ouve, muito atentamente, as histórias contidas nas perguntas que lhe são endereçadas. Quando ele as responde, faz isso com muito bom humor; não apenas apresentando os fatos pertinentes à questão de maneira fria, mas envolvendo-os nas emoções relacionadas a eles e dando-lhes um significado. Ou seja, ele coloca as coisas em um contexto que pode ser facilmente compreendido. Ele pode fazer isso porque, na verdade, não está tentando impressionar a ninguém. Ele não está ali para fazer com que as pessoas vejam as coisas à sua maneira e, assim, provar que ele está com a razão. Ele apenas está abrindo sua considerável bagagem de conhecimento, experiência e inteligência para compartilhá-la. Desta forma, quando você se torna naturalmente capaz de ver as coisas assim, a consciência aflora, com uma sensação de descoberta. É o seu senso de descoberta que é realmente importante. Você confia na descoberta porque foi você mesmo quem a fez. E você confia nele por haver-lhe ajudado a fazê-la.

É isto o que os heróis fazem. Eles "abrem" as histórias para você, dão-lhe as boas-vindas, convidam-lhe a entrar e fazem com que você se sinta em casa. Eles fazem isso ao permitirem que você veja o mundo através dos olhos do herói. O fato de Warren Buffett também ser um escritor muito, muito bom (ele ganhou o prêmio outorgado pela *National Commission of Writing*, nos Estados Unidos, em 2005, por ser "um líder único, que muitos no mundo dos negócios e da indústria veem como uma raridade, devido à sua reconhecida habilidade para explicar pensamentos complexos com as palavras mais simples e exatas") é apenas a cobertura do bolo; mas não é por acidente que *o nosso* herói é um grande contador de histórias.

Como dissemos, o *herói* é o segundo dos nossos cinco elementos componentes de uma história; e está relacionado ao elemento Terra, dos antigos gregos. Isto porque ele tem muito a ver com a definição do seu território e seus mercados. Esta é a razão principal pela qual, em nossa cultura, os heróis sejam, tão frequentemente, reis e fundadores de impérios. O herói é a personificação do seu ponto de vista em uma história — e o nosso guia, ao longo da mesma. Toda história necessita de um herói. Criar (ou, mais comumente, *encontrar*) o herói certo é uma das tarefas mais importantes que você, como contador de histórias motivacionais, terá de cumprir. Na maioria das histórias, escolher o seu herói é a primeira coisa a ser feita.

Se contássemos a você uma história sobre o mercado financeiro de ações, nós saberíamos de antemão pelo que você é apaixonado: ganhar dinheiro. Isto é o que tornaria a história tão interessante; e, caso nossa história não tratasse desse assunto — ou se você não tivesse nenhum interesse a respeito dele —, não teríamos muito sobre o que conversar. Porém, passados os primeiros trinta segundos, nos quais estabelecemos o assunto sobre o qual todos estamos interessados (em ficarmos ricos), será preciso que nós — os contadores da história — encontremos uma maneira de nos conectarmos ao seu universo particular, em nível mais abrangente. Será preciso acharmos um denominador comum: um ponto em que você e nós possamos nos entender mutuamente e estabelecermos bases comuns.

A chave para isto é encontrar um senso de igualdade com o seu ouvinte — coisa muito difícil nas relações comerciais, em que existe uma tendência para dividir as coisas relativamente entre os vencedores e os perdedores. Buffett é famoso por estabelecer uma igualdade entre os acionistas da Berkshire Hathaway, aos quais ele prefere chamar de "parceiros". Este é um dos motivos pelos quais, apesar de ser um dos homens mais ricos do mundo, ele mantém seu próprio salário na "modesta" cifra de cem mil dólares. Em um dos seus relatórios anuais aos acionistas, ele disse: "Charlie e eu não podemos garantir resultados a vocês. Mas podemos garantir-lhes que suas riquezas financeiras seguirão, incondicionalmente, o mesmo rumo que as nossas. Não temos nenhum interesse em salários mais altos, em dividendos maiores ou em quaisquer outros meios que possam nos assegurar alguma 'vantagem' pessoal sobre os investimentos de vocês. Nós queremos ganhar dinheiro apenas quando os nossos parceiros também ganham; e exatamente na mesma proporção que eles o fazem. Mais do que isso, se eu cometer algum engano, gostaria que todos pudessem ter um certo consolo com o fato de o meu sofrimento financeiro ser proporcional ao de vocês."

Nós confiamos em um sujeito capaz de dizer coisas assim — e embasá-las com anos de ações concretas. Quem não confiaria? Justamente porque confiamos nele é que não estamos constantemente investindo e resgatando nosso capital de seu fundo de ações (a Berkshire é um exemplo clássico de "negócio para toda a vida"); por isso, Buffett não precisa preocupar-se com os preços de suas próprias ações e pode concentrar-se em fazer bem o seu trabalho. Este é mais um motivo para que você encontre o herói certo para a sua história. Ter o herói certo na sua história gera confiança, e faz com que o seu chefe ou o seu cliente relaxem e parem de procurar por minúcias, permitindo que você faça o seu melhor trabalho.

Warren Buffett pode ser todas as coisas para os seus investidores; mas nós não o escolhemos para ser o nosso herói por ser um tipo facilmente encontrável de mínimo denominador comum. Essa típica aplicação da "lei do menor esforço" é, quase sempre, um caminho certo para o fracasso. Encontramos Buffett ao procurarmos por alguém que parecesse saber o que estava fazendo, por gostar perceptivelmente do que faz, e por ser capaz de falar sobre isso usando uma linguagem que todos podem compreender. Portanto, Buffett representa o *máximo* denominador comum — uma das principais características de um herói. Os heróis, naturalmente, fazem aflorar o que há de melhor em si mesmos — bem como na própria história e em seus ouvintes.

Nós confiamos em Buffett como herói, em parte, porque ele é uma pessoa complexa e interessante. Nós não queremos um herói que seja um "xerox" de algum outro. Ninguém quer. Nós queremos alguém com um ponto de vista coerente (caso contrário, a história ficaria confusa), que saiba perceber que o mundo à sua volta está constantemente mudando; e, por isso, a visão que temos através de seus olhos também é mutável. Se as coisas não forem assim, deve haver algo errado com a imagem para a qual estamos olhando.

Instintivamente, nós não confiamos em heróis unidimensionais; e, quando você estiver criando a sua história, fuja deles, como se fugisse da peste. Um herói convincente trata, em primeiro lugar, de ganhar a confiança da plateia — e, se esta não puder confiar nele, também não irá dar seu dinheiro a você, não importa quão boa sua nova ideia possa parecer. Afinal, é disso que estamos falando, certo?

Existe uma vasta gama de espécies de heróis; e os preconceitos culturais desempenham papel de destaque na maneira como você constrói sua história — principalmente se você visa atingir mercados internacionais. Contudo, todos os heróis fazem quatro coisas principais:

1. Eles nos fazem sentir que somos iguais a eles mesmos. Se não pudermos estabelecer esse senso de ligação entre nós e eles, nós os rejeitaremos. Ver o mundo através dos olhos de um herói é um tipo de relacionamento muito íntimo. Se não estivermos em sincronia e não pudermos nos conectar, em um nível quase físico, com nossos heróis, as coisas não irão funcionar. Confiança é imprescindível. Warren Buffett é um bom exemplo de como esta confiança pode ser conquistada, no mundo dos negócios.

2. Eles defendem "o seu pedaço". Heróis controlam algum território: físico, emocional, intelectual ou espiritual — dentro do

qual eles "dominam" e possuem largam vantagem. Eles detêm o controle sobre algo valioso. Eles podem ser o Príncipe da Dinamarca, terem inventado um novo e revolucionário mecanismo de busca na internet ou possuírem três feijões mágicos: o que quer que seja que eles controlem, o importante é que eles o fazem porque têm grande valor; nunca por acidente, ou por mera sorte. Tal como o Sr. Buffet (e outros porta-vozes de grandes corporações) demonstra claramente, o tipo certo de "herói corporativo" é aquele que se mostra capaz de agregar valor a qualquer empresa. A conexão existente entre a riqueza e o herói é apenas um subproduto da evolução: quanto mais cabeças de gado se possui, mais *status* se obtém. Quanto mais *status* se possui, mais filhos se tem — e, evidentemente, maior influência se exerce sobre a herança genética das populações futuras. As coisas podem ter se tornado um pouquinho mais abstratas, nos últimos vinte e cinco mil anos; mas a conexão entre os heróis e a riqueza continua firme como uma rocha. Pense no salário pago a Michael Jordan: todo aquele ouro reluzente (no caso dele, representado pelos seis anéis — um para cada campeonato conquistado — que usa em seus dedos), certamente, ajuda a manter o foco das atenções sobre a sua figura.

3. Heróis jamais perdem sua capacidade de nos surpreender. Exatamente por serem como nós, seres muito complexos, eles permanecem sendo fascinantes. É muito difícil para um contador de histórias criar esse tipo de complexidade a partir "do nada"; por isso recomendamos que você *encontre* um herói de carne e osso para colocar no centro de sua história. Existem heróis em todo lugar; mas, quando o seu herói "faz uma surpresa", ela não pode vir de lugar nenhum. O lampejo de consciência que virá, no final da nossa história (você se lembra: aquele momento em que o herói diz "A-Ha!" e triunfa, enchendo-nos de satisfação), ainda está em preparação, de acordo com a natureza do herói

que você escolheu. Se Luke Skywalker não tivesse começado a história desejando tornar-se um Cavaleiro Jedi, o momento em que ouve as palavras "Confie na Força, Luke" não teria nenhum impacto sobre ele, nem sobre nós.

4. Heróis agem como "mocinhos". É o comprometimento do herói com o que os antigos gregos denominavam, simplesmente, como "o Bem" que torna sua vitória tão apreciável. É por isso que Babe Ruth, o famoso jogador de beisebol norte-americano, ao visitar crianças doentes em um hospital e prometer-lhes marcar pontos em sua homenagem e — contra todas as probabilidades — realmente fazê-lo, tornou-se um mito heróico. Heróis não precisam ter "superpoderes"; na verdade, estes tendem a desfavorecê-los (se o Super-Homem não fosse vulnerável à kriptonita, nem fosse confundido com outra pessoa por sua namorada, não teríamos nos interessado tanto por ele, ao longo de todos esses anos); mas eles têm de ser bons sujeitos. Às vezes, eles podem ser um tanto rudes; um sorrisinho enviesado, *à la* Dirty Harry, é perfeitamente aceitável. Mas os heróis corporativos são, invariavelmente, bons sujeitos. Deixe aquele seu modelo de anti-herói preferido, atormentado e angustiado, na prateleira dos filmes em que ele merece estar.

Buffet demonstrou possuir todos esses traços heróicos, quando, em 26 de junho de 2006, adentrou a Sala de Leitura da Biblioteca Pública Municipal de Nova York, perto da Times Square, e, diante de várias *webcams*, instaladas por seu amigo Bill Gates — que sentava-se ao seu lado, à mesa —, comprometeu-se publicamente a doar o grosso de sua fortuna (38 bilhões de dólares; isto mesmo: *bilhões*) para auxiliar na solução dos enormes problemas de assistência à saúde no terceiro mundo. Nem é preciso dizer que havia uma enorme riqueza envolvida; mas, ainda que tenha se tornado famoso por estruturar a Berkshire Hathaway de modo que seja muito fácil e "indolor" para seus acionistas praticarem a caridade por meio de generosos donativos, Buffett também é conhecido por não tentar "fazer o jogo" do diretor-executivo "caridoso", que faz qualquer coisa para aparecer bem nas colunas sociais da imprensa — especialmente quando não precisa dispor de seu próprio dinheiro; e, sim, o da empresa. Por isso, o inesperado anúncio de sua contribuição caridosa pegou Wall Street de surpresa e produziu um verdadeiro *"tsunami"* de comentários positivos sobre a Berkshire (mesmo que esta não seja sua intenção declarada, os bons heróis simplesmente não podem evitar aumentar o valor agregado de suas corporações). É o seu senso de comprometimento com a manutenção da igualdade entre os investidores — sua preocupação constante em ser "como qualquer um dos outros" —, mesmo ao praticar tal ato de grandeza, que faz com que a impressão causada por ele seja tão profunda e duradoura. Ele poderia ter escolhido qualquer "cenário" para gerar sua transmissão; mas ele escolheu a Biblioteca Pública Municipal de Nova York por tratar-se de um lugar acessível a qualquer cidadão, onde todos se sentem bem-vindos. Ele poderia ter fundado sua própria instituição filantrópica — a "Fundação Buffett" —, de modo que cada cheque-donativo enviado fosse, por si mesmo, uma espécie de lembrete, do tipo "olhe só quem está dando isso a você" ou "veja a quem você deve agradecer"; mas, em vez disso, ele confiou todo o montante da doação para que esta fosse feita em nome de outra instituição (ou "pessoa física"; como você preferir): a "Fundação Gates". Ele confiou todo o dinheiro a alguém em quem *ele mesmo* confiava: a única pessoa que poderia adicionar mais de seu próprio dinheiro — mais do que ele mesmo já o fizera — à doação, se quisesse; pois, como explicou: "Só porque eu sou bom em ganhar dinheiro, não quer dizer que eu seja bom em doá-lo." Como disse Dirty Harry, certa vez, "um homem deve conhecer seus limites". Como nós dissemos, Warren Buffett é o nosso herói.

Colocar o diretor-executivo na posição de porta-voz da corporação (ou assumir esta posição você mesmo e ser o herói da história, se for o caso) nem sempre funciona; mas, quando funciona, funciona prodigiosamente. Mas nós não sabemos por que isto funcionou melhor, do que em qualquer outra situação, quando se tratou de vender galinhas.

A Perdue Farms, uma das maiores empresas fornecedoras de carne de aves para o mercado norte-americano, começou como um negócio de "fundo de quintal". Na década de 1940, Frank Perdue e seu pai criavam galinhas, para produção de ovos, na fazenda da família, em Salisbury, Maryland. Nos anos 1960, Frank assumiu a direção dos negócios e mudou da produção de ovos para a produção e venda de carne de galinha. Em pouco tempo, ele decidiu cortar os atravessadores e passou a vender suas aves diretamente a uma cadeia de mercados varejistas, em vez de fazê-lo para frigoríficos fornecedores. Ele começou vendendo as galinhas abatidas e conservadas em baldes de gelo, transportando tudo em seu próprio carro. Então, ele fez o que os heróis do mundo corporativo sempre fazem: ouviu, atentamente, aos seus clientes diretos e aos seus representantes nos pontos de venda. Depois, ele pegou a estrada e viajou por trinta e um Estados, conversando com donos de abatedouros avícolas que trabalhavam com grandes redes de distribuição de seus produtos. Após ouvir criteriosamente tudo o que essas pessoas lhe disseram, ele pôde anotar 25 qualidades desejáveis por todo mundo, quando se tratava de galinhas.

As pessoas preferiam as aves que tivessem a pele com um saudável tom dourado; então ele adicionou sementes de calêndula à ração dada às suas galinhas, para que a suas peles ganhassem essa cor. As pessoas não gostavam de encontrar aquela ligeira penugem que costuma restar sob as asas das galinhas, após terem sido depenadas; então, ele inventou uma maneira de queimar toda a penugem remanescente sobre a pele das galinhas, antes que estas fossem finalmente embaladas. Os consumidores desejavam mais carne de peito; então, ele desenvolveu uma nova raça de galinhas — a raça Perdue — que crescia com mais daquela carne branca tão procurada. Ele havia conseguido um excelente chamariz; mas, para fazer com que as pessoas viessem bater à sua porta, ele precisava avisar ao mundo sobre os resultados da sua dedicação.

Mais uma vez, ele dispensou os intermediários, tornando-se o primeiro diretor-presidente de uma corporação a ir pessoalmente à televisão para vender seus produtos, diretamente aos consumidores, na sala de estar de suas próprias casas. Entre 1971 e 1990, ele apareceu em mais de duzentos comerciais de TV, todos criados no melhor estilo sutil e eficiente da agência de publicidade Scali, McCabe, Sloves. Nem mesmo com a maior dose de boa-vontade ou esforço de imaginação seria possível admitir que a figura de Frank Perdue aproximava-se do padrão de fotogenia dos astros da televisão ou do cinema — ainda que seu nariz pontudo, sua calva reluzente e seus olhos esbugalhados lhe conferissem uma aparência um tanto "ornitológica", que, de modo algum, atrapalharia a propaganda dos seus negócios. O que fazia com que os anúncios funcionassem era a maneira como ele falava sobre o assunto que conhecia melhor: suas galinhas. Ele realmente acreditava que vendia galinhas de qualidade superior; e, tal como Buffett, ao explicar-nos o mercado de ações, ele não se intimidava quanto a nos explicar por quê. Em seus primeiros filmes comerciais, ele aparecia vestindo um avental de açougueiro; e mesmo que, mais tarde, ele tenha mudado para os ternos cortados sob medida que ele podia pagar, como o magnata que se havia tornado (no final da década de 1980 ele era um dos 400 homens mais ricos dos Estados Unidos), os espectadores sempre tinham a impressão de que ele não estava muito longe do abatedouro, onde fazia questão de assegurar-se de que as coisas estavam sendo feitas do jeito certo.

Quando se assiste àqueles primeiros anúncios, é fascinante notar a obsessão de Frank quanto aos detalhes pertinentes à criação de galinhas destinadas ao abate. Ele fazia questão de frisar que seus animais eram tratados da melhor forma possível, até chegarem aos balcões frigoríficos dos supermercados — sem que sua carne tivesse sido congelada. Em um dos filmes, ele chegava a martelar um prego através da carne de um dos animais comercializados por um concorrente, para demonstrar como o congelamento da carne prejudicava o produto final. Ele afirmava que seus animais eram alimentados "apenas com os melhores grãos" e com "a água mais pura e cristalina"; e nos informava sobre a importância desses fatores: "As galinhas são o que elas comem. Se você quer comer tão bem quanto as minhas galinhas, coma as minhas galinhas."

E o povo norte-americano assim o fez. A Perdue Poultry tornou-se um empreendimento familiar muito bem-sucedido, no ramo da avicultura, tendo faturado 58 milhões de dólares em 1971. Neste mesmo ano, o primeiro comercial de TV estrelado por Frank, como um herói corporativo, foi ao ar; e as coisas mudaram, rapidamente. Logo, ele controlava um império, que envolvia mais de vinte mil associados e parceiros, em 75 fazendas familiares independentes, gerando lucros superiores a 2,8 bilhões de dólares por ano. Ao longo de sua trajetória, ele manteve-se fiel a uma única agência de publicidade e ao mesmo *slogan* — no qual o povo aprendeu a confiar: "É preciso ser um homem inflexível para obter uma galinha tenra."

Os anúncios funcionavam porque, instintivamente, nós sabíamos que aquilo que ele dizia era a verdade; embora a maioria dos telespectadores jamais viesse a saber, de fato, quão verdadeiro ou inflexível ele era. À medida que Perdue expandia sua operação de processamento pelos Estados sulistas, ele deparou-se com algumas inevitáveis disputas trabalhistas. O ramo de processamento de carne envolve um tipo de trabalho perigoso: por definição, é o tipo de trabalho em que corre sangue. E as disputas trabalhistas nesse setor podem tornar-se igualmente perigosas, com incrível rapidez. Em 1980, a Seção Local 117 do Sindicato dos Trabalhadores do Comércio e da Indústria de Alimentos iniciou uma campanha de dezoito meses para cooptar os trabalhadores de Perdue, na cidade de Accomac, na Virginia. As tensões cresceram, de parte a parte. O sindicato lançou mão de suas melhores armas, incluindo discursos de Rosa Parks e do Reverendo Jesse Jackson, dirigidos à maioria constituída pelos trabalhadores negros. Frank contra-atacou, sobrecarregando ainda mais a sua agenda de *workaholic*, passando a maior parte de seu tempo ao lado dos trabalhadores na linha de produção, manuseando facas e cuidando da expedição das entregas. Ele demonstrou, através de seu próprio exemplo (e esta é outra característica de um bom herói), que trabalhava tão duro quanto qualquer um dos outros ali. Quando se estabeleceu uma votação pela filiação dos trabalhadores ao sindicato ou não, Perdue venceu por larga margem. Ele havia conseguido defender seu território corporativo ao provar que, a despeito do salário que recebia, era apenas mais um dos "caras".

Mas a história não termina aí. Tempos depois, ele foi convocado a testemunhar na Comissão Presidencial sobre o Crime Organizado; pois, no calor da batalha, ele havia tentado convencer o "chefão" mafioso Paul Castellano a combater o sindicato, do seu lado. Frank alegou que as conversas que mantivera com o cabeça de uma das famosas "Cinco Famílias" de Nova York não haviam chegado a nenhum termo; e que ele lamentava o fato de havê-las mantido, um dia. Uma vez que não existem provas em contrário, aceitamos a validade de seu testemunho; embora, certamente, não aprovemos este tipo de comportamento. Nossa opinião é que se o seu lema, afirmando que "é preciso ser um homem inflexível para obter uma galinha tenra", não fosse verdadeiramente honesto em mais de um nível, não teria funcionado tão bem, por todos esses anos.

Perdue possuía as três qualidades necessárias a um herói corporativo:

• Em seus anúncios, ele mostrava-se exatamente como alguém familiar a nós; alguém em quem seus clientes já estavam acostumados a confiar: o açougueiro da vizinhança.

• Ele ouviu o que tínhamos a dizer-lhe sobre o que desejávamos, e persistentemente — até obsessivamente — comprometeu-se a fazer o que fosse preciso para nos atender.

• Sua personalidade era suficientemente complexa para manter nosso interesse pelos vinte anos em que seus anúncios foram veiculados pela televisão — o que permitiu-lhe consolidar o sucesso de sua marca. A consistência de sua mensagem é, também, uma outra parte importante de ser um herói corporativo. O herói garante a estabilidade que permite o crescimento de um empreendimento. E, no caso de Frank, suas galinhas eram realmente muito boas.

***

Harlan Sanders é outro exemplo de cavalheiro sulista que fez fortuna graças ao seu amor pelas galinhas (embora isto possa soar mais chulo do que gostaríamos, estamos certos de que você entendeu o sentido). Nos anos 1930, Harlan começou a vender pedaços de galinha frita em um anexo às instalações de seu posto de gasolina, em Corbin, no Kentucky — uma cidadezinha distante cerca de duas horas de carro, partindo de Louisville. Ele estava sempre ajustando seus temperos e modificando sua receita, para dar aos seus clientes exatamente o que estes desejavam. A vida transcorria lentamente, naquela estrada secundária; por isso, ele tinha tempo de sobra para comentar sobre essas coisas com os clientes — até chegar à sua famosa combinação de "11 ervas e temperos secretos", e a notícia espalhar-se, boca a boca. O governador do Estado passou por ali e gostou do que provou — gostou o suficiente para fazer de Harlan um membro da Honorável Ordem dos Coronéis do Kentucky, em 1935. Por este motivo, desde então, Harlan passou a ser conhecido como Coronel Sanders; e seu processo de empanar e fritar galinhas, como Kentucky Fried Chicken.

Harlan ganhou fama nacional, em 1939, quando seu quiosque de frango frito foi mencionado pelo famoso crítico culinário Duncan Hines, em seu guia gastronômico intitulado *Adventures in Good Eating* ("Aventuras ao Comer Bem"); contudo, tal como muitos dos mais criativos empreendedores culturais, ele pareceu contentar-se em ser o melhor naquilo que fazia apenas para uma pequena e seleta clientela. E, desta maneira, o pequeno estabelecimento de Harlan teria existido até o final de seus dias, não fosse pela intervenção do destino, que chegou à sua porta na forma da rodovia Interestadual 75. Quando Harlan deu-se conta de que o traçado da nova rodovia passaria exatamente por sobre o estabelecimento do qual tirava seus meios de subsistência, decidiu-se a "pegar a estrada", por conta própria. Financiado apenas pelos 105 dólares mensais que recebia do Seguro Social, ele dirigiu pelas estradas do Sul, distribuindo amostras de seu frango frito e fazendo contratos de franquias. Uma vez que teria de falar com uma porção de completos estranhos, ele decidiu que teria de vestir-se a caráter; e foi assim que adotou sua "marca registrada": o terno de linho branco, com a gravata de laço preta e o cavanhaque grisalho, cuidadosamente aparado — uma imagem que se tornou um verdadeiro ícone. Em 1964, Harlan vendeu seu empreendimento — que, à época, já contava com mais de 600 lojas franqueadas — a um grande conglomerado (que, atualmente, está incorporado à Yum! Brands) e aposentou-se. Porém, como o seu nome e sua imagem estivessem de tal forma associados ao produto — e uma vez que ninguém conseguia vender frango frito tão bem quanto ele — os novos proprietários do negócio o mantiveram como porta-voz e garoto-propaganda da corporação.

Esta poderia ser uma história contada ao estilo de Horatio Alger, sobre o garoto pobre que vence na vida graças aos próprios esforços: o tipo de "historinha de ninar" que se conta aos mestrandos de Administração de Empresas — mas o Coronel Sanders ainda não poderia ser considerado um verdadeiro herói corporativo. Para atingir esta excelsa posição, ele teria de fazer algo realmente capaz de nos surpreender. E ele o fez.

Quando os novos proprietários modificaram sua receita de molho, ele manifestou sua repulsa pela nova fórmula, publicamente. Ele chamou o novo molho de "gororoba", e disse que o purê de batatas servido nas franquias assemelhava-se mais a "cola para papel de parede". Esta, certamente, não é a maneira mais típica de um garoto-propaganda descrever o produto da companhia que representa. Ele chamou a atenção de todo o país — bem como do departamento jurídico da companhia, que abriu um processo contra ele, por quebra de contrato; pois, afinal de contas, ele ainda recebia um belo salário para falar bem dos produtos. Então, ele contra-atacou, processando a companhia por difamação da marca! Era *dele* o rosto que aparecia estampado nos baldes de papelão, que anunciavam conter algo "gostoso, de lamber os dedos". Uma vez que tal afirmação não correspondia à verdade, a companhia o estaria submetendo, pessoalmente, a uma forma de constrangimento! Isto ofendia profundamente ao seu senso de honra sulista — para não dizer ao seu paladar refinado.

A batalha jurídica — amplamente divulgada ao público — gerou um bocado de publicidade gratuita; mas, o mais importante para as vendas futuras foi marcar a noção de que o Coronel Sanders importava-se muito com a qualidade de seus produtos. Tanto, que ele mostrava-se disposto a arriscar tudo o que possuía para assegurar-se de que os consumidores tivessem exatamente aquilo que ele lhes prometia. Tratava-se de uma questão de confiança; e sua lealdade foi reconhecida e recompensada. Em 1974, o Coronel Sanders foi listado como a segunda personalidade mais conhecida, em todo o mundo. Atualmente, seu retrato é o único que rivaliza com o de Mao Tsé-Tung, na Praça da Paz Celestial, em Pequim. Este o tipo de reconhecimento de marca que o dinheiro não pode comprar.

O que os nossos três heróis — Buffett, Perdue e Sanders — têm em comum, além de haverem se tornado muito, muito ricos, fazendo o que mais adoravam fazer? Não se trata de um modelo que não valha a pena ser imitado, afinal. Se não por outro motivo, cada um deles personifica — de maneira quase mítica — uma qualidade inerente aos seus ramos de negócios.

O estilo de Buffett de investir valores faz com que ele ignore a ostentação e a presunção dos relatórios contábeis das corporações e atente para o valor intrínseco das companhias nas quais investe. Seu compromisso pessoal quanto a permanecer "popular" não é mera afetação: antes, é justamente o que lhe permite manter-se solidamente embasado e garante-lhe o equilíbrio para reconhecer as empresas que compartilham com ele mesmo a sua visão quanto ao crescimento a longo prazo. Sua afirmação quanto a assegurar que seus acionistas sejam parceiros de seus interesses econômicos, tão importantes quanto ele próprio, é um ponto central para a estabilidade que permitiu à Berkshire Hathaway manter-se entre as 500 empresas mais sólidas e confiáveis do mercado de capitais, por 41 dos últimos 45 anos.

Uma das inovações introduzidas por Frank Perdue na produção avícola foi manter as luzes acesas na granja e alimentar as galinhas durante 22 horas por dia, para promover-lhes um crescimento mais rápido. E as galinhas não eram as únicas a permanecerem acordadas até tarde: o próprio Perdue, um notório *workaholic*, mantinha uma cama em seu escritório, para ficar tão próximo quanto possível de sua mesa de trabalho — apesar de o seu escritório não distar mais de 50 metros da sua casa.

E o Coronel Sanders realmente adorava servir frango frito às pessoas. Ele vivia intensamente essa experiência. Em suas viagens, ele costumava levar consigo recipientes com isolamento térmico para servir aos outros passageiros do voo, amostras grátis de sua famosa receita original. Nós sabemos disto porque um de nós, quando cursava o ensino médio, viajou, certa vez, a bordo do mesmo avião em que o Coronel se encontrava. Após postar-se em pé, no corredor da aeronave, e anunciar a todos quem ele era, o Coronel pedia a uma aeromoça que servisse os pedaços de frango aos passageiros. Então, ele percorria toda extensão do corredor, perguntando a cada pessoa sobre sua opinião quanto ao frango — e ouvia muito atentamente a cada resposta. Quando chegou a nossa vez, dissemos que o frango estava bom, mas que a nossa mãe costumava preparar frango frito todos os domingos, em nossa casa, e que gostávamos mais da receita dela. O Coronel sorriu e respondeu: "Muito bem. É assim mesmo que as coisas devem ser. Diga à sua mãe que eu mandei um alô." Isto, sim, é uma demonstração da típica elegância e hospitalidade sulina: é o tipo de atitude que você gostaria de ter, quando alguns amigos aparecem inesperadamente em sua casa, perto da hora do jantar.

A qualidade que conecta o seu herói ao seu produto não é algo que possa ser adicionado posteriormente. Ela é inerente ao caráter do herói que você escolher; e ela deve ser autêntica, porque estará pondo à prova o ponto de vista do seu herói: se houver qualquer coisa de falso a seu respeito, todos nós saberemos o que é, imediatamente — e isto nos causará arrepios. É difícil definir de antemão quem será o herói certo para uma história; mas você saberá quem é o seu herói quando o vir, porque um bom herói é magnético. Um grande herói é alguém de quem é quase impossível desviar o olhar. Simplesmente olhe à sua volta: a sua empresa — ou a do seu cliente — está repleta de heróis perfeitamente adequados ao papel que representarão em sua história.

***

Um problema com o qual nos deparamos frequentemente, quanto aos nossos clientes, é que eles relutam em assumir o papel do herói. Eles nos dizem: "Meus clientes são os meus heróis; eles não deveriam ser os heróis das minhas histórias, também?" Trata-se de um bom argumento. É preciso que o herói seja igual ao seu cliente, mas esta igualdade deve ser válida nos dois sentidos. Seu cliente é o seu herói, e você deve ser o herói do seu cliente, também. Se a sua história não incluir isto, existe o perigo real de você terminar desempenhando um papel passivo, meramente reativo. E o negócio não será fechado. A ideia não será vendida. A reunião terminará com todos os participantes envoltos por uma aconchegante aura cor-de-rosa, mas nenhum negócio de verdade terá sido realizado. Lembre-se: o seu cliente não sabe onde a sua história irá chegar; você, sim. Vocês dois estão viajando no mesmo carro, mas apenas um o dirige. Não tenha medo de assumir o volante. Heróis são sempre ativos.

Então, quando você estiver contando a sua história para persuadir seus clientes de que a sua empresa, o seu produto ou a sua ideia é a escolha certa a fazer, escolha um herói que seja quase como eles: talvez, apenas um pouquinho melhor do que eles. Faça com que seu herói tome uma posição quanto ao que é certo e que a mantenha, de modo que todos possam vir a confiar nele. Em seguida, faça com que o herói os surpreenda. Se a sua história tiver um herói deste tipo, eles o seguirão pelo caminho todo, até o banco.

Uma coisa que os nossos três heróis têm em comum é que todos são bons ouvintes; e ser ouvida atentamente é grande parte do sucesso de uma história. Se a sua história irá conter um herói igual aos seus clientes, você deve saber quem são os seus clientes. Como disse Dale Carnegie, certa vez, "Para vender a Jane Doe o que Jane Doe deseja comprar, você deve ser capaz de ver o mundo através dos olhos de Jane Doe."

***

A audição ativa é uma técnica que foi introduzida pelos psicólogos Carl Rogers e Richard Farson — responsáveis pelo seu desenvolvimento, na década de 1960 — e vem ganhando aceitação cada vez maior, nos negócios e na educação. Essencialmente, a aplicação da técnica resume-se a *compreender* o ponto de vista da outra pessoa — sem, necessariamente, concordar ou discordar. Segundo afirmou Farson, em seu ensaio intitulado *Active Listening* ("Audição Ativa"), "a despeito da opinião comum quanto à audição tratar-se da uma abordagem passiva, evidências obtidas através de pesquisas e atividades clínicas demonstram claramente que a audição sensível é o agente mais eficiente para promover mudanças individuais e o desenvolvimento em grupo. [...] Pessoas que são ouvidas desta maneira tornam-se emocionalmente mais maduras, mais abertas quanto às suas experiências, menos defensivas, mais democráticas e menos autoritárias." Em outras palavras, ouvir atentamente aos seus clientes torna-os pessoas melhores. E esta também é uma via de mão dupla: aprender a ouvir ativamente também faz de você mesmo uma pessoa melhor.

Isto não é algo difícil de fazer, mas requer prática. Dominar completamente esta técnica pode levar vários anos; mas, mesmo a partir dos primeiros passos nesta direção, os resultados positivos já serão evidentes. Eis aqui o que nós recomendamos.

Primeiro, tente ouvir a história do seu cliente como um todo; e não apenas atentando para os fatos que ela contém. Histórias, afinal, são fatos envolvidos em emoções. Os fatos podem ser rapidamente percebidos, mas, junto com eles, seu cliente estará enviando a você toda uma gama de informações emocionais — através de sua linguagem corporal, de suas expressões faciais, do ritmo, timbre e tom de sua voz. Para captar todas essas informações, sugerimos que você pratique fazendo uma checagem, mentalmente.

Na próxima vez em que estiver presente a uma reunião no qual você não precisar falar muito, observe o modo como o seu cliente comunica-lhe várias coisas, de forma não-verbal.

1. O que — de modo geral — sua linguagem corporal está dizendo? Ele (ou ela) inclina seu corpo para diante ou para trás? Seus ombros parecem caídos, tensos ou o quê? Seus dois pés estão bem plantados no chão, ou ele(a) cruza as pernas? Caso as pernas estejam cruzadas, as coxas mantêm-se firmemente unidas, ou seus quadris distendem-se, relaxados? Ele(a) mantém seus cotovelos junto ao corpo? Seus braços cruzam-se sobre o peito?

Todas estas posturas corporais dizem alguma coisa; mas procure não pensar a respeito do que elas dizem: apenas perceba-as. Uma forma de fazer isto é colocar o seu próprio corpo em uma postura idêntica à do seu interlocutor e notar suas reações. Mas, tenha cuidado: esta é uma técnica de programação neurolinguística conhecida como "modelagem", na qual tenta-se influenciar ou manipular uma conversa "copiando" a linguagem corporal do interlocutor. *O que estamos sugerindo que você faça não é nada disso!* O verdadeiro propósito da audição ativa não é manipular ou tentar controlar coisa alguma. Você deve apenas ouvir para que possa compreender. E, compreender a linguagem corporal do seu cliente é parte disso.

2. Observe como o seu cliente usa as mãos para enfatizar certos aspectos de seu discurso, ou para ocultar momentos de nervosismo ou indecisão. Preste atenção especialmente nos momentos em que ele(a) olhar para as suas próprias mãos. Tais momentos indicam, com frequência, que ele(a) discute internamente a questão, ou está a ponto de tomar uma decisão a este respeito. Novamente, lembre-se de que o seu objetivo não é controlar a situação; mas, simplesmente, observá-la.

3. Deixe que o som da voz da pessoa lhe envolva, como se fosse música. Não o som das palavras, em particular; apenas o tom, a ressonância, o timbre e a cadência da voz. De quais vozes do seu passado esta voz, que você ouve, agora, lhe recorda? Deixe a sua mente divagar, um pouco; permita que o som da voz de seu cliente o conecte a emoções que você tenha sentido antes. Seu tom de voz diz a você, claramente, como ele se sente a respeito daquilo que diz. Análises da entonação vocal são utilizadas pelos melhores detectores de mentiras. Além disso, esta é uma habilidade que todos nós estamos desenvolvendo, desde a infância.

Se puder prestar atenção aos seus próprios sentimentos, você irá constatar que é muito mais eficiente e preciso do que qualquer máquina. Seu cliente sente-se feliz, triste, preocupado, agressivo, divertido? Não é preciso que você responda objetivamente. Tudo o que você tem a fazer é o mesmo que faria se ouvisse uma boa música: ouvi-la e apreciá-la.

4. Atente para a expressão facial de quem fala. As expressões humanas são universais. As pessoas demonstram seus sentimentos da mesma forma, em Bornéu ou no Brooklyn. Em um estudo realizado por Paul Ekman, da Universidade da Califórnia, em San Francisco, foram mostradas aos estudantes fotografias de nativos da Nova Guiné, enquanto experimentavam alguns estados emocionais básicos. Os estudantes foram capazes de identificar corretamente cada uma das emoções demonstradas pelos nativos, a despeito do fato destes usarem pinturas faciais e outros elementos capazes de desviar o foco da atenção dos observadores. Então, uma segunda etapa da experiência foi realizada, ao contrário; e, os indígenas da Nova Guiné também não tiveram dificuldades para identificar as emoções demonstradas pelas expressões faciais de crianças de Berkeley. Isto provou que as expressões faciais transcendem as diferenças culturais. No mundo dos negócios, muitos de nós somos treinados para fazer "cara de jogador de pôquer", de modo a não denunciarmos nossas posições, durante uma negociação ou quando temos de discutir acerca de um prazo — e isto tende a tornar-se um hábito. Não há nada com que se preocupar. Ninguém, na verdade, pode controlar completamente os movimentos dos pequenos músculos existentes ao redor dos olhos, das narinas, da boca e do queixo. Tensões quase imperceptíveis nesses pontos revelam expressões que relutam em mostrar-se. Por isso, você deve ser capaz de manter um "silêncio interior" quase absoluto, se quiser "ouvir" o que o

rosto do seu cliente está tentando dizer — especialmente se ele(a) quiser manter isso em segredo. Se estiver muito ocupado pensando em uma resposta inteligente à última pergunta que ele(a) fez a você, é provável que você perca a coisa mais importante que ele(a) tinha a dizer. É por isso que recomendamos a você que exercite este tipo de audição quando não tiver de ficar constantemente respondendo a perguntas. Com o hábito, isto pode tornar-se uma atitude natural. Afinal, você já é perfeitamente capaz de caminhar e mascar chicletes, ao mesmo tempo.

5. Finalmente, olhe o seu cliente dentro dos olhos. Um antigo aforismo diz que "Os olhos são as janelas da alma." Qual é a qualidade do olhar do seu cliente? Ele parece excitado, aborrecido, inquiridor? Ele pisca, repetidamente, de pura animação, ou parece apenas estar absorvendo o que vê? Você terá de saber. Mas, novamente, tenha muito cuidado: olhar uma pessoa diretamente nos olhos é algo que pode ser interpretado como um ato agressivo; e, em algumas culturas, trata-se de algo que excede a mera grosseria e que pode ser realmente perigoso. É por isso que tanta gente costuma esconder o próprio rosto detrás de um jornal, quando viaja em trens de metrô. No mundo dos negócios, no entanto, trata-se de um risco que vale a pena correr — desde que, antes de fazer qualquer coisa, você trate de suavizar o seu olhar. Assegure-se de que seus olhos abram-se para a outra pessoa sem que pareçam estar julgando-a. Lembre-se de que você está ouvindo-a e compreendendo-a ativamente; e não tentando controlá-la ou "marcar pontos", em qualquer espécie de jogo. É sempre útil lembrarmo-nos do olhar de Humphrey Bogart, na última cena do filme *Casablanca*. Ele acaba de atirar no vilão nazista, a sangue frio, e olha para o seu amigo Louis, um policial francês, que, agora, tem o destino de Bogart em suas mãos. Então, Louis diz aos outros policiais presentes: "Prendam os suspeitos de sempre", e

os olhos de Bogie parecem relaxar, fazendo com que seu rosto assuma aquela maravilhosa expressão de "velho e cansado conhecedor do mundo", como só ele sabia fazer. Talvez você tenha os seus próprios heróis cinematográficos. Escolha um deles e repare no modo como seus olhos se comportam, nos momentos em que eles não estão tentando provar nada a ninguém; apenas, olhando. Poder perceber as sutis mudanças de comportamento refletidas pelos olhos de alguém em uma tela de dez metros é um dos bons motivos para ir ao cinema. Outro bom motivo é a pipoca.

Se você esteve contando, deve ter reparado que existem — sim! — cinco coisas (cada qual com seu conteúdo) às quais sugerimos que você preste atenção quando estiver ouvindo o seu cliente; assim como há cinco elementos que compõem uma história — e isto não é mera coincidência. Nós poderíamos nos aprofundar quanto aos detalhes disto (com alguns de nossos clientes, às vezes, fazemos isso), mas preferimos manter as coisas simples, por enquanto. Com apenas um pouco de prática, a checagem desta lista de coisas pode tornar-se parte da sua maneira natural de ouvir às pessoas; mas tentar fazê-la em meio ao calor de uma reunião na qual se discutem os rumos de grandes negócios, em que você tem de dar respostas à altura das preocupações do seu cliente, ao mesmo tempo que tenta não deixar que toda a reunião "saia dos trilhos" e o assunto tratado chegue aonde você deseja, pode ser algo muito difícil, mesmo. Você pode ter a sensação de que está tentando fazer malabarismos com motosserras ligadas, enquanto equilibra-se sobre uma corda-bamba — e veja que ainda não chegamos ao ponto de comprovar se você realmente ouviu ao que estava sendo dito, de maneira correta! Esta é a verdadeira chave para a audição ativa.

Por isso, sugerimos que, no início, você pratique o exercício a seguir apenas em situações que não exijam muito de você mesmo. Com o tempo e a prática, esta nova habilidade irá incorporar-se sem esforço ao seu "repertório" profissional.

Juntamente com um amigo, parceiro ou colega de trabalho (talvez a pessoa mais indicada seja alguém da equipe de marketing; isto ajudaria a consolidar ou reforçar o espírito de equipe na empresa), discuta um assunto sobre o qual vocês tenham fortes sentimentos e opiniões formadas. Quando seu amigo tiver terminado o que tinha a dizer, repita para ele tudo o que você o ouviu dizer. Não se limite a reproduzir fielmente as frases ditas, como um papagaio; diga tudo com suas próprias palavras. Então, pergunte-lhe se você demonstra haver entendido tudo o que ele disse. É bem provável que você consiga fazer isso muito bem; ao menos, em grande parte. Elabore sua versão do ponto de vista de seu amigo, até que ele concorde quanto ao fato de você havê-lo compreendido completamente. Aí, será a sua vez de contar-lhe a sua história. Ajude-o a ouvi-la: assegure-se de que ele ouve atentamente ao que você diz, e de que ouve absolutamente tudo o que está sendo dito. Faça isto algumas vezes, alternando entre quem fala e quem ouve; e vocês logo notarão que não apenas tornam-se mais sensíveis às opiniões um do outro, mas, também, encaminham-se para uma concordância. A audição ativa promove o entendimento; e este conduz a um senso de igualdade. A igualdade promove a confiança entre as pessoas; e, no mundo dos negócios, esta confiança é equivalente a dinheiro em caixa.

Confie em nós. Este exercício realmente funciona. Não deixe de praticá-lo, constantemente: quanto mais você o faz, melhor ele funciona. Torne sua prática uma parte da rotina de sua equipe. Esta é uma excelente maneira de fazer com que todos se encontrem perfeitamente "aquecidos", logo antes de participarem de uma reunião importante.

***

5

Encontrando um terreno comum

Segundo o nosso modelo de cinco elementos, o herói define o nosso ponto de vista em uma história. Ele é a pessoa que nos permite entrar na história e vê-la através dos seus olhos. Mas, então, o que acontece com o papel do herói tradicional? Você sabe, aquele tipo que costuma matar dragões, resgatar donzelas em perigo e derrotar os caras maus; todas aquelas coisas que esperamos que os heróis da "sessão da tarde" façam? Bem, o herói ainda faz tudo isso. Na verdade, na vida real, os heróis fazem exatamente isso ao proporcionar o ponto de vista que une as pessoas em torno de uma situação, tornando-as iguais e sendo, igualmente, parte da solução de seus problemas; e, depois, liderando o "ataque" que resolverá tudo. Basta olhar para os Marines norte-americanos. Eles têm feito isto por mais de duzentos anos; e, ao fazê-lo, criaram uma das "marcas" mais eficientes da História: uma marca de identificação tão poderosa que lhes permite dizer, com muita propriedade, que não existe algo como um "ex-Marine".

Ao descrevermos a corporação dos Marines como uma marca, sabemos estar pisando em uma espécie de terreno instável. Os intensos sentimentos de lealdade, dedicação e sacrifício nos quais eles envolvem sua prestação de serviço militar excedem, em larga medida, os fatores pertinentes a qualquer produto comercial — o que, do nosso ponto de vista, torna a história deles muito mais forte e interessante. Afinal, ninguém jamais morreu em defesa da honra da Starbucks ou da Nike. Contudo, a corporação de fuzileiros navais genericamente chamada Marines é, de fato, uma marca, na medida em que concorre com outras três forças armadas para atender às demandas de um mesmo público-alvo — todas elas, constituídas por homens e mulheres jovens, prontos a servirem ao seu país, em caso de necessidade. Todas as quatro forças militares têm suas estratégias de marketing bem definidas, para atrair seus "clientes". A evidência de que os Marines parecerem possuir uma estratégia melhor é mais um motivo para que entendamos como eles a colocam em prática. E o fato de os Marines transcenderem sua própria "marca", não significa que a sua corporação não possa nos ajudar a compreender o que é, realmente, uma marca e como ela é criada.

Entrar no escritório de um oficial dos Marines, em qualquer base, ao redor do mundo, é ver-se cercado por uma coleção de objetos históricos que adornam as paredes: bandeiras autografadas da Guerra do Vietnã, equipamento militar da Guerra da Coreia, troféus conquistados em cada uma das ilhas do Pacífico, durante a Segunda Guerra Mundial — bem como artefatos que cada oficial tenha, pessoalmente, coletado em suas jornadas, em diversas épocas, pelo mundo afora. Isto é parte de uma estratégia de comunicação empregada conscientemente. Quando um Marine entra em uma dessas salas e apresenta-se, em posição de sentido, diante de um oficial, ele é "soterrado" por evidências tangíveis daquilo que o conecta ao seu superior — que, a despeito da diferença de posto, os torna iguais. Ambos são Marines; os dois são partes de uma mesma tradição bélica que comprometeram-se a preservar, acima de tudo. Esta é a história que contam os objetos expostos nas paredes.

Esta história é compartilhada por todos os Marines, todos os dias, desde o momento em que vestem seus uniformes, pela manhã. Cada elemento do uniforme da corporação dos Marines (o conjunto de sinais gráficos visíveis de sua "marca") conecta-se a um evento heróico, ocorrido no passado. A faixa vermelha costurada às laterais externas das calças dos uniformes dos cabos honra o sangue derramado na Batalha de Chapultepec — transcorrida em meio às famosas "muralhas de Montezuma", citadas no Hino dos Marines. A empunhadura de marfim do sabre mameluco, que aparece em diversos anúncios de recrutamento, é um símbolo dos ferozes combates homem a homem travados contra piratas ao largo de Trípoli. Pergunte a qualquer Marine sobre Iwo Jima, o reservatório Chosin ou Khe Sanh, e você perceberá a mudança que ocorre em seu tom de voz. Essas vitórias são fatos históricos, mas a sutil emoção com que essas histórias são recontadas — imbuídas de um senso de sacrifício compartilhado, coragem e orgulho comuns — é o que faz dos Marines uma corporação legendária.

A questão, aqui, é que por mais importante que seja ter um herói corporativo como Warren Buffett ou o Coronel Sanders — capazes de contar uma história de maneira a "abri-la", permitindo que os clientes entrem nela —, é ainda mais importante que sua empresa tenha uma história que seus próprios funcionários possam vivenciar ativamente e incorporá-la. Estas são as histórias que se transformam em estilos de vida, e criam marcas. Na verdade, encontrar uma história como essas é algo que você pode fazer, e que realmente irá ajudá-lo a criar uma marca. Todo o resto é, na maioria das vezes, arenga publicitária e boas intenções (que, além do mais, são truques do tipo que todo mundo tenta fazer, tanto quanto você). Harley-Davidson, Nike, Apple e Starbucks tornaram-se marcas de grande sucesso porque suas equipes de vendas que mantêm contato direto com o público vivenciam as histórias que tornaram "grandes" as marcas que representam. Quando isto acontece, uma história espalha-se tão rapidamente como se fosse contada e recontada telepaticamente, porque — de maneiras que são inatas ao nosso sistema nervoso, sobre as quais falaremos mais, neste capítulo — histórias incorporadas têm um poder de atração irresistível. O que faz com que as pessoas queiram "pertencer" a este tipo de marca.

Este é um dos motivos pelos quais, apesar de a função de anspeçada dos Marines (um líder, cujo posto é superior ao de um soldado de primeira classe e inferior ao de um cabo, que encabeça uma equipe encarregada de irromper, portas adentro, uma casa cheia de insurgentes, durante combates urbanos) ser uma das mais perigosas entre os soldados norte-americanos servindo no Iraque, a corporação continua a atingir suas metas de recrutamento, sem baixar seus padrões de qualidade. Existe uma conexão direta entre encontrar e compartilhar a história certa e construir e expandir a influência de uma marca capaz de conquistar e ocupar territórios: quer este território consista-se de mais espaço nos armários ou estantes das pessoas; algo mais efêmero, mas igualmente lucrativo, no ciberespaço; ou o território físico, como o solo conquistado e ocupado pelos Marines, especialistas em mantê-lo, contra tudo e contra todos. Como diz o Coronel Bob Hayes, comandante-em-chefe das operações de treinamento em Parris Island, "Nós temos duas missões na corporação dos Marines: vencer batalhas e formar Marines." Pessoalmente, nós acreditamos que este trata-se de um único e mesmo trabalho. A História tem demonstrado que, se os Marines são formados, vencer batalhas é um resultado natural. Então, como eles fazem isto?

Todas as quintas-feiras, pouco antes das dez horas da manhã, uma multidão de civis prepara-se para entrar em formação, na ala sul do pátio de manobras da central de recrutamento da corporação dos Marines, em San Diego. Tratam-se sempre de grupos muito ecléticos, constituídos de pessoas provenientes de cidades grandes e pequenas, de todo o território norte-americano. Dependendo do dia, podem ser vistas pessoas trajando roupas formais, ternos e vestidos de gala completos, e jovens usando a indumentária típica dos grupos de motociclistas. No dia em que estivemos lá, vimos até mesmo um cavalheiro idoso, vestido com um elegante terno roxo cintilante. Essas pessoas constituem-se de amigos e familiares dos jovens recrutas que concluem seu período de treinamento e passam pela cerimônia da "Águia, Globo e Âncora", que transforma a cada um deles de "espécimes de uma forma de vida anfíbia totalmente sem importância (segundo a descrição de um sargento-instrutor; não a nossa) em um verdadeiro Marine." Tal como todas as verdadeiras iniciações, está é simples, profunda, comovente e permanente. O oficial comandante diz aos recrutas: "Uma vez que tenha se tornado um Marine, ninguém mais pode tirar isso de você." É um momento intensamente pessoal, compartilhado entre o novo Marine e seu instrutor militar, que contribuiu para moldá-lo; mas, como bem sabem todos os especialistas em marketing da corporação dos Marines, o poder de sua "marca" vem do "efeito dominó" inerente à mesma — por isso, as famílias dos novos soldados são convidadas a participar da cerimônia. Um velho sargento dos Marines nos disse: "Nós recrutamos o Marine, mas alistamos toda a sua família."

Você os ouve, antes mesmo de vê-los: o som cadenciado das palavras de ordem e a perfeita sincronia das botas estalando sobre o concreto. Seis pelotões de recrutas, vestindo bermudas e camisetas verde-oliva, surgem por trás de um edifício na extremidade do pátio, marchando em passo acelerado, em formação impecável. Ao chegarem ao centro do pátio, eles estacam, perfeitamente sincronizados, e põem-se em posição de sentido. Faz-se um momento de perplexo silêncio: esta é a primeira oportunidade em que os pais veem seus filhos, em três meses. Tendo completado a fase mais exigente de seu treinamento militar básico, esses recrutas — todos contando cerca de dezoito anos de idade — encontram-se em melhor forma física do que jamais estiveram, em suas vidas. Eles apresentam-se altivos; ombros largos, peitos estufados, queixos erguidos, olhos mirando além do horizonte; e, de algum modo, fazem com que esta postura lhes pareça natural e relaxada. Um instrutor nos disse: "Há pais que, a princípio, não reconhecem seus próprios filhos. Vários deles vêm dizer-nos que nós 'esticamos e endireitamos' os filhos deles." Esses jovens têm uma ótima aparência; mas, mais do que isso, eles parecem prontos para tudo. Eles estão, evidentemente, alertas, seguros e com as ideias claras. Se você passar algum tempo nas redondezas de uma base dos Marines, irá ouvir, várias vezes, a expressão "pronto para rodar". Se puder ver esses recrutas, você saberá o que a expressão significa.

Para quem, como nós, jamais passou por um campo de treinamento dos Marines, o processo a que esses rapazes são submetidos parece ser o de diluição das suas identidades individuais em favor de uma identidade coletiva, como um integrante da corporação dos Marines, mecanicamente estampada em suas mentes. Na verdade, trata-se de muito mais do que isso. Os recrutas sabem muito melhor quem eles mesmos são, ao fim do treinamento, do que pensavam sabê-lo, ao chegarem ao campo. Isto acontece, em parte, porque cada um deles conhece muito sobre o homem à sua direita e sobre o homem à sua esquerda e, por isso, chega a conhecer muito mais sobre si mesmo; e, em parte porque cada um deles foi exaustivamente testado e pôs-se, a si mesmo, à prova de maneiras que lhes eram inimagináveis, apenas três meses antes. No entanto, pensamos que isto se deva ao fato de eles haverem encontrado, nas histórias e tradições da corporação, elementos que lhes permitiram vivenciar e refinar seus próprios valores morais mais intrinsecamente arraigados. Estes têm sido os elementos com que as histórias sobre guerreiros heróicos vêm tratando, desde que Homero declamou sobre o desembarque das tropas comandadas por Aquiles nas areias de Tróia, pela primeira vez. Isto é parte do poder de uma boa história; e é parte das razões pelas quais esses rapazes apresentam-se tão altivos. É, também, um grande motivo pelo qual os Marines não apenas são conhecidos como "os primeiros a entrar em combate" (um lema quase oficial, levado muito a sério por eles), mas, também, como os primeiros a inovar (o que é outro bom motivo para continuarmos a estudar sua "marca" como um modelo).

Ninguém deseja ter de confiar em um autômato, em combate. Você, certamente, desejaria ter um herói de carne e osso — e de raciocínio rápido — ao seu lado, quando estivesse sob fogo cerrado. Para garantir que é exatamente isto que cada soldado terá, todos os Marines têm de passar pelo "Crucible"; que é a experiência que melhor define todo o treinamento.

O "Crucible" é um exaustivo teste — com 54 horas de duração — de resistência física individual e do desempenho de toda uma unidade; uma espécie de exame final para os Marines, no qual todo o pelotão é aprovado ou não. Durante quase dois dias e meio, todos os recrutas marcham por mais de 64 quilômetros, dormindo menos de quatro horas, carregando uma mochila de 35 quilos e comendo apenas dois pacotes e meio de ração semicongelada, cada um. Ao longo desse período, eles enfrentam trinta simulações de combate, tendo de evacuar companheiros feridos e envolver-se em tiroteios noturnos. Doze dessas tarefas incluem as, assim chamadas, "estações de batalhas".

Quando chegam a uma "estação de batalha", os recrutam deparam-se com uma grande fotografia de um Marine condecorado (em quase todos os casos, um recebedor da Medalha de

Honra) e uma citação sobre sua história e os feitos que lhe renderam a medalha. A "Estação Cinco", por exemplo, é chamada "A Defesa de Day", em homenagem ao cabo James L. Day, que ganhou sua Medalha de Honra lutando em Okinawa, durante a Segunda Guerra Mundial. Apesar de ferido, o cabo Day manteve — por três dias — uma posição-chave em um desfiladeiro, auxiliado apenas por alguns outros Marines que ele havia conseguido resgatar e colocar a salvo do fogo inimigo. Graças à sua ação, uma batalha decisiva pôde ser vencida, e as vidas de inúmeros outros Marines foram poupadas. Após ler esta citação, em voz alta, aos recrutas — já exaustos, por causa dos exercícios previamente realizados —, o instrutor lhes ordena que estabeleçam uma posição defensiva semelhante e que a mantenham, sob um ataque simulado.

O pelotão tenta mostrar-se à altura do exemplo de heroísmo do cabo Day; e o instrutor faz o possível para que os recrutas possam, até mesmo, superá-lo. Ele os "bombardeia" constantemente, com exortações do tipo "Vocês estão cansados? Estão com sede? Vocês acham que Day também não estava? E isto foi suficiente para detê-lo? Isto é o suficiente para deter vocês? De jeito nenhum! Os Marines nunca se detêm! Nós jamais desistimos!" Funciona. Os recrutas continuam a avançar, combatendo, muito além de qualquer limite que imaginassem não ser capazes de transpor. Assim, a história de heroísmo do cabo Day e suas próprias histórias, durante o "Crucible", tornam-se inextricavelmente conectadas. As lendas do passado forjam os heróis do futuro.

Dentre todas as "estações" que pudemos visitar, a "Estação Doze" foi, sem dúvida, a mais impressionante e transformadora. Ela é, muito apropriadamente, chamada de "Valores Essenciais". Trata-se de uma simples cabana, no meio do deserto, onde os recrutas são reunidos e instruídos a sentar-se no chão. Neste momento, pela primeira vez, durante todo o treinamento, seu instrutor também se senta junto com eles. Até aquele momento, os rapazes apenas o tinham visto em pé; e, geralmente, curvando-se sobre eles, próximo demais para que pudessem sentir-se confortáveis. Ainda mais chocante é o momento em que o instrutor tira seu característico chapéu de aba larga e apresenta-se a todos, dizendo-lhes quem ele é e o que faz. A reação dos recrutas a este novo nível de intimidade e demonstração de vulnerabilidade é um testemunho muito eloquente acerca do controle rigoroso a que são submetidos, durante sua experiência no campo de treinamento. Nenhum deles parece gostar da situação. Quase pode-se ler em seus rostos o que eles estão pensando: "Oh, Jesus! Onde foi que nós erramos, agora? Isto não vai acabar nada bem!"

Quando o instrutor fala, ele não o faz em sua maneira típica de gritar ordens. Ao contrário, sua voz, agora, soa cálida e profunda — ainda que seja possível distinguir sua cadência marcial. Ele explica aos rapazes que as ordens são para que todos tenham vinte minutos para conhecerem-se, uns aos outros. O instrutor fará algumas perguntas, e os recrutas deverão respondê-las; entendido? Em uníssono, os rapazes gritam: "Sim, senhor!" Então, metodicamente, o instrutor pergunta a cada recruta qual é o seu nome e de onde ele veio. Cada um dos rapazes, na sua vez, responde alto e claro: "James Estes, Freemont, Texas." "Louis Mendez, East Los Angeles." "Henry Cobb, Portland, Oregon." "Tim Pitkin, Plainfield, Vermont."

Quando todos respondem, o instrutor diz: "Muito bem; então, somos todos do mesmo lugar, certo?"

Faz-se um momento de silêncio aturdido. O instrutor repete: "Somos todos do mesmo lugar, certo? Somos todos norte-americanos, certo?"

Em uníssono, todos respondem afirmativamente. Com isto, a atmosfera desanuvia-se; e até mesmo alguns sorrisos podem ser notados. Pelos minutos seguintes, e pela primeira vez ao longo de todo o treinamento, todos são apenas homens concentrados em aproveitar ao máximo um intervalo para conhecerem-se entre si. Ao término dos vinte minutos prometidos, o instrutor esclarece o propósito do exercício: "É o homem à sua esquerda e o homem à sua direita que irão ajudar cada um de vocês a passar por tudo isto. Saber quem ele é, é muito importante. Isto pode fazer toda a diferença — tanto, aqui, em combate, quanto pelo resto de suas vidas."

O valor essencial da corporação dos Marines reside nesse nível de confiança; nesse senso de igualdade e nessa forma simples de honestidade. Trata-se de um senso de moral essencialmente arraigado; pois, como nos disse um sargento dos Marines: "Moralidade é acordar de manhã cedo e fazer o seu trabalho, de modo que alguém não precise fazê-lo por você" — o que é a melhor descrição que pudemos encontrar. É a capacidade desses homens de sentirem-se iguais aos outros que os torna aptos a sacrificarem-se pela obtenção de um objetivo comum. E é isto, também, que faz deles verdadeiros heróis.

***

Os humanos não chegaram ao topo da cadeia alimentar por serem os animais mais "durões" da selva. Tampouco a sua empresa ou equipe irá conseguir os melhores contratos apenas exibindo seus músculos. O que fará a diferença será a sua habilidade para criar laços e trabalhar em equipe. É algo mais do que, simplesmente, ostentar os maiores números. Nem sempre o maior exército sai como vencedor de uma guerra; se isto fosse verdade, nós estaríamos todos falando russo, hoje em dia. Geralmente, é o exército mais unido, capaz de ações coordenadas e de lutar como se fosse um único homem, que conquista a vitória. A mesma verdade se aplica aos negócios. A melhor e mais sensacional história do mundo não convencerá a ninguém, se toda a sua equipe não "embarcar" nela e cada um de seus integrantes puder contá-la como se fosse sua; conhecendo-a tão bem a ponto de estar constantemente reformulando-a, de maneira a torná-la sempre nova e mais relevante.

Para criar esta dinâmica de coesão e unidade, os Marines passam dias a fio fazendo exercícios repetitivos e, aparentemente, sem sentido, sob ordens estritas. Eles marcham para cima e para baixo por toda a extensão do pátio, respondendo às ordens recebidas com um elaborado padrão de movimentos cadenciados, até chegarem a sonhar que o fazem, enquanto dormem (como veremos adiante, esses sonhos são um sinal de gravação desses padrões em suas memórias). Enquanto civis esse tipo de exercício sempre nos pareceu um completo desperdício de tempo. Afinal, trata-se de uma atividade tão pouco criativa! Mas, quando pudemos perceber sua importância do ponto de vista de dentro da corporação, nos demos conta de que estávamos completamente enganados.

Desde a ocasião em que 300 espartanos conseguiram deter um exército de um milhão e meio de persas, por três dias, lutando ombro a ombro, nas Termópilas, sabe-se que este tipo de treinamento é crucial para o sucesso de um exército em combate. E, como veremos, a estreita proximidade física e a sintonia entre os soldados é um dos grandes motivos para a consolidação dos laços que unem a essência de uma marca aos elementos que a constituem — quer esta marca seja identificada como Starbucks ou Harley-Davidson. Uma vez que a criação de laços é uma das características mais básicas da sobrevivência da nossa própria espécie, faz sentido que tenhamos desenvolvido uma rede de circuitos neuronais dedicada apenas à manutenção desses laços. Contudo, ninguém conhecia o poder desses circuitos neuronais até o dia em que um jovem assistente entrou no laboratório do

Dr. Giacomo Rizzolatti — na Universidade de Parma, na Itália — saboreando uma casquinha de sorvete.

Naquela época, Rizzolatti e seus colaboradores, Leonardo Fogassi e Vittorio Gallese, estudavam quais eram os neurônios específicos que macacos de laboratório utilizavam quando apanhavam seu alimento. A experiência constituía-se da inserção de eletrodos diretamente no cérebro de um macaco, ao qual era oferecido um amendoim. Caso os cientistas conseguissem inserir o eletrodo no ponto exato, uma campainha soaria, acompanhando o gesto do animal. Em seguida, eles inseririam o eletrodo em algum ponto adjacente ao primeiro e repetiam a experiência. Se a campainha soasse outra vez, eles teriam descoberto um circuito neuronal. Todo o processo era muito lento e extenuante; mas, gradualmente, eles obtinham um mapa detalhado da rede de circuitos neuronais envolvida na operação — o tipo de trabalho metódico e enfadonho que a ciência mais básica exige. Porém, quando um assistente retornou do almoço, trazendo consigo uma casquinha de sorvete, as coisas tornaram-se muito interessantes — ao ponto de chamarem a atenção do mundo inteiro — pois, naquele momento, a campainha conectada ao eletrodo no cérebro do macaco começou a tocar.

O macaco não segurava nenhum alimento, nem fizera qualquer gesto com essa intenção. A campainha, portanto, não deveria ter soado; e, pensando tratar-se, obviamente, de algum defeito, o assistente pôs de lado sua casquinha de sorvete, para verificar o equipamento. A campainha, então, silenciou. Satisfeito com a explicação de que tudo não passara de um mau funcionamento momentâneo do equipamento, o assistente apanhou novamente seu sorvete — e a campainha voltou a soar, ainda mais alto.

Observando o macaco mais atentamente, Rizzolatti notou que o animal reagia ao ato do assistente apanhar o sorvete, como se ele mesmo estivesse apanhando seu próprio alimento! E ele não fazia isto de um modo genérico: o macaco não estava respondendo emocionalmente ao sorvete (ou, ao menos, não era este tipo de resposta que estava sendo mensurado), mas apenas reagia ao gesto do assistente, ao abrir e fechar a mão, em nível puramente físico. O mesmo conjunto de neurônios entrava em ação, no cérebro do macaco, a cada vez que ele via outro primata praticar o ato de apanhar alimento com a mão, da mesma maneira que era acionado quando o próprio animal praticava este ato, de maneira direta.

Não era de se supor que as coisas funcionassem assim. No nível das estruturas neuronais que Rizzolatti estava estudando, as várias partes do cérebro eram responsáveis pela execução de tarefas muito específicas. Um determinado grupo de neurônios, por exemplo, reagia apenas a linhas horizontais; outro grupo reagia apenas a linhas verticais. O grupo de neurônios que estava sendo mapeado, naquela ocasião, seria responsável apenas pela tarefa de abrir e fechar as mãos do macaco — e esperava-se que eles fizessem somente isso. Contudo, ainda que, naquele momento, o macaco não estivesse segurando nada em suas mãos, aqueles neurônios funcionavam em sua capacidade máxima. O macaco estava, evidentemente, imitando os gestos do assistente de laboratório; embora fizesse isso em um nível puramente mental.

Pela primeira vez, os cientistas cognitivos presenciavam o fenômeno da transferência de conhecimento, em estado bruto: o aprendizado de uma tarefa a partir de nada além da mera observação — ao nível de *hardware*; não de *software*. Eles haviam encontrado a rede de conexões neuronais que nos permite aprender algo por imitação. Já se conhecia a sua existência, pois bebês com apenas doze horas de vida reagem a alguém que lhes mostra a língua fazendo um gesto idêntico. Todos sabem que as crianças demonstram o que aprendem ao copiar as ações de seus pais e de seus amigos; e que esta imitação é não apenas a mais sincera forma de elogio, mas, também, o resultado de uma estratégia de ensino altamente eficiente. Nós conhecemos este fenômeno tão bem que sequer o consideramos fantástico. Mas ele é. E, quando se percebe em que parte do cérebro esta habilidade está localizada e começa-se a estudá-la mais atentamente, ainda mais fantástica ela nos parece.

Aquela foi uma descoberta impressionante. Rizzolatti batizou aqueles neurônios de "neurônios espelho", porque nos permitiam, mentalmente, "espelhar" e, desta maneira, compreender as ações dos outros. "Nós precisamos de vários anos para acreditar no que estávamos vendo", disse ele, recentemente. Mas, o tempo necessário para a comprovação de sua hipótese — de que os "neurônios espelho" envolvidos na elaboração e conservação de um mapa mental, que não apenas nos permite aprender com as ações dos outros, mas, também, a antecipá-las — foi muito bem empregado. Tal como ele mesmo disse, "Nós somos criaturas eminentemente sociais. Nossa sobrevivência depende da compreensão das ações, das intenções e das emoções dos demais. Os 'neurônios espelho' permitem que captemos as ideias dos outros não por meio do raciocínio conceitual, mas através da simulação direta: ao sentirmos, não ao pensarmos."

São os "neurônios espelho" que fazem com que, ao assistir a uma partida de futebol e ver o atacante do seu time marcar um gol belíssimo, você experimente um súbito afluxo de dopamina em seu organismo, como se você mesmo tivesse marcado o gol. E, ao menos no que diz respeito a algumas partes do seu cérebro, você marcou o gol, mesmo. Os "neurônios espelho" também são responsáveis pelas expressões de dor e sofrimento que se estampam em todos os rostos, da torcida à diretoria do clube, quando um jogador de seu time sofre uma falta particularmente violenta e fica estendido no gramado (você achava que isto se devia apenas aos custos envolvidos na recuperação do jogador?).

Não é preciso sequer conhecer as regras do futebol para reagir desta forma. Estudos recentes demonstraram que os "neurônios espelho" conectados aos músculos dos ombros e dos braços "disparam" nas pessoas que assistem a um tenista profissional conseguir um "serviço" perfeito — mesmo que essas pessoas jamais tenham jogado tênis. Contudo, se a pessoa que assiste tratar-se de outro tenista profissional, sua reação será muito mais profunda e concentrada. Portanto, os "neurônios espelho" — tal como outros tipos de espelhos — também podem ser polidos.

Os "neurônios espelho" não são exclusivamente associados à visão. Um conjunto específico deles funciona em resposta a estímulos auditivos — o que explica porque o ruído de uma garrafa de cerveja sendo aberta, em um comercial de rádio, parece tão estranhamente satisfatório. Outro conjunto de "neurônios espelho" nos torna capazes de compreender as emoções dos outros, sem que tenhamos de interpretar uma série de estímulos visuais e auditivos (o que, de resto, levaria tempo demais para constituir-se de uma função útil às nossas vidas), mas ao permitir que experimentemos os estados emocionais alheios como se fossem nossos.

Quando Bill Clinton disse "Eu sinto a sua dor", ele não estava brincando. Ele realmente podia fazer isso porque havia passado vários anos, como político profissional, "polindo" exatamente esse conjunto de "neurônios espelho" para que funcionasse perfeitamente. Caso esses neurônios não estejam funcionando bem, por qualquer motivo, nós teremos um senso de empatia prejudicado. Uma enorme quantidade de pesquisas está sendo realizada para determinar se o mau funcionamento dos "neurônios espelho" é uma das causas do autismo; e, em caso afirmativo, o que pode ser feito para minimizar o problema.

A relação dos "neurônios espelho" com a empatia (e a conexão desses neurônios com os gestos de apanhar e segurar, especialmente quando associados ao ato de comer) tem muito a ver com a psicologia existente por trás das marcas comerciais. Este é um dos motivos pelos quais pesquisadores têm buscado voluntários para terem seus cérebros monitorados enquanto assistem aos comerciais veiculados durante a transmissão de eventos esportivos. Estudando a respostas dos "neurônios espelho" dos espectadores, os pesquisadores pretendem determinar quais comerciais são realmente efetivos.

Porém, o que há de mais fascinante acerca dos "neurônios espelho" é que eles nos permitem "ler as mentes" das outras pessoas — bem, ao menos como força de expressão. Uma pesquisa realizada por Marco Iacoboni, da Universidade da Califórnia, em Los Angeles, demonstrou como os "neurônios espelho" reagem diferentemente quando vemos uma pessoa apanhando uma xícara de chá para sorver o líquido, ou quando vemos a mesma pessoa apanhar a xícara ao limpar uma mesa. E estas reações diferentes ocorrem antes mesmo que saibamos conscientemente qual das ações a pessoa observada irá praticar. Dois filmes quase idênticos foram exibidos para um grupo de estudantes. Em ambos os filmes, mostrava-se uma mão humana em meio ao gesto de apanhar uma xícara que se encontrava sobre uma mesa. Antes que o gesto se completasse, o filme era pausado e perguntava-se a cada estudante, individualmente: "Esta pessoa irá apanhar a xícara para tomar um gole de chá ou para colocá-la sobre uma bandeja, para que seja lavada?" Visualmente, as mãos apareciam nos filmes em posição praticamente idêntica. Em número bem maior do que se poderia atribuir ao acaso, os estudantes demonstraram "saber" qual ação seria tomada. Embora ainda nada tivessem *visto*, eles sabiam o que iria acontecer por causa de um "modelo mental" do mundo, construído por seus "neurônios espelho". Graças a isto, cada um dos estudantes "sentia" que faria o mesmo que a mão mostrada no filme iria fazer. Os "neurônios espelho" são intimamente envolvidos — e, possivelmente, os principais responsáveis — com a nossa capacidade de compreender as intenções dos outros.

Isto nos traz de volta à corporação dos Marines. Quando um anspeçada dos Marines dobra uma esquina nas ruas tortuosas de Fallujah e vê um garoto levantando a mão, ele tem de *saber* — não "adivinhar"; e, certamente, não "pensar a respeito" — o que aquele garoto pretende com tal gesto. Vidas podem depender disto. Um Marine é condicionado a fazer a escolha certa (o garoto, na verdade, estava apenas erguendo a mão em um cumprimento amistoso; assim, uma vida é poupada) devido ao tempo que passou "dando polimento" aos seus "neurônios espelho", no campo de treinamento e, mais tarde, em simulações de "varredura" de ruas e buscas, de casa em casa.

Todos aqueles exercícios repetitivos a que foram submetidos, no início de suas carreiras, constituem-se no principal motivo pelo qual os "neurônios espelho" de todo o pelotão encontram-se tão elaboradamente conectados, uns aos outros. Para marchar tão rapidamente e tão próximo dos outros, se o soldado não permitir que seus "neurônios espelho" assumam o comando, é muito provável que venha a provocar ou a sofrer uma colisão com um de seus companheiros — e, consequentemente, a levar uma reprimenda de seu comandante. Não é necessário muito tempo para adequar-se ao programa: logo todos se mostram capazes de permitir que uma parte de suas mentes — que funciona mais rápido do que aquela responsável pelo pensamento consciente — torne-se mais ativa, enquanto antecipam as ações físicas que serão praticadas pelo companheiro à direita e à esquerda. Quanto mais faz isto, mais facilmente o soldado também se torna capaz de antecipar as reações emocionais de seus camaradas, fortalecendo os laços de empatia que o conectam a todos os outros heróis da corporação — do passado, do presente e, até mesmo, do futuro.

E isto é uma coisa prazerosa. A evolução encarregou-se de perceber as vantagens deste tipo de coordenação de movimentos físicos (responsável pela maneira como os seres humanos costumavam organizar-se para caçar ou para defender seu território); por isso, experimentamos uma agradável sensação de prazer quando fazemos as coisas do jeito certo. Isto também explica porque gostamos tanto de danças de salão e porque tantas culturas possuem rituais de matrimônio que envolvem algum tipo de movimentação coordenada de pessoas em grupos. Nós possuímos "neurônios espelho" sensíveis a estímulos auditivos e emocionais, mas a maioria dos neurônios desse tipo dedica-se a perceber e modelar movimentos físicos. Por isso, a melhor maneira de estimular a empatia é praticar atividades físicas em conjunto.

O que nos fascina, como comunicadores corporativos, é a frequência com que movimentos rápidos, praticados em estreita proximidade física, são associados ao desempenho de marcas de grande sucesso. Nós acreditamos que isto seja devido a um bom polimento dos "neurônios espelho".

Vejamos o caso da Starbucks, por exemplo. Nós adoramos ir a qualquer uma de suas lojas porque todo mundo detrás do balcão parece estar feliz — apesar do fato de estarem constantemente envolvidos em uma frenética e elaborada "dança", na qual se contorcem e esquivam-se uns dos outros, enquanto desempenham uma série de ações complexas e transportam — o tempo todo — frágeis vasilhames de papelão, cheios de líquido escaldante. Um líquido escaldante delicioso e aromático, é verdade; mas, experimente dar um encontrão em alguém e derramá-lo sobre você e garantimos que será apenas do adjetivo "escaldante" que você irá lembrar-se. No entanto, o pessoal da Starbucks parece jamais dar encontrões; e tampouco eles parecem estar sempre "de olho" nos movimentos uns dos outros. Todos parecem fazer isso há tanto tempo, juntos, que movimentar-se assim passou a ser uma "segunda natureza" para eles; que, alegremente, deixam que seus "neurônios espelho" dediquem-se a lidar com esse tipo de situação, antecipando as intenções dos outros, enquanto suas funções cerebrais mais elevadas regozijam-se com os sorrisos de satisfação que recebem dos clientes que tomam suas primeiras doses de cafeína, a cada dia. O que a Starbucks estabeleceu foi um ciclo autossustentável de *feedback* positivo baseado na estreita proximidade física entre seus funcionários e seus "neurônios espelho".

O mesmo tipo de ciclo de *feedback* físico pode ser observado entre os aficionados pelo motociclismo, responsáveis pelo fenomenal sucesso da marca Harley-Davidson. Nos fins de semana, em qualquer cidade norte-americana, proprietários de Harleys podem ser encontrados diante de algum ponto de venda local, de onde partem em ruidosas excursões pelas estradas do interior do país. Essas viagens curtas são o tipo de fenômeno bom para todo mundo. Do ponto de vista mercadológico, elas são ótimas para os comerciantes do local onde os motociclistas se reúnem; pois, enquanto uns esperam pela chegada dos outros, todos têm oportunidade para abastecer-se de tudo quanto necessitam para a viagem. Em geral, eles compram coisas que possam tornar suas viagens mais agradáveis, confortáveis e memoráveis: principalmente roupas que ostentem o logotipo da Harley-Davidson. Para os motociclistas, trata-se de obter uma vantagem para a sua própria sobrevivência: a principal causa dos acidentes sofridos por eles é o fato de não serem notados por motoristas que, repentinamente, mudam de faixa nas estradas. Porém, é muito difícil que algum motorista possa evitar notar a presença de um grupo de dez ou mais Harleys na estrada; e quando 40 ou 50 delas se reúnem — como acontece, frequentemente — é difícil, para um motorista, resistir à tentação de parar no acostamento e apreciar o desfile.

Há um bocado de "neurônios espelho" envolvidos nisso tudo. Quando os motociclistas pilotam em grupo, cada um deles tem de fazer constantes ajustes para manter-se em seus lugares, na formação. Todos estão alertas para antecipar os movimentos dos outros, da mesma maneira que os funcionários da Starbucks o fazem — obtendo o mesmo resultado. Isto é prazeroso: enquanto mantêm-se em suas posições na formação, eles regozijam-se com a reação positiva das pessoas por quem passam. Alguns motociclistas já nos disseram que todo mundo abre um sorriso — até mesmo os policiais — quando você está no meio de um grupo de Harleys, rodando pela estrada. Reúna um grupo suficientemente numeroso de motociclistas pilotando Harleys, e você terá a sensação de que todo o mundo é feliz.

A esta altura, precisamos enfatizar que existem dois fenômenos diferentes que podem ser associados a uma marca. Um deles — ao qual chamaremos de "logomarca" — tem relação com o oferecimento de segurança e consistência. Isto acontece com marcas tais como a Coca-Cola. Você compra Coca-Cola porque gosta do sabor e porque sabe que irá encontrar exatamente o mesmo sabor em qualquer lugar do mundo. Você hospeda-se nos hotéis Hilton porque sabe o que irá encontrar em qualquer um deles; e porque não gostaria que nenhuma surpresa desagradável estragasse a sua viagem de negócios. Você procura por tais logomarcas porque elas são uma espécie de "selo de aprovação" e um sinal inconfundível de desempenho consistente. Para este tipo de marca, o modelo de história de cinco elementos é especialmente útil para evidenciar as características de seu herói — o porta-voz ou garoto-propaganda —, que irá conferir à logomarca o tipo certo de autoridade moral.

O outro fenômeno é o das marcas de "estilo de vida". Estas são as marcas que as pessoas escolhem porque desejam sentir-se próximas de outras pessoas que adotam um estilo de vida semelhante ao delas mesmas. Estas marcas têm tudo a ver com a formação de laços e redes de empatia. Quando piloto uma Harley, estou fazendo muito mais do que apenas optar por um tipo de meio de transporte: eu também estou manifestando a minha opção pelos amigos na companhia dos quais irei viajar e pelo tipo de histórias que irei compartilhar com eles, depois. As marcas de estilo de vida são mais estáveis do que as logomarcas, porque o investimento que faço nelas é extensivo a toda a minha vida. É muito menos provável que eu troque de amigos do que eu mude de marca de creme dental. Para este tipo de marca, uma das coisas mais importantes que o nosso modelo de histórias tem a oferecer é a compreensão de que histórias bem contadas estimulam os nossos "neurônios espelho"; e que o melhor uso que se pode dar a uma história não é simplesmente contá-la, mas fazer com que a sua plateia, efetivamente, possa vivenciá-la com você.

Se você trabalha para a Starbucks, sua história será "É assim que se faz uma xícara de café realmente boa." Se você puder trazer esta história "para frente" e deixar que seus clientes a vejam desenrolar-se, seus "neurônios espelho" farão com que eles a vivenciem diretamente. Assim, a marca torna-se parte comum do nosso estilo de vida, porque passa a fazer parte de nossa experiência de vida em comum. Se você ocultar o processo de fazer o café atrás de uma parede, jamais poderá obter o mesmo efeito; pois, quanto mais a sua história envolver ações físicas, praticadas em estreita proximidade, mais facilmente ela irá transmitir-se. Ela irá transmitir-se entre as pessoas de maneira quase telepática, porque nossos "neurônios espelho" nos permitem antecipar e compreender as intenções dos outros. Se estas intenções forem boas, nós saberemos; e responderemos a elas estabelecendo um ciclo de emoções positivas, de um conjunto de "neurônios espelho" para outro.

O que você pode fazer para aumentar isto? Faça com que mais pessoas estejam envolvidas. Este tipo de ciclo de *feedback* ganha força exponencialmente, à medida que cresce. Como você pode fazer isto? Faça com que sua equipe essencial trabalhe em sintonia perfeita e no auge de seu desempenho. Se você realmente gosta do que faz, as pessoas ao seu redor irão sentir-se atraídas, e também gostarão do que fazem, junto com você. Exatamente como acontece com os exercícios de repetição dos Marines, é o tempo passado trabalhando em estreita proximidade física que permitirá a todos relaxar, aparar as arestas e chegar à parte mais divertida do trabalho. Naturalmente, pedir à sua equipe de profissionais criativos para que trabalhe horas extras — todos em estreita proximidade, entre si — nos fins de semana, só porque "todos trabalham tão bem, juntos", não irá motivar ninguém. Mas todos poderão reagir muito bem, juntos, ao serem envolvidos em algum tipo de evento beneficente; como, por exemplo, participando de uma caminhada ou corrida curta, para angariar fundos para a prevenção do câncer de mama, ou para ajudar a embalar e expedir roupas doadas às vítimas de algum desastre natural. Promova esse tipo de atividade em equipe fora do ambiente de trabalho, e você fará com que a sua equipe torne-se muito mais motivada, profissionalmente.

As pessoas gostam de trabalhar para o bem comum. Tal como os "neurônios espelho", isto é algo com que todos parecemos vir, "de fábrica". Observe quantas marcas de "estilo de vida" têm conexões com atividades beneficentes. A Nike patrocina várias caminhadas e corridas em benefício de instituições que tratam de AIDS e de câncer de mama; a Starbucks é famosa por suas ligações com as "causas verdes"; e o McDonald's (que é mais uma "logomarca" do que uma marca de "estilo de vida"; e, assim, comprova a universalidade deste ponto de vista) financia a *Ronald McDonald House Charities*, uma instituição dedicada ao tratamento do câncer infantil — e todos fazem com que saibamos disso. Fazer de seus clientes os heróis da sua história é muito mais produtivo quando você lhes oferece uma maneira simples de tornarem-se heróis, de um jeito bem tradicional.

Mais uma vez, os Marines lideram a "parada" — não apenas por seu programa chamado *Toys for Tots* ("Brinquedos para Crianças"), relançado a cada Natal, mas pela quantidade de vezes em que a corporação envolveu-se ativamente na administração de catástrofes. Unidades expedicionárias dos Marines (grandes equipes autossuficientes de combatentes) têm viajado pelo mundo todo, sempre prontas a atender aos mais diversos chamados. Foi uma dessas unidades que proporcionou os primeiros socorros e providenciou abrigo para os refugiados da "limpeza étnica" ocorrida no Kosovo. Foi, também, uma unidade expedicionária que levou alimento às crianças famintas do Sudão, quando mais ninguém parecia capaz de empurrar as facções em conflito para dentro do território daquele país, até um ponto suficientemente distante para permitir a chegada de qualquer tipo de auxílio. E foram essas unidades que chegaram até as áreas mais severamente atingidas pelo *tsunami*, na Indonésia, a tempo de resgatar pessoas ainda aprisionadas pelos escombros e, depois, permanecer no país pelo tempo necessário para restabelecer minimamente os sistemas de abastecimento de água potável, energia e abrigo para os flagelados. Além de serem "os primeiros a entrar em combate", os Marines norte-americanos também se orgulham de ser o "serviço de atendimento de emergências" do mundo.

O general William Nyland, ex-comandante-assistente da corporação, contou-nos sobre o profundo senso de satisfação que advém disso. "É difícil falar sobre isso, mas um dos mais incríveis dons concedidos pelos Marines àqueles suficientemente afortunados para receberem a Águia, o Globo e a Âncora é a oportunidade de tornarem-se parte de algo maior do que eles mesmos.

Algo dedicado a fazer o bem à nossa nação, em tempos de paz ou de guerra. Esta é a verdadeira razão pela qual as pessoas fazem parte dos Marines; esta é a bênção que lhes é concedida pelos Marines. Todos os seres humanos anseiam por isto; contudo, poucos têm a oportunidade de vivenciar isto, completamente."

Um dos motivos pelos quais escolhemos os Marines como centro de nossa história, neste capítulo, é porque eles constituem-se em um exemplo de ambos os tipos de marcas. Por mais de duzentos anos, eles vêm produzindo o melhor tipo de guerreiros. Quando se envia os Marines a algum lugar, já se sabe o que será obtido: a vitória. E tornar-se um Marine é o mesmo que fazer uma opção por um determinado estilo de vida. Homens e mulheres jovens tornam-se Marines não apenas para servirem ao seu país; mas, também, em grande medida, porque desejam ser "um dentre os poucos, orgulhosos, Marines".

Jim Lehrer, "âncora" da emissora PBS — e, ele mesmo, um Marine —, falou sobre esta dedicação mutuamente reiterada, que é o centro da vida de um Marine, durante a cerimônia de inauguração do museu nacional da corporação, perto de Quantico, na Virgínia. "Trata-se da experiência em comum e da consciência compartilhada de ser um Marine, que é saber que você é apenas tão forte e está apenas tão seguro quanto a pessoa que está à sua direita e à sua esquerda; que um ser humano bem treinado e motivado pode ser capaz de fazer quase tudo; que ser levado até o ápice da sua própria excelência é uma bênção [...] que 'siga-me' realmente quer dizer 'siga-me', e que 'Semper Fidelis' realmente significa 'sempre fiel'."

Então, de que forma tudo isso afeta o nosso cotidiano, quando saímos e tentamos persuadir nossos consumidores ou clientes de que os nossos produtos ou serviços são os melhores do mercado? Não queremos parecer excessivamente indelicados ou abertamente mercantilistas; mas, o que há de interessante para nós, nisso tudo?

As histórias que desejamos tornar-lhe apto a contar têm uma correlação direta com a história que há por trás de cada Marine. Heróis defendem seu território — e isto é, certamente, o que fazem os Marines; e é muito difícil encontrar alguém que não os veja como heróis. Heróis corporativos, como o Coronel Sanders e Frank Perdue, delimitam e defendem seus territórios de modo a consolidar suas marcas. Os heróis das histórias comerciais sempre agregam valores às próprias histórias — tal como Warren Buffett o fez, com a história de sua corporação. Porém, do ponto de vista de uma marca, há uma qualidade ainda mais importante: é o herói que dá sentido à história e que a torna real e empolgante para a plateia.

Vejamos o exemplo de Indiana Jones. Sem a sua presença como herói da história, *Caçadores da Arca Perdida* não seria mais do que um amontoado confuso de cenas de ação; mas, graças ao fato de Indiana Jones (que belo nome de "homem comum", não é mesmo?) ser um herói tão admirável, todo mundo quer ver a ação através de seus olhos — e ele consegue juntar todas as cenas de modo a levar-nos a fazer toda a "viagem" em sua companhia, sem que nos sintamos perdidos ou confusos. O que poderia, facilmente, tornar-se uma frenética mixórdia de "ganchos", conduzindo a história de uma situação esdrúxula a outra, torna-se uma história perfeitamente linear e compreensível. Por tratar-se de uma história que envolve muita ação física, torná-la "real" (ou seja, crível) é ainda mais fácil — mesmo tratando-se, obviamente, de uma ficção fantasiosa. Todas aquelas corridas desabaladas, saltos acrobáticos e mergulhos para escapar dos perigos proporcionam aos nossos "neurônios espelho" um bocado de atividade, muito prazerosa. Mesmo que nós mesmos não estejamos fazendo aquelas coisas todas, é quase como se estivéssemos. É uma espécie de "massagem psíquica"; e devido ao desempenho notavelmente autêntico de Harrison Ford (dizemos isto porque o personagem representado por ele está longe de ser perfeito: ele tem pavor de cobras e xinga a si mesmo quando comete um erro, de uma forma que é tanto inesperada, quanto evidentemente justificada), a história que ele conta nos parece verdadeira e, por isso, torna-se parte de nossa própria realidade. Nós simplesmente não conseguimos deixar de pensar nela; e, com certeza, ao sairmos do cinema, não conseguimos parar de falar sobre ela. Isto gera uma onda de rumores, suposições e conversas paralelas; mas, o mais importante é que isto também cria um senso de experiência compartilhada entre todas as pessoas que assistem ao filme. Todos adoramos falar a essas pessoas sobre algo que elas mesmas acabaram de ver — e não ficamos aborrecidos se elas nos dizem as mesmas coisas. Todos nós estivemos lá, juntos; e nos tornamos fãs incondicionais (alguns, realmente fanáticos), ao mesmo tempo. Sentir-se parte de um grupo é uma experiência muito agradável aos seres humanos; e isto reforça positivamente a história, também. O resultado disso é que nos tornamos — imediatamente — muito dispostos a assistir ao próximo filme de Indiana Jones; e estes se tornam uma marca de grande sucesso (no caso do fenômeno *Indiana Jones*, aliás, "grande sucesso" talvez não seja uma expressão suficientemente forte para descrevê-lo). Por quê? Porque o herói foi capaz de tornar a história real para nós; e porque nós sempre nos remetemos à história, quando pensamos nos filmes de que mais gostamos. Isto é o que os grandes heróis fazem. E não é, absolutamente, mera coincidência o fato de Indiana Jones haver vendido uma enorme quantidade de roupas, chapéus, equipamentos e acessórios capazes de nos tornar a todos um pouquinho mais parecidos com ele...

As marcas expandem o alcance dos produtos e serviços que representam não apenas em termo de espaço (simplesmente alastrando-se e ocupando mais território físico e "espaço psíquico"), mas, também, estendem-se em termos de tempo (fidelidade à marca — particularmente às marcas de "estilo de vida" — é, por definição, algo mais do que uma "marca da moda", sempre passageira, pode almejar conquistar). Essas duas qualidades são cruciais para o sucesso comercial das suas histórias. A característica principal — e a primeira a ser mencionada — que define um produto ou serviço como líder de mercado é a confiabilidade. As pessoas "compram" a sua história porque sabem que ela é real. A história da sua marca é o selo de aprovação que atesta isso a elas. É isto o que a sua marca tem a oferecer aos seus clientes.

Que vantagem você leva nisso? Bem, você não vai querer ter de sair, todos os dias, para vender as mesmas coisas às mesmas pessoas, indefinidamente. Você deseja vender seu produto uma vez, e espera que as pessoas continuem a comprá-lo (ou, melhor ainda, fazer com que elas mesmas contem a sua história e a vendam aos seus amigos). Tal como comprova o exemplo dos Marines, a história certa, concretamente corporificada, faz exatamente isso. Talvez este seja o principal motivo pelo qual o valor de uma marca seja um dos patrimônios mais bem preservados quando duas grandes corporações fundem-se. Os empreendedores mais bem sucedidos sabem que a marca certa pode fazer com que seus empreendimentos atravessem épocas difíceis melhor do que qualquer outro tipo de patrimônio. Melhor do que dinheiro no banco, bons produtos no mercado ou mesmo uma equipe de vendas campeã, uma boa marca é para sempre.

O senador Mike Mansfield, que permaneceu mais tempo como líder da maioria no senado norte-americano do que qualquer outro político, engajou-se na Marinha quando contava apenas 14 anos de idade, e lutou durante a Primeira Guerra Mundial. Aquilo era excitante: ele era apenas um garoto de

Montana e já servia ao seu país e conhecia o mundo. Quando terminou seu período de serviço, ele transferiu-se para o Exército e passou mais um ano servindo na França, antes de transferir-se para os Marines — e voltar a servir como combatente, nas Filipinas. Ao aposentar-se do serviço militar, ainda jovem, ele voltou à sua cidade natal, em Montana, onde iniciou uma longa carreira política, que faria dele uma das figuras públicas mais influentes de Washington. Ele foi, literalmente, o confidente de presidentes e de reis. Mas foi sua experiência como Marine que permaneceu mais associada à sua vida.

Quando morreu, aos 91 anos, ele foi enterrado no Cemitério Nacional de Arlington, onde qualquer pessoa pode visitar sua tumba. Sobre ela, há apenas uma lápide simples, de granito, igual a milhares de outras. De acordo com seu desejo expresso, no epitáfio podem ser lidas apenas as seguintes palavras: "Michael Mansfield, Soldado de Primeira Classe, U.S. Marines".

Após uma vida incrivelmente intensa e pontuada por eventos magníficos, que o levaram a alcançar os níveis mais elevados do poder e a estar no centro de eventos históricos, isto foi tudo o que ele achou necessário dizer para que fosse compreendido pela posteridade. Ele foi um Marine; e isto foi o bastante.

Resumindo: agora que já vimos o poder das grandes marcas, como faremos para que nossas histórias tenham esse mesmo poder?

1. Primeiro e mais importante: cuide para que a sua história seja constituída de mais do que meras palavras. Por mais poderoso que seja o ato de contar a história certa ao seu cliente, ainda mais poderoso será se você puder fazer com que o seu cliente a vivencie. Histórias são fatos, envolvidos em emoções; e fatos existem, concretamente.

2. Uma das maneiras pelas quais as histórias são transmitidas é através do ainda misterioso processo de conexão entre "neurônios espelho". Faça com que toda a sua equipe envolva-se no processo de contar a mesma história. Se isso for possível, conte-a "fisicamente", pontuando-a com gestos amplos. Os "neurônios espelho" não transmitem palavras; eles são muito melhores ao transmitirem ações e movimentos vigorosos.

3. Não "esconda o ouro", para revelá-lo no fim, como se apresentasse um truque de mágica. O que você tem a ganhar com a surpresa não vale o que você estará perdendo com tal atitude. Seja aberto e inclusivo em seus procedimentos, e permita que seus clientes participem deles — tanto e desde tão cedo quanto possível. Permita que eles façam parte de tudo — desde que, é claro, você mantenha-se no controle da situação. Convidar um cliente para participar de uma reunião em que você e sua equipe têm de discutir sobre um assunto ou quanto a uma decisão a ser tomada, é uma receita para o desastre; mas, convidá-lo no momento em que você e sua equipe já trabalham como uma máquina bem lubrificada fará com que o cliente deseje juntar suas forças aos esforços criativos. Na verdade, isto fará com que ele deseje juntar-se a você de maneira quase irresistível; e, se o fluxo de trabalho envolver algum componente físico, tanto melhor. Se este princípio funciona para a Starbucks, também funcionará para você.

4. Realizar um trabalho físico em conjunto com os integrantes da sua equipe é algo muito importante para fazer com todos trabalhem bem, a despeito das diferenças hierárquicas. Por causa dos "neurônios espelho", está lembrado? Promova eventos esportivos, passeios, piqueniques ou, melhor ainda, faça com que todos dediquem algum tempo em prol de atividades beneficen-

tes — com as quais todos estejam dispostos a contribuir voluntariamente (você há de convir que uma decisão dessas, imposta de cima para baixo, é um verdadeiro "veneno"), trabalhando em conjunto por uma causa que considerem digna e realmente significativa. O mundo precisa de heróis; mexa-se e coloque alguns à disposição dele. Não estamos sugerindo tal coisa apenas por um impulso benevolente (tudo bem; talvez, um tanto), mas porque isto faz todo sentido de um ponto de vista friamente comercial.

5. Se você puder, resuma a história de sua empresa ou de sua marca a uma simples frase. Os Marines fizeram isso com seu lema "Semper Fidelis" — sempre fiel; um princípio no qual acreditam e que pauta as suas vidas. Trata-se de uma ideia central, em torno da qual todos mantêm-se unidos. A Nike conseguiu o mesmo resultado com seu lema *"Just Do It"*. Sua história poderia ser resumida como "leve uma vida ativa"; e suas equipes criativas fazem exatamente isso. Seus integrantes sabem o que os corredores desejam porque todos são corredores. Mas colocar essa história em poucas palavras não é tão importante quanto traduzi-la em ações. A história da Starbucks é "nós fazemos um ótimo café"; e todos os seus funcionários sabem, realmente, como fazer uma excelente xícara de café (e, para ter certeza de que nenhum deles venha a perder a prática, a companhia fornece a cada funcionário meio quilo de pó de café, por semana, para ser preparado em casa). Se a sua empresa trabalha com tecnologia aeroespacial, assegure-se de que cada funcionário saiba fazer uma contagem regressiva, a partir de dez — e que *goste* de fazer isso! Não permita que ninguém lhe diga "Isto não é minha função. Eu não faço essas coisas". As pessoas que dizem isso, geralmente, sentem-se inseguras quanto ao sucesso. Uma das funções de um herói é fazer com que as pessoas sintam-se firmemente seguras; por isso, dedique o tempo necessário para fazer com que todos possam

sentir-se assim. Acredite: será um tempo muito bem empregado. Uma vez que cada membro da sua equipe esteja "na mesma página", contando — e vivenciando — a mesma história, tal como os Marines, eles serão irrefreáveis.

Então, o que você deveria fazer, agora, para ajudar a construir ou a consolidar a sua marca? Bem, você já deve ter notado que falamos muito a sério sobre envolver-se em atividades físicas praticadas em conjunto. Uma atividade desse tipo que costumamos recomendar aos nossos clientes é participar de caminhadas por várias boas causas; mas um bom time de futebol ou uma equipe de boliche, formados na empresa, também podem ser boas ideias. Se você acha que não está em posição para pedir a todos que se comprometam com uma iniciativa desse tipo, tente ser o primeiro a "quebrar o gelo": é bem provável que venha a surpreender-se com a rapidez com que muita gente irá unir-se a você (o que, de qualquer maneira, não irá afetar sua posição na hierarquia da empresa). Quando você conseguir esta união, concentre-se em três aspectos da atividade a ser realizada:

• Observe como cada membro da sua equipe — trabalhando em conjunto, livre das imposições hierárquicas da empresa — sente-se mais livre e igual aos outros ("libertar" as pessoas e fazer com que se sintam iguais às outras é grande parte do trabalho realizado por um herói que se preze), e como isto propicia que novas e boas ideias surjam de todos os integrantes do "time", espontaneamente; e não apenas para "impressionar".

• Observe como isto dá a todos a chance de compartilhar suas próprias histórias de sucesso com os outros. O "time" da sua empresa, certamente, tem seus próprios heróis. Não permita que eles fujam da memória de todos: passe adiante as suas histórias.

É particularmente importante que esse tipo de história seja compartilhado com os integrantes recém-contratados. Você não pode esperar que eles contem a história de sua equipe se não a conhecem. Sua história é o resultado da existência da sua equipe; e, tal como a história da corporação dos Marines, precisa ser constantemente recontada a cada novo recruta, para que ele veja suas próprias ações em um contexto mais abrangente e possa dar sua contribuição individual para o enriquecimento da história.

• Observe como este tipo de atividade pode contribuir para elevar o "moral da tropa". Trabalhar em conjunto para o bem comum faz com que cada um sinta-se bem consigo mesmo e para com os outros; e isto pode ser notado pela própria aparência e pelo estado de espírito de cada pessoa. Isto também pode constituir-se de algo positivo sobre o que falar, ao conversar com clientes que necessitem de um "impulso" (e é um assunto muito mais interessante do que falar sobre os resultados do campeonato estadual de futebol, no último fim de semana). Se você tem uma história interessante para contar sobre os funcionários da sua empresa e a conta com entusiasmo, automaticamente você "traz" as pessoas para a esfera dos seus negócios. Sua empresa ou sua equipe tornam-se uma "marca", por meio de um processo muito semelhante ao da telepatia. As pessoas gostam de estar na companhia de pessoas que gostam de estar em companhia umas das outras — especialmente se tratarem-se de boas pessoas, que gostam de ajudar os outros. Não dá para ser mais simples do que isto.

***

6

Histórias inesquecíveis: memória, emoções e mercados

JAMES MCGAUGH TINHA UM SONHO no qual ele observava, dos bastidores, seus colegas atores representando, enquanto esperava pela "deixa" para entrar no palco e dizer suas falas. De repente, ele se dava conta de que não conseguia lembrar-se de nenhuma de suas falas. Nem umazinha, só. Quanto mais se aproximava o momento em que ele deveria aparecer diante da plateia, mais rapidamente as palavras pareciam fugir de sua memória. Ele sentia o pânico subir por sua garganta, vindo do fundo de seu estômago. Seu coração disparava, seu rosto afogueava-se e as palmas de suas mãos transpiravam abundantemente. Sua boca secava e a tentativa de engolir saliva era dolorosa. No entanto, não importava quanto ele se esforçasse: simplesmente, ele não conseguia lembrar suas falas. Na verdade, quanto mais ele se esforçava para lembrar-se, mais as falas, tão cuidadosamente decoradas, pareciam recuar para as profundezas de sua memória. Ao ouvir a sua "deixa" e sentir que seu corpo, automaticamente, começava a mover-se para diante, o pânico que sentia e a adrenalina liberada em seu organismo atingiam o ápice.

Então, ele acordava. Em sua cama, no silêncio da noite, ele sentia desacelerar seu ritmo cardíaco e sua respiração, gradativamente, voltar ao normal. Ele já tivera este mesmo sonho antes.

Provavelmente, você já tenha tido um sonho parecido. Nós temos o nosso — ainda que, na nossa versão, ainda soframos com a agravante de encontrarmo-nos sem calças (sim, nós sabemos o que isto significa; não pergunte). Se você já pisou em um palco — e não é preciso que tenha sido em um grande palco: o mesmo efeito pode ser obtido em uma sala de reuniões, na qual você tenha de ficar em pé, diante de uma porção de gente, enquanto desenrola-se uma apresentação de PowerPoint, durante a qual espera-se que você explique alguma coisa a um cliente importante; ou mesmo na sala do seu chefe, onde você deve fazer um discurso, muito bem ensaiado, explicando-lhe por que merece tanto um aumento em seu salário —, podemos quase garantir que tenha experimentado a mesma sensação, ou algo muito semelhante. Como dissemos no Capítulo 2, o medo do palco é universal. Saber como lidar com ele e utilizá-lo em proveito próprio é uma habilidade crucial para poder contar histórias. Porém, há três coisas importantes sobre o sonho recorrente de McGaugh que gostaríamos de ressaltar. Uma é que o Dr. McGaugh, no início de sua carreira, graduou-se numa faculdade de música e arte dramática e, portanto, teve realmente de memorizar centenas de papéis e peças musicais — ainda que jamais tenha se esquecido de nenhuma fala. Em segundo lugar, este sonho foi uma das coisas que contribuíram para despertar o duradouro interesse de McGaugh sobre o funcionamento da memória e por suas pesquisas pioneiras sobre as conexões bioquímicas e comportamentais existentes entre a memória e as emoções — pesquisas que ele levou adiante como diretor do Centro de Neurobiologia do Aprendizado e da Memória, na Universidade da Califórnia, em Irvine, e que fizeram dele uma das mais destacadas autoridades mundiais sobre a conexão entre a memória e as emoções. Em terceiro lugar — como veremos —, podem ter sido as poderosas emoções contidas nesse sonho, e a consequente liberação dos neurotransmissores associados a elas, o que realmente fez com que ele tenha sempre conseguido lembrar-se tão bem das falas que deveria dizer, na realidade.

Obviamente, possuir uma boa memória é um fator-chave para ser persuasivo. De nada adiantaria persuadir um cliente de sua sensatez ao optar pelo projeto que você lhe oferece se, ao chegar à reunião na qual o contrato final seria assinado, ele não conseguisse lembrar-se sequer de haver conversado sobre o assunto com você. E, devido à quantidade de conversas em que quem toma as decisões tem de envolver-se, frequentemente este é o resultado. Estima-se que cada um de nós receba mais de 3.500 mensagens ao longo de uma semana: contidas em anúncios comerciais, promoções e ofertas por telefone, artigos de jornais, recados dos filhos etc. Não é de admirar, portanto, que acabemos esquecendo completamente de algumas delas — mesmo das mais importantes. Todos sofremos de uma crônica sobrecarga de informações; e não pense que enviar um e-mail a alguém irá resolver o problema. Um executivo de médio escalão — o tipo de pessoa a quem pretendemos persuadir, para que tome uma decisão que nos seja favorável — recebe, em média, 250 e-mails por dia. São tantos e-mails que muitos desses executivos preferem adiar suas férias, diante da perspectiva de terem de atualizar suas comunicações após passarem uma semana na praia. Ou, pior ainda: eles levam seus *notebooks* e *smartphones* para a praia, na tentativa desastrada de manter o trabalho em dia, enquanto passam algum tempo na companhia de suas famílias (é desnecessário dizer que eles não conseguem fazer nenhuma das coisas direito; sem falar no problema causado pela areia que entra no teclado). Naturalmente, como nossas mães costumavam dizer, uma nota manuscrita sempre causa boa impressão — particularmente na era digital em que vivemos, quando elas são sempre tão insólitas. Por isso, enviar um bilhete a um desses executivos é uma ótima forma de manter o contato pessoal e o senso de igualdade sobre o qual tratamos no capítulo anterior — desde que o bilhetinho não seja perdido em meio ao "mar" de papéis que abarrota a mesa do seu contato. É bastante razoável supor que o executivo responsável por tomar aquela decisão, pela qual você tanto aguarda, tenha umas boas quarenta horas de trabalho acumuladas em papelada com que deva lidar, em algum canto de seu escritório.

Portanto, a única solução realista para este problema é fazer com que a sua história seja memorável, desde o início. É preciso fazer com que ela se destaque, pois seu sucesso depende disso. Felizmente, o segredo para conseguir isto é inerente à natureza da própria história. Mesmo correndo o risco de soarmos como um disco riscado (um risco que assumimos de bom grado, pois a repetição é uma técnica para reforçar a memória), diremos que HISTÓRIAS SÃO FATOS ENVOLVIDOS EM EMOÇÕES, e que a chave para relembrarmos um fato é atrelá-lo a uma emoção. É por este motivo que Jerome Bruner estima que um fato tem uma probabilidade vinte vezes maior de ser recordado se fizer parte de uma história (ou, como ele diz, se o fato estiver "atrelado a uma narrativa"). Devido à nossa sobrecarga, se um fato não estiver conectado a uma história (e não tratar-se de um número de telefone para o qual estejamos habituados a ligar), ele simplesmente nos fugirá da memória. Para entender por que as coisas são assim, é preciso que compreendamos como as lembranças são formadas. Isto nos leva de volta ao Dr. McGaugh.

Nossa atual compreensão científica da memória começa pelo esquecimento. Em 1949, descobriu-se que pacientes que recebiam tratamento com eletrochoques passavam a sofrer de uma amnésia seletiva. Essas pessoas não apenas se esqueciam de coisas que lhes aconteciam após haverem recebido uma fortíssima descarga elétrica — quando seus cérebros, como seria previsível, tornavam-se um tanto confusos —, mas, também, de coisas pelas quais haviam passado pouco antes do choque; a caminho da sala onde o receberiam, ou mesmo nas primeiras horas daquele dia. Isto não é nada surpreendente. Boxeadores que são nocauteados sobre o ringue também costumam esquecer-se dos golpes que os derrubaram — recebidos, às vezes, durante todo o *round* que precedeu o golpe final. Se você já sofreu algum tipo de concussão leve, talvez saiba que é necessário um certo tempo para lembrar-se do que aconteceu, antes do incidente; e, talvez, você jamais chegue a lembrar-se. Isto se deve ao fato de que a memória não é instantânea. Nossas lembranças são como fotografias: primeiro, elas são tiradas; depois, armazenadas. A lembrança de um evento é como uma animação feita em computador: é preciso algum tempo para que a informação torne-se inteligível.

Nossos sentidos estão constantemente absorvendo uma vastíssima quantidade de informações: as palavras impressas nesta página, a cor do papel da página, o peso do livro em suas mãos, o aroma do café sendo preparado em algum lugar próximo, os sons de uma conversa que transcorre na sala ao lado — a qual nós sabemos que não deveríamos estar ouvindo, mas que a evolução nos ensinou que não podemos, simplesmente, ignorá-la. Tudo isso está sendo absorvido, neste momento; mas isto não é imediatamente registrado no nosso "disco rígido" interior. Em vez disso, cada fragmento da informação passa por vários processos muito interessantes, de acordo com seu grau de importância; e apenas o que precisa realmente ser lembrado é transferido para a memória de longo prazo, através de um processo chamado "consolidação". Se sofrermos uma "pane no sistema" antes que a consolidação tenha acontecido, não nos lembraremos de nada. O que, no caso de uma pessoa envolvida em um traumático acidente automobilístico, é uma coisa muito boa.

Assim que uma forma mensurável de influenciar diretamente a memória foi descoberta, a busca voltou-se para encontrar uma maneira de melhorá-la, de modo a possibilitar que aprendêssemos mais rapidamente. Grande parte desses trabalhos pioneiros foi realizada com ratos de laboratório, que aprendiam a movimentar-se corretamente por um labirinto. Se a memória deles pudesse ser melhorada, eles aprenderiam mais rapidamente. Não foi preciso muito tempo para que McGaugh descobrisse que administrar aos ratos uma pequena dose de estricnina (um veneno letal, em doses elevadas; mas um estimulante do sistema nervoso, em doses menores) fazia com que eles, de fato, aprendessem mais depressa. Contudo, isto não explicava como a substância os ajudava a aprender. Afinal, tratava-se apenas de um estimulante para os nervos. Talvez, a substância lhes aumentasse a sensibilidade; talvez, os ratos corressem mais velozmente porque tinham seu olfato aguçado e, por isso, podiam localizar mais facilmente o pedaço de queijo colocado na extremidade do labirinto. Talvez, nada disso tivesse alguma coisa a ver com a memória. E como se tratava de ratos, não se podia perguntar a eles sobre sua maneira de reagir.

Foi nesse ponto que o Dr. McGaugh fez sua maior descoberta. Ele considerou que o que podia estar sendo afetado seria o processo de consolidação da memória. O que aconteceria se ele administrasse o estimulante aos ratos não antes de fazê-los correr pelo labirinto, mas depois? Parecia ilógico que o aprendizado pudesse ser melhorado depois de transcorrido: isto seria uma violação da lei de causa e efeito. A ideia parecia tão ilógica que o supervisor da pesquisa, na faculdade, achou que o experimento seria uma completa perda de tempo, e disse a McGaugh para que não o fizesse. Mas McGaugh não conseguia deixar de imaginar isso; e esperou até que seu chefe tirasse uma licença para fazer a experiência, durante sua ausência. A experiência funcionou, mas apenas se a estimulação fosse aplicada imediatamente após o aprendizado. Esperar muito tempo para administrar o estimulante não produzia nenhum efeito. Assim, comprovou-se que a estimulação, claramente, afetava a consolidação da memória.

Mas, estimulação de quê? Para responder a esta pergunta, McGaugh e seus associados começaram a aplicar pequenas doses de estimulante em várias áreas diferentes do cérebro dos animais, e descobriram que a chave para a compreensão não estava localizada na camada mais externa do cérebro — o córtex cerebral —, onde as lembranças costumam ser armazenadas, mas, sim, em duas pequenas áreas próximas do centro do cérebro, conhecidas como amígdalas basais. Nós possuímos um desses gânglios, aproximadamente do tamanho de uma amêndoa, em cada um dos hemisférios cerebrais, o esquerdo e o direito. Estas são as áreas que possuem o maior número de conexões com todo o resto do cérebro, e funcionam como se fossem estações centrais de controle. A teoria, fortemente confirmada pelos experimentos, é que estas áreas, quando estimuladas, enviam uma mensagem do tipo "imprima este pensamento" a todas as outras áreas do cérebro, de modo que o que estiver acontecendo seja "impresso" na memória. Sempre que ocorrem, esses momentos tornam-se partes do nosso mapa mental do mundo.

Uma criança pequena é alertada por sua mãe de que o fogão está quente, mas toca o fogão antes que a mãe possa impedi-la, e sofre uma queimadura. Felizmente, não chega a ser uma queimadura grave, mas isto é suficiente para estimular suas amígdalas e enviar uma mensagem ao cérebro do tipo "isto é importante", e este momento é gravado na memória, não necessitando mais ser repetido. A criança aprendeu o que significa "quente" e que o fogão não deve ser tocado. Até aqui, isto pode ser entendido como uma resposta condicionada a um estímulo; não diferindo em nada da reação de um cão que tenha sido condicionado a associar o som de uma campainha ao recebimento de alimento e, por isso, começa a salivar tão logo ouve a campainha. A criança associa "quente" a uma queimadura e é condicionada a evitar tal experiência — a diferença é que os seres humanos são muito mais complexos do que cães ou ratos, e o fato de grande parte do nosso aprendizado não envolver, necessariamente, sofrimento físico. Na verdade, como já demonstrou a psicologia cognitiva, o aprendizado é inerentemente prazeroso. Então o que acontece?

Em 1975, McGaugh e seu aluno pós-graduado, Paul Gold, fizeram sua segunda grande descoberta (que é a que nos interessa mais) ao responderem a várias indagações básicas. "Por que a evolução nos projetou para que tivéssemos um período tão longo de consolidação? Por que temos de esperar este tempo para formarmos nossas lembranças? Por que não somos capazes de criá-las instantaneamente?" Isto deveria ter algo a ver com uma reação química, pois a estricnina amplia a capacidade da amígdala de criar e consolidar lembranças. O organismo dos ratos não produz estricnina; então qual substância química, produzida naturalmente, faria este papel? Qualquer que fosse a substância, ela deveria ser importante o suficiente para que a evolução nos fizesse ter de esperar, até que ela fosse produzida. Devido à sua importância para o desempenho de nossos cérebros, ela deveria ser necessária à própria sobrevivência.

Não foi muito difícil encontrar as respostas, uma vez que eles haviam formulado as perguntas certas. Trata-se da adrenalina, ou de sua "prima" neurotransmissora, a norepinefrina, que os hormônios do estresse liberam no cérebro. Quando fica estressado, você se lembra melhor. Agora, as coisas começavam a fazer sentido. Um dos nossos primitivos ancestrais caminha por uma floresta e vê um tigre saindo de uma caverna, logo à frente. Seu corpo é inundado pela adrenalina, preparando-o para fugir ou lutar. Uma vez que se trata de um dos nossos ancestrais, que viveu tempo bastante para passar seus genes adiante, ele sabiamente opta por fugir. Enquanto senta-se detrás de uma rocha, para retomar o fôlego, ele tem muito tempo para refletir sobre a experiência, e sua amígdala, estimulada pela adrenalina, grita para o resto do cérebro: "Lembre-se daquela caverna!"

Para sublinhar a existência desta conexão entre as emoções e a memória, o Dr. McGaugh fez uma breve experiência conosco, quando o vistamos em seu laboratório, enquanto preparávamos este livro. Ele voltou-se para um de nós e perguntou: "Você é um escritor?" Sabendo que o testado era emocionalmente envolvido com o conjunto de habilidades relacionadas à escrita, McGaugh olhou-o bem nos olhos e disse: "É, mesmo? Sabe, eu já li algumas coisas que você escreveu. Não achei lá muito boas. Na verdade, eu achei uma porcaria!"

Após aguardar um momento, ele continuou, dando uma piscadinha amistosa: "Está sentindo? Seu coração está acelerado, seu rosto corou e você sente a temperatura de seu corpo elevar-se, enquanto seus vasos capilares dilatam-se e você se prepara para fugir ou lutar. Este é o efeito da adrenalina entrando em sua corrente sanguínea. E não importa quanto você venha a se recordar desta nossa conversa, o insulto recebido certamente será lembrado." Ele tinha razão; tanto no tocante às reações físicas, quanto sobre as nossas lembranças. Aquele momento destaca-se, nitidamente, dentre elas.

McGaugh faz essa demonstração, sempre que fala à imprensa — o que, sendo um dos mais conceituados especialistas do mundo sobre memória, ele faz com muita frequência. Ele nos contou que fez esta experiência com uma famosa jornalista da televisão, em um programa ao vivo. A jornalista teve a mesma reação: seu rosto corou, seu coração disparou e o momento gravou-se vivamente em suas lembranças. Ela adorou o resultado, porque sabia que toda a audiência de seu programa também havia gravado aquela entrevista na memória. Infelizmente, porém, a câmera estava focalizada apenas no Dr. McGaugh, enquanto ele falava, de modo que a reação da jornalista não pôde ser registrada no filme. Então, ela pediu-lhe que repetisse as palavras que acabara de dizer, assim que o operador da câmera mudasse o enquadramento, para capturar sua reação. McGaugh explicou-lhe que aquilo não iria funcionar. A intensidade da liberação da adrenalina é determinada pela intensidade e pela surpresa da frase que fora proferida. Uma vez que ela já esperasse ouvir uma ofensa às suas habilidades como entrevistadora, a experiência não iria funcionar. Pacientemente, ele esperou até que o operador mudasse o ângulo da câmera e, então, inclinou-se para perto da mulher e disse-lhe, com um tom de voz muito gentil: "Sabe, você deveria fazer alguma coisa a respeito do seu odor corporal. Eu ouvi alguns integrantes da sua equipe comentarem sobre isso, e eles não pareciam nada satisfeitos." Desta vez, a câmera pôde registrar a reação da jornalista — que, certamente, saiu da experiência com dois momentos inesquecíveis em sua memória.

Há duas coisas importantes para recordar, acerca desta história. A primeira é que a intensidade da emoção determina a quantidade de adrenalina liberada no organismo. Esta é a razão pela qual McGaugh concentrou sua atenção sobre apenas um de nós, em nosso encontro; pois, tornar a conversa pessoal aumenta a intensidade da reação. É por isso que, se quiser que seus pontos de vista sejam considerados, você não deve tentar expô-los à sala toda, ao mesmo tempo; mas, sim, concentrar toda a sua atenção apenas em alguns poucos ouvintes, cujas reações emocionais você possa monitorar. Eles irão encarregar-se de portar a sua mensagem; e nem mesmo é necessário que sejam eles as pessoas que venham a tomar as decisões relativamente à sua proposta. A segunda coisa é que a surpresa é necessária: quanto maior a surpresa, mais adrenalina será liberada. É por isso que quase todas as pessoas são capazes de lembrar-se exatamente de onde estavam e o que faziam, quando ouviram as primeiras notícias sobre os atentados terroristas de 11 de setembro de 2001, em Nova York. Elas lembram-se daquele momento preciso com uma riqueza de detalhes muito superior do que do resto daquele dia. Não apenas de onde se encontravam, mas até mesmo da atmosfera ao seu redor, do tom da voz da pessoa que primeiro comentou o ocorrido e de como seus corações se sentiram, quando puderam, afinal, compreender o que acontecera. A qualidade quase inebriante do momento em que sentiram algo mudar, dentro de si mesmas. O choque ao saberem que aquilo podia ter acontecido, somado à intensa reação de empatia pelas vidas perdidas, foi, para muita gente, algo realmente avassalador. A adrenalina jorrou na corrente sanguínea coletiva de toda a nação, marcando aquele momento de maneira permanente — em muitos casos, até nos mínimos detalhes. Nossos corpos souberam que teríamos de nos lembrar, para sempre, daquele momento, para que sobrevivêssemos.

Naturalmente, insultar um cliente ou ameaçar-lhe a própria vida, apenas para fazer com que ele venha a lembrar-se dos pontos que você lhe expõe não é o que se pode chamar de uma estratégia de comunicação defensável. Mas o medo e o sofrimento não são as únicas coisas capazes de promover a liberação de adrenalina. Quase qualquer outra coisa que faça o seu coração bater mais depressa causará a mesma reação. Vencer uma disputa esportiva, o seu primeiro beijo, as juras do seu casamento — todas essas coisas produzem fortes emoções e, por isso, são memoráveis. Todas funcionarão, ao promover a liberação de adrenalina; mas a memória não é emocionalmente neutra. Ela parece apresentar uma certa inclinação para as emoções negativas e dolorosas, embora os especialistas não saibam exatamente por quê. Um dos motivos para isto talvez se deva ao fato de as emoções positivas serem mais dificilmente acessíveis. O que faz você vibrar de alegria é algo muito particular; mas qualquer pessoa ficaria furiosa se alguém dissesse que ela cheira mal. Um dos motivos pelos quais uma boa história frequentemente precisa de um bom antagonista é, precisamente, para fazer com que todas as emoções negativas sejam desviadas do herói, com o qual sua plateia ou o seu cliente já se identifica. Desta forma, você terá a emoção e a memória, sem ficar indiferente a ninguém.

Mas também existem poderosas emoções positivas, compartilhadas por quase todo mundo. Todos gostamos de vencer; e gostamos ainda mais quando, logo após a vitória, nossos amigos nos rodeiam, apenas para dizer-nos como somos maravilhosos. Isto lembra alguma coisa a você? Bem, não apenas *Guerra nas Estrelas*, mas centenas de outros filmes terminam exatamente assim. *Rocky, um Lutador, Golpe Baixo*; a lista é quase infinita. Com a trilha sonora certa e capacidade para concentrar as atenções sobre os atores nos momentos decisivos, o diretor pode criar tanta intensidade quanto quiser; e, então, tudo o que tem a fazer é dar à plateia um pouquinho de surpresa. Você sabe que Luke vai vencer no final (afinal de contas, ele é o herói); mas você não sabe exatamente como e quando, e, graças a alguns truques de um roteiro habilmente engendrado, quando você comprova sua opinião de que o garoto era mesmo um vencedor, seu prazer é dobrado. Você sai do cinema com aquele momento final gravado na memória, e com o nome *"Guerra nas Estrelas"* na ponta da língua.

O final não precisa ser, necessariamente, inspirador. Filmes de terror, frequentemente, terminam no melhor estilo *"Carrie, a Estranha"*. Você pensa que o filme acabou — o vilão maligno foi, finalmente, despachado — e a câmera se move até fechar em um *close-up* e — zás! — uma mão descarnada surge da terra de uma tumba e agarra o tornozelo da heroína. O melhor exemplo deste tipo de filme de que podemos lembrar é o primeiro da série *Sexta-Feira 13*. Tendo sobrevivido a uma noite de sangrento massacre, a heroína é vista, em segurança, a bordo de um bote, flutuando no meio de um lago plácido, enquanto o Sol desponta gentilmente, inundando de luz o malfadado acampamento de verão, no qual todos os seus amigos haviam sido brutalmente assassinados. Cuidadosamente, a câmera nos mostra que ela não corre nenhum perigo. A música de fundo é bucólica e relaxante (pois, a esta altura, as glândulas suprarrenais da plateia necessitam de um tempo para recarregarem-se). Uma vez que, afinal, nos sentimos totalmente relaxados — Blam! O diabólico Jason emerge como um míssil, do fundo do lago, agarra a heroína e leva-a consigo para as profundezas. Diferentemente do resto do filme, esta cena final foi editada por Wes Craven, um dos poucos verdadeiros gênios do cinema de horror. O *timing* da cena é impecável. Lembramo-nos de haver assistido ao filme em um cinema da Rua 86, em Manhattan. No momento do choque da cena final, três adolescentes mal-encarados — daquele tipo com que preferiríamos evitar cruzar em uma rua escura — saltaram de suas cadeiras e saíram correndo, em pânico, do cinema. Momentos depois, passamos por eles, na esquina da rua. Todos estavam rindo e contando a quem quisesse ouvir sobre o grande filme que haviam acabado de assistir. Um dos efeitos colaterais da adrenalina é que ela faz com as pessoas falem muito mais rápido e alto. *Sexta-Feira 13* deu origem a outros dez filmes, em sequência (e a série continua); todos baseados, em grande parte, na pungência daquele momento final.

História de amor podem ter o mesmo efeito. Vários estudos comprovaram que a fala de um filme mais lembrada de todos os tempos é "Francamente, meu bem, eu não ligo a mínima!", extraída do clássico *E O Vento Levou...* A frase é tão lembrada porque é dita ao final do filme, como ponto culminante de um longo e profundo relacionamento emocional; e se, hoje em dia, "não ligo a mínima" está longe de ser uma expressão forte, para os padrões de 1939 — ano em que o filme foi lançado — era algo surpreendentemente chocante. Em se tratando de valores absolutos — da quantidade de ingressos vendidos e de espectadores nas salas de projeção —, *E O Vento Levou...* ainda é, sem dúvida, o maior sucesso de bilheteria da História.

Criar momentos memoráveis é algo particularmente importante na indústria do cinema. Segundo um ditado popular, o astro garante a bilheteria da semana de estreia, mas são os últimos dez minutos que fazem do filme um sucesso. A primeira leva de espectadores vai assistir ao filme porque conhece o astro e o tipo de filme que ele costuma estrelar. Eles gostam da "marca" do astro e já são seus fãs. Mas o que torna o filme um sucesso é a propaganda boca a boca; e esta é gerada nos dez minutos finais de um filme, porque é a parte de que a plateia irá lembrar-se, ao sair do cinema. Por isso, os dez minutos finais de qualquer filme são criados para conter a máxima carga de emoção possível.

Portanto, a chave para garantir que sua apresentação será lembrada é imbuí-la de uma carga emocional. Contudo, no mundo dos negócios, muita gente acha que não se deve demonstrar qualquer tipo de emoções. Você deve liderar com a cabeça, não com o coração. Isto apesar do fato demonstrado por uma pesquisa recente, na qual 92% dos diretores-executivos entrevistados declararam ser a "satisfação dos clientes" o segundo maior foco de suas atenções, quanto às atividades competitivas de suas corporações. Satisfação é, afinal de contas, uma emoção; por isso, tentar proporcioná-la aos clientes sem discuti-la ou permitir que seu pessoal de vendas a expresse, nos parece algo contraproducente.

Na essência deste preconceito contra as emoções está a noção de que elas podem, de algum modo, obscurecer o senso de julgamento nos negócios. As emoções não fazem tal coisa. Na verdade, elas são cruciais para o processo de tomada de decisões. Por meio de uma série de testes realizados com pacientes que sofriam de algum tipo de deficiência mental ou haviam sido lobotomizados — sendo, por esses motivos, incapazes de experimentar emoções — concluiu-se que não ter emoções tornava o processo de tomar decisões muito difícil. Houve apenas uma exceção: ainda era possível especular no mercado de ações. Porém, mesmo que haja ali uma tendência para refrear as reações emocionais, a "exuberância irracional" contra a qual Alan Greenspan alertou, quando o mercado financeiro mergulhou de cabeça na Bolha de Tecnologia, em 2000, não deixou de tratar-se de um fenômeno puramente emocional. Se você puder estar presente em meio à multidão de corretores, no recinto do pregão da bolsa de valores — ou na galeria, acima —, não conseguirá evitar sentir o cheiro penetrante e inconfundível do suor frio e das glândulas suprarrenais, funcionando no limite de sua resistência.

Mas a maior razão pela qual não é possível fazer uma apresentação sem demonstrar emoções é porque os seres humanos simplesmente não funcionam desse jeito. Em uma série de experiências realizadas na University College, em Londres, a Dra. Sophie Scott utilizou uma técnica de escaneamento cerebral, conhecida como Imagem Funcional por Ressonância Magnética, para demonstrar como uma pessoa ao ouvir a fala de outro ser humano, na verdade, divide e armazena a experiência e, depois, lembra-se dela utilizando diferentes partes do cérebro. As palavras são enviadas ao lobo temporal esquerdo para serem processadas e interpretadas; mas a "melodia" (o som, a entonação e o ritmo das palavras que são ditas) é enviada ao hemisfério direito do cérebro, uma região mais associada não apenas à musicalidade, mas, também à percepção espacial e a imagens visuais. É necessário que nos lembremos de ambos os conjuntos de informações, pois a entonação e a melodia, frequentemente, determinam o significado de todo o discurso. Quando um amigo nos diz "Tá, tudo bem!", poderíamos compreender, literalmente, que ele concorda conosco; mas, de acordo com a entonação com que ele profere a frase, pode ser que esteja sendo sarcástico e, na verdade, discordando de nós, ou que se encontre ocupado demais para dar a devida atenção ao que dizemos. Dissociar a informação das emoções, quase sempre, torna sem sentido as duas coisas. Ainda que nós separemos a melodia do significado das palavras e as enviemos para partes distintas do cérebro, para que sejam processadas, nossa memória é bastante capaz de mantê-las conectadas. Isto nos leva à segunda coisa importante acerca de nossas lembranças: elas são holísticas.

A conexão existente entre a memória, as emoções e a linguagem é explorada sempre que utilizamos um acrônimo inteligentemente construído. Acrônimos são nomes de organizações ou programas que sintetizam uma ideia abrangente em uma única palavra, fácil de pronunciar. A cada vez que você a diz, o som de sua própria voz reforça-lhe poderosamente o conceito, na sua memória. Os melhores acrônimos são os que resultam em palavras que possuem alguma conotação com a emoção que a organização pretende evocar ou despertar. Se você tem filhos na escola, ou frequentou a escola, você mesmo, nos últimos vinte anos, é provável que já tenha ouvido fala a respeito do programa DARE. O DARE envia policiais às salas de aula das escolas de ensino fundamental para que ensinem aos alunos como resistir às pressões de seus colegas, que podem levá-los a consumir drogas perigosas. DARE (palavra em inglês que significa "ousar") é um acrônimo formado pelas iniciais das palavras *Drug Abuse*

Resistance Education" (Educação para a Resistência ao Abuso de Drogas); e ainda que existam vários programas similares, este é de longe o mais disseminado, alcançando 36 milhões de estudantes, em todo o mundo — 26 milhões dos quais, apenas nos Estados Unidos. Ter um nome de fácil memorização é um dos fatores que contribuem para o seu sucesso; um nome que é utilizado em um de seus *slogans* mais importantes: "Ouse dizer não às drogas." Ousar fazer alguma coisa, ter a coragem de dizer o que você realmente pensa, é o tipo de atitude que todos os pais gostariam que seus filhos tivessem, no ambiente emocionalmente carregado dos pátios escolares, quando alguém lhes oferecesse drogas. Conectar o nome de uma organização a uma palavra emocionalmente apropriada, de fácil memorização, torna este nome — e todas as histórias que os policiais contam às crianças, associadas à "marca" DARE — difícil de esquecer. Se eu fosse um diretor ou administrador de uma escola e estivesse buscando por um programa de orientação aos estudantes, a palavra "DARE" automaticamente surgiria em minha mente.

Outro bom exemplo deste tipo de "gerenciamento da memória" é o MADD (*Mothers Against Drunk Driving* — aproximadamente, "Mães Contra a Embriaguez ao Volante"; o acrônimo pronuncia-se com o mesmo som da palavra *mad*: "louco[a]"), que estabelece uma conotação imediata com a raiva que as mulheres devotam aos motoristas bêbados nas estradas e ruas — a mesma espécie de conotação utilizada pelo NOW (*National Organization for Women* — aproximadamente, "Organização Nacional das Mulheres"; sendo que a palavra *now* também significa "já", ou "agora"), que tenta manter relativamente sob controle a impaciência feminina com a lentidão das mudanças necessárias à política, propondo uma nova agenda política e angariando fundos para diversas obras sociais. Mais adiante, nestas páginas, estaremos utilizando uma representação emocionalmente carregada, para ser conectada a um acrônimo surpreendentemente apropriado para fazer com que você se lembre do nosso modelo de histórias e seus cinco elementos.

Sabendo que a memória e as emoções estão inextricavelmente conectadas, você pode facilitar a compreensão de seus clientes proporcionando um contexto claro para a informação, pré-selecionada, que você quer que seja recordada, tornando-a mais fácil de ser absorvida. Esta é outra vantagem que as histórias possuem. Todos somos capazes de compreender tão bem a estrutura básica das histórias que, quando contamos uma, ela irá fixar-se na memória de seus ouvintes de maneira que mesmo as melhores apresentações de PowerPoint raramente conseguem.

Intuitivamente, todos sabemos que as histórias têm heróis; e buscamos por eles, à medida que ouvimos as histórias. Quando o herói entra em cena, nós imediatamente o "arquivamos" no lugar certo, em nossos cérebros, e esperamos pelo surgimento do vilão ou do obstáculo que irá contrapor-se ao herói — que, geralmente, aparecem nesta ordem, nas histórias. Depois disso, podemos nos concentrar no modo como o herói irá triunfar e em que tipo de consciência iremos observar em ação e com a qual, eventualmente, aprenderemos alguma coisa. Esta consciência é a verdadeira recompensa. Se a história não é capaz de produzir uma nova consciência, ela não tem valor; mas iremos tratar disto, em outro capítulo.

Quando você trabalha com emoções na sua apresentação, assegure-se de que estas sejam suas próprias e autênticas emoções. Não tente "criar" suas emoções. Isto não funciona. Apenas deixe-as transparecer. Os seres humanos são muito hábeis para compreender emoções; e são ainda mais hábeis para detectar quando estas são fingidas. Se afetar emoções fosse algo fácil de ser feito, os astros do cinema não ganhariam os salários milionários que eles, na verdade, merecem.

Embora sejam muito importantes para a memorização de uma história, o tom de voz e a emoção com que ela é contada não são as únicas coisas capazes de fazê-la prender a atenção de uma plateia. Quanto mais completamente envolvermos o cérebro de nossa plateia nas palavras que dizemos — ou seja, quanto mais exigirmos de seu funcionamento cerebral total —, mais facilmente nossa história será lembrada. Palavras e estruturas verbais tendem a ser armazenadas no hemisfério esquerdo do cérebro; e as relações espaciais e imagens visuais, no hemisfério direito (aos neurocientistas que possam estar nos lendo, sabemos que estamos simplificando excessivamente as coisas; e para o restante dos nossos leitores, aguentem firmes, porque vamos falar sobre alguns truques de memorização realmente muito interessantes).

Todos os anos, desde 1991, os maiores prodígios de memorização de todo o mundo reúnem-se para disputar o Campeonato Mundial de Memória. Em 2006, o evento teve lugar nas salas de exame da Universidade de Oxford. Lá, campeões nacionais competiram entre si, em provas que exigiam que eles se lembrassem corretamente da ordem de uma lista de palavras aleatórias, da ordem das cartas de jogar em cinco maços embaralhados, de um poema desconhecido e dos rostos de um grupo de pessoas que eles jamais tinham visto antes. A prova final — e a mais dramática da competição — era a chamada "Cartas Velozes". A cada um dos concorrentes era dado um baralho de cartas misturadas, das quais eles deveriam memorizar a ordem em que se encontravam. Assim que tivessem feito isto, eles tocavam uma campainha, parando um relógio que marcava o tempo que haviam levado. Cinco minutos depois, era-lhes dado um novo baralho, sem uso, cujas cartas eles deveriam colocar na mesma ordem do primeiro maço. Ninguém jamais conseguiu realizar este feito em menos de trinta segundos — façanha que permanece sendo equivalente a correr um quilômetro em três minutos. Mas já chegaram perto desta marca. Em 2006, a vencedora do concurso foi Katherina Bunk, uma estudante alemã, de 14 anos de idade, que demonstrou haver memorizado seu baralho em 45,6 segundos. Como ela conseguiu fazer isso? Dominando o poder emocional de uma história.

A maioria dos concorrentes, em competições de nível mundial, utiliza mais ou menos o mesmo método. Eles memorizam a ordem das cartas a cada grupo de três. Antes da prova, eles associam cada carta a uma pessoa, a uma ação e a um objeto. Por exemplo. O ás de espadas pode ser Johnnie Cochran (uma pessoa), brandindo uma espada (uma ação) para um carro da polícia (um objeto). A rainha de ouros pode ser Ivana Trump, beijando um sapo. E Mike Tyson cantando uma canção de ninar para um bebê que chora pode ser o valete de paus. Quanto mais emocionalmente significativas forem essas imagens, mais fácil será a tarefa de memorizá-las. Se encontrarem esta sequência de cartas — ás de espadas, dama de ouros e valete de paus — eles fazem a seguinte combinação: o nome da primeira, a ação praticada pela segunda e o objeto da terceira. Neste caso, o resultado seria: "Johnnie Cochran beijando um bebê que chora" — uma bela imagem visual. Para encadear tudo isto com os outros grupos de três cartas no baralho, é preciso imaginar a mim mesmo deixando que as imagens de cada carta sejam associadas a lugares por onde passo habitualmente, em meu caminho para o trabalho. Para lembrar-me da ordem correta, eu me imagino percorrendo novamente o mesmo caminho que fiz, pela manhã, e revendo as imagens que associei aos lugares, cinco minutos antes. Quanto mais poderosamente evocativas forem as imagens, mais fácil será lembrar-me delas.

Você deve ter notado que cada uma dessas imagens, na verdade, coincide com a nossa definição de uma história: trata-se de um fato, envolvido em uma emoção, que leva a um momento de consciência (sobre em que lugar qual carta aparece), que transforma o mundo do concorrente, permitindo-lhe sair vencedor do concurso.

Assim, quando você estiver tentando fazer com que alguém se lembre de seus argumentos persuasivos, torne-os tão visualmente estimulantes quanto possível. Fazer com que os elementos visuais sejam altamente emotivos, irá dar-lhe uma dupla vantagem; e se eles puderem ser um tanto surpreendentes ou bizarros, tanto melhor. Conectá-los todos em uma sequência que possa ser recordada como uma história (o equivalente daquela caminhada, por lugares que conhecemos muito bem) é a cobertura do bolo.

Na maioria das vezes que estamos tentando persuadir alguém, ou fazemos isto pessoalmente, para podermos "fechar um negócio" antes que as pessoas percebam que foram persuadidas a fazê-lo, ou produzimos algumas linhas escritas em uma folha de papel com nossos planos para reforçar a memória dos nossos clientes. Porém, há dois lugares onde não podemos fazer nada disso e, justamente ali é onde o gerenciamento de nossa memória é mais importante: numa cabine de votação e numa sala de júri.

A inclinação que a memória tem para as emoções negativas (que são ainda mais facilmente acessíveis quando não se sabe exatamente a quem você está dirigindo a palavra) é um dos motivos pelos quais a propaganda política negativa é tão eficiente. Nos dias imediatamente anteriores a uma eleição, quando os candidatos estão desesperadamente lançando seus últimos argumentos na tentativa de persuadir a todo mundo quanto às suas posições, esse tipo de anúncio infesta as ondas de rádio e televisão. Quando eles são realmente efetivos, você não consegue tirá-los da cabeça — mesmo que sejam muito aborrecidos. Aqueles que se limitam a listar uma quantidade de fatos negativos são confrontados com outros, veiculados pelo lado oposto, com outros fatos negativos — até que todos vejam-se mergulhados em um lamaçal. E a lama atirada de um lado a outro parece não grudar, em nenhum deles. Contudo, os melhores anúncios são aqueles de que realmente nos lembramos, no momento em que estamos na cabine de votação (e que podem haver nos ajudado a escolher um ou outro candidato, em primeiro lugar): eles são emocionais, visuais e perfeitamente adequados a um contexto já estabelecido quanto ao candidato que visam promover.

Nos Estados Unidos, ninguém pode esquecer do comercial em que a porta de uma cela de prisão abria-se, enquanto Michael Dukakis permitia que Willie Horton, acusado de molestamento sexual, saía, livre, para pregar às nossas filhas inocentes; ou do anúncio com imagens de John Kerry praticando *windsurf*, enquanto, cavalheirescamente, mudava de assunto a cada vez que alguém tocava em um tema importante. Esses anúncios funcionaram. Porém, a mais efetiva peça de propaganda política negativa ainda é o filme chamado "Margarida", veiculado durante a campanha de Lyndon Johnson à presidência, em 1964, que lhe garantiu uma vitória avassaladora sobre Barry Goldwater.

O filme começa com uma linda garotinha — a própria imagem da inocência — em um campo coberto de margaridas. A câmera aproxima-se da menina, que vai despetalando uma flor, contando as pétalas com sua vozinha infantil: "Um... Dois... Três... Quatro... " Ela se confunde ao chegar ao número "sete" — pois ainda é apenas uma criancinha — e, quando a contagem chega a nove, ouve-se uma outra voz, que inicia uma contagem regressiva: "Dez... Nove... Oito..." Tratava-se de uma das vozes mais temidas da década de 1960: a voz friamente profissional de um piloto da Força Aérea, preparando-se para lançar um míssil. Então, a câmera focaliza apenas o rosto da menina, aproximando-se cada vez mais, até chegarmos a ver apenas o negro da pupila de um de seus olhos. Quando a contagem chega a "zero", a tela mostra a primeira explosão nuclear; logo, via-se o cogumelo atômico e uma tempestade de luz ofuscante. Então, ouve-se a voz de Lyndon Johnson, com seu característico sotaque do leste do Texas, parafraseando o poeta W. H. Auden: "É isto o que está em jogo: fazer um mundo em que todas as crianças de Deus possam viver, ou mergulhar na escuridão. É preciso amarmo-nos, uns aos outros, ou iremos morrer." A tempestade de fogo desaparecia em um fundo negro e a voz de um locutor, no final, reforçava a mensagem: "Vote em Johnson para presidente, em 3 de novembro. Não fique em casa pois há muita coisa em jogo".

O senador Eugene McCarthy, que conhecia duas ou três coisas capazes de fazer alguém perder uma eleição, disse que "Margarida" tratava-se da "mais eficiente peça publicitária da História norte-americana". O anúncio foi veiculado apenas uma vez; no dia 7 de setembro de 1964, em meio à exibição de um filme rotineiro. Ao menos, esta foi a única vez em que o filme foi veiculado como um comercial de TV comum. Quando o Partido Republicano percebeu o tamanho do "estrago" que o filme havia causado e resolveu manifestar-se a respeito, todos os noticiários do país reproduziram, alegremente, algumas de suas cenas mais impressionantes. Isto é o melhor exemplo de linguagem de televisão: uma história de horror completa, contada em trinta segundos, com uma moral fortemente inspiradora, no final. A revista *Time* reproduziu um fotograma do anúncio em sua capa. Ninguém jamais poderia esquecer-se daquele filme. O país inteiro não podia deixar de comentar sobre ele.

Certamente, o filme atende a todos os nossos critérios sobre persuasão hiper memorável. Trata-se de uma peça altamente emocional — afinal, quem não se comove diante da visão de uma garotinha inocente — e de uma poderosíssima simplicidade visual; mas, onde está o contexto? As pessoas insistem em dizer, até hoje, que o filme trata-se do anúncio mais negativo das campanhas publicitárias negativas — apesar de o nome de Barry Goldwater jamais ter sido sequer mencionado.

Nem era preciso, mesmo. Barry Goldwater era um brigadeiro-general da Guarda Nacional Aérea; e um piloto fanaticamente entusiasta, que adorava ser fotografado vestindo seu macacão de voo, subindo a bordo de seu avião de combate. Normalmente, uma imagem de virilidade machista; e um herói que pilota um avião de combate para defender seu país não é o mesmo sujeito capaz de lançar um ataque nuclear preventivo, que poderia dar início ao fim do mundo — mas é algo bem parecido. A imagem visual de Goldwater como um guerreiro dos céus, conectada à nossa lembrança do anúncio deixava poucas dúvidas sobre a quem pertencia aquela voz que fazia a contagem regressiva para o Apocalipse. Esta impressão foi reforçada por um versinho, fácil de lembrar, provavelmente escrito por algum redator desconhecido do Partido Democrata, que foi repetido por todo o país. O *slogan* da campanha de Goldwater era *"In your heart, you know he's right"* — "No fundo do seu coração, você sabe que ele tem razão". Os piadistas do Partido Democrata o fizeram ser substituído por *"In your guts, you know he's nuts"* — aproximadamente, "No fundo, no fundo, você sabe que ele é maluco". A piada "pegou", e Goldwater estava acabado. Depois daquele anúncio, ele jamais teve outra chance.

Contudo, nós não consideramos esta uma campanha puramente negativa, tal como, digamos, aquela contra John Kerry em sua prancha sobre as ondas — e este é um dos motivos pelos quais ela foi tão bem-sucedida. Não é possível vencer uma eleição convencendo as pessoas a não votarem (ainda que fazer com que os locais de votação sejam fechados mais cedo, ou causar panes nas urnas eletrônicas de certos distritos eleitorais ajude muito). Mesmo que um eleitor não fosse votar em Goldwater, isto não significaria, necessariamente, que ele iria votar em Johnson. Nos Estados Unidos, aliás, os eleitores sequer são obrigados a votar. Entretanto, o final daquele anúncio não estava focado sobre um problema a ser superado (o de uma possível guerra nuclear), mas, sim, sobre o papel do herói que iria superá-lo. Ficava claro que havia uma escolha moral a ser feita. Nós somos todos "crianças de Deus" e "devemos amar-nos, uns aos outros, ou devemos morrer." O anúncio engajava os espectadores em um combate profundamente espiritualizado. Quando se coloca as coisas desta maneira, que escolha nos resta? Fomos todos levados às urnas não para afastarmos o Mal, mas porque somos irresistivelmente atraídos pelo dever de apoiar o Bem. É esta atração pelo Bem que se encontra nos recônditos mais profundos de nossa natureza emocional.

***

Conectar as pessoas ao compromisso de "fazer a coisa certa" é o que os advogados sabem fazer melhor. E ninguém fez isto melhor do que Johnnie Cochran, durante sua argumentação, no julgamento de O. J. Simpson.

Segundo uma votação popular, promovida em 1999, pela rede NBC de televisão, nos Estados Unidos, o julgamento do ex-astro do futebol americano pelo assassinato de sua esposa, Nicole Brown Simpson e do amigo desta, Ronald Goldman, foi considerado o "julgamento do século", relegando a um distante segundo lugar o julgamento dos criminosos de guerra nazistas, ocorrido em 1946, em Nuremberg. O episódio também foi chamado de "um dramalhão da vida real". Estima-se que 91 milhões de espectadores assistiram — ao menos, em parte — à lenta perseguição automobilística que terminou com a prisão de Simpson. Quando o veredicto do júri foi transmitido pela TV, quase 150 milhões de pessoas — assombrosos 91% dos televisores ligados — estavam com os olhos grudados no vídeo, ao mesmo tempo. O julgamento capturou a imaginação e monopolizou a opinião popular a tal ponto que, quando Boris Yeltsin desembarcou de um avião, para uma reunião de cúpula com o presidente Bill Clinton, a primeira coisa que o estadista russo perguntou ao norte-americano foi: "Você acha que O. J. é mesmo culpado?" Todo mundo parecia ter uma opinião a respeito; mas apenas a opinião dos doze jurados foi realmente levada em conta.

Ponha-se, você mesmo, no lugar de um deles, no momento em que todos entraram na sala do tribunal. Você já presenciou o mais longo julgamento da história jurídica da Califórnia; ouviu 133 dias de depoimentos (somente a defesa, trouxe 72 testemunhas); e muitos desses depoimentos foram feitos em linguagem altamente técnica, acerca de provas obtidas com testes de DNA, numa época anterior ao sucesso de séries televisivas como *CSI*, quando este ainda era um assunto muito incomum. A exposição a algumas das provas apresentadas, tais como a gravação do telefonema de Nicole pedindo à polícia que mandasse alguém para impedir que O. J. arrombasse a porta e invadisse sua casa para agredi-la, foram dolorosamente comoventes. E ainda houve muitas surpresas e mudanças inesperadas nos rumos da história, incluindo o apelo da principal testemunha de acusação, Mark Fuhrman, à Quinta Emenda (para não se autoincriminar), ao ser chamado pela defesa para depor. Agora chegou o momento de você tirar suas conclusões sobre tudo isto e apresentá-las, aos olhos de todo o mundo. Por onde você começa? Dentre toda a quantidade de informação apresentada, o que teria sido realmente importante, para que você se lembrasse? Esta é uma tarefa quase sobre-humana.

Mas você tem algo a seu favor. Um pouco antes de entrar na sala do júri, para apreciar o caso e dar o seu veredicto, você escutou os argumentos finais da acusação e da defesa. E, tal como ocorre em todos os julgamentos, nesses momentos, tudo se resume a uma batalha de histórias.

A acusação tinha uma história clássica. Um marido ciumento, diante de provas da infidelidade de sua esposa (tudo bem: ex-esposa), quebra-lhe o pescoço e corta-lhe a garganta — e a garganta do homem que encontra junto dela. Se adicionarmos à história o toque racial, na qual o marido negro tem uma bela e jovem esposa branca, estaremos adentrando os domínios de *Otelo*, uma das peças mais encenadas de Shakespeare, que muitos de nós tivemos de ler no colégio — cujo contexto, por isso mesmo, está bem gravado em nossas mentes. O crime é visualmente impressionante: todos podemos imaginar o assassino surgindo das sombras, agarrando por trás sua vítima inocente, matando-a e fugindo dentro da noite. Já vimos isto em centenas de filmes, ao ponto da história parecer um clichê. Contudo, esta história era amparada por uma enorme quantidade de provas; ainda que muitas delas fossem excessivamente técnicas, confusas e tivessem sua autenticidade contestada pelas testemunhas de defesa. Entretanto, a quantidade delas era mesmo impressionante: suficiente para gerar 99 dias de discussões! Por isso, a promotora-assistente, Marcia Clark, encerrou o caso dizendo ao júri que, simplesmente, fizesse "a coisa certa". Olhe para a montanha de provas e junte-se às forças do Bem e da Justiça para evitar que mais mulheres sejam vitimadas por maridos violentos.

Eis aí uma história envolvente, com todos os nossos elementos. Quando a acusação terminou sua argumentação, Marcia Clark sentiu que havia ganhado a causa. Ainda que ela pudesse ter parecido excessivamente confiante, quem poderia culpá-la? Aquele tinha sido um julgamento muito longo e difícil.

Porém, a história que Johnnie Cochran tinha para contar ao público era ainda muito mais complexa: uma elaborada teoria conspiratória, na qual o Departamento de Polícia de Los Angeles tentava imputar a um homem inocente a culpa por um crime que a própria polícia não estava interessada em solucionar. Nesta história, o vilão não era um marido enlouquecido pelo ciúme; mas, sim, Mark Fuhrman, um ardiloso detetive racista, que não descansaria enquanto não destruísse a carreira e a reputação de um homem negro, rico e bem-sucedido, que ousara ter uma esposa branca e bonita. Para "comprar" esta história, o júri teria de ignorar uma montanha de provas e concentrar-se apenas nos elementos de que Cochran dispunha para sustentar sua argumentação. O mais significativo desses elementos era a famosa luva ensanguentada.

Foi esta luva manchada de sangue que o detetive Mark Fuhrman alegou haver encontrado — não na cena do crime, mas a quilômetros de distância, nos fundos da casa de O. J. Simpson. Na verdade, a apresentação da luva como prova jamais havia feito algum sentido: O. J. mata sua mulher usando luvas; retira uma delas e deixa-a no local do crime e, então, atravessa a cidade e deixa a outra, sob um vaso de plantas, em sua própria casa. A acusação tinha, de certa forma, uma explicação lógica para esta sequência de ações; mas, na melhor das hipóteses, ela poderia ser considerada frágil. Por si própria, a luva não era um elemento essencial para a argumentação da acusação; mas acabou tornando-se a peça central de um dos momentos mais constrangedores de todo o julgamento.

Encorajado por Johnnie Cochran, Christopher Darden, um bem-apessoado e carismático promotor-assistente negro (e "astro em ascensão", no Escritório da Promotoria Pública), pediu a O. J. Simpson para que calçasse as luvas supostamente utilizadas para cometer o crime. O que ele pretendia produzir era uma imagem forte, visualmente inesquecível: O. J. Simpson usando luvas, segurando uma faca. Mas isto não funcionou. Talvez o sangue tivesse contribuído para que a luva encolhesse; ou, talvez devido ao fato de O. J. Simpson estar usando luvas de látex, para preservar a integridade da prova física — o que teria tornado suas mãos ligeiramente maiores —; ou, ainda, porque ele teria passado toda a noite anterior golpeando suas mãos, para que inchassem (e todas essas hipóteses foram aventadas!), o fato é que a luva não lhe serviu. E, neste momento, a carreira de promotor público de Darden "foi para o espaço". O corpo de jurados, composto principalmente por idosas senhoras afro-americanas, simpatizava com Darden; e não pode evitar sentir compaixão diante de seu grande embaraço. A cena teria mesmo partido o coração de qualquer mãe.

Cochran, por sua vez, sintetizou o clima do momento em uma frase de efeito: *"If it doesn't fit, you must acquit!"* — algo como, "Se não servir, você tem de absolver!" E ele usou a mesma frase, várias vezes, durante o julgamento, diante de cada nova prova não muito consistente apresentada pela acusação, diminuindo-lhes a importância ou questionando sua autenticidade. Ele acertou ao fazer uma série de outras coisas também: ele garantiu que sua história tivesse um herói inocente e um vilão bem definido (chegando ao ponto de comparar Fuhrman com Adolf Hitler), e envolveu o júri na nobre causa do combate ao genocídio. Mas foi o recurso mnemônico de uma frase de efeito, que remetia imediatamente a um dos momentos mais emocionalmente carregados do julgamento — compartilhado entre todos os jurados —, que lhe permitiu "ganhar a parada". Se os jurados tivessem decidido aprofundar-se na montanha de provas, até conseguirem "pescar" algo dela, Cochran sabia que perderia a causa; mas, se ele conseguisse recordá-los, a todo momento, daquela maldita luva, ele venceria.

Após oito meses de julgamento, a deliberação do júri saiu em apenas três horas (e, segundo relatos de testemunhas oculares, a maior parte desse tempo foi gasta em conversas mantidas entre os jurados, dizendo quanto sentiriam saudades, uns dos outros, depois de todo aquele tempo de convivência compulsória). O. J. Simpson foi declarado inocente.

Quer O. J. Simpson tenha, realmente, assassinado sua esposa, quer ele tenha sido vítima de uma "armação" (ou *ambas* as coisas, segundo a nossa teoria favorita — embora admitamos que só gostamos dela porque rende uma história muito melhor), não importa. Para nós, o que importa é que Cochran utilizou todos os fatores necessários para gravar sua história na memória de sua plateia — o contexto, o reforço visual, frases de efeito e emoções poderosas — e persuadiu o júri a achar que a sua história — e nada além da sua história — era tudo o que aquelas pessoas precisariam lembrar.

E o que nós desejamos que você se lembre sobre este capítulo?

1. As emoções são essenciais para a formação de nossas lembranças; e nossa memória é a base que utilizamos para tomar decisões nos negócios.

2. O som da sua voz e a expressão em seu rosto são capazes de produzir emoções muito mais poderosas do que o significado das suas palavras; e as pessoas não conseguem separar estas duas coisas, porque são armazenadas simultaneamente pela memória. Quanto mais completamente você envolver o cérebro de seus ouvintes, maior será a sua chance de ser lembrado. A memória é holística.

3. O tipo de lembrança útil ou necessária aos negócios é, quase sempre, atrelado a uma narrativa. Você pode memorizar um número de telefone pela repetição constante; mas é muito mais fácil usar uma agenda. Para ser bem sucedido nos negócios, são as lembranças emocionais que realmente contam.

4. Elementos visuais e repetições verbais são recursos mnemônicos poderosos, que você deve utilizar, sempre que possível.

5. O contexto é a parte mais importante. Nós nos lembramos melhor de coisas que podemos associar com outras coisas ou padrões já conhecidos, e se elas seguem uma sequência lógica que já estamos acostumados a percorrer. Os padrões de pensamento mais poderosamente gravados em nossas mentes são aqueles que envolvem os cinco elementos utilizados para contar histórias: paixão, um herói, um antagonista, um momento de consciência e a transformação. O que quer que você faça, não se esqueça de utilizá-los.

Um problema comumente enfrentado pelos contadores de histórias no mundo dos negócios é que todos os seus "habitantes" parecem haver sido treinados para refrear suas próprias emoções. Em muitas ocasiões, esta é uma habilidade realmente necessária. Todos já estivemos presentes a reuniões em que tivemos de "morder nossas línguas". Mas a flexibilidade emocional é uma habilidade que pode ser perdida, para sempre, se não for constantemente exercitada, tal como a flexibilidade física. De outro modo, as emoções expressas em suas histórias podem parecer tão "engessadas", que mal serão percebidas; ou tão desastradamente exageradas, que parecerão histericamente impróprias. É preciso muita prática para acertar o equilíbrio perfeito. Eis aqui o que recomendamos.

Para os seres humanos, a voz — particularmente o tom da voz — é o principal recurso utilizado para despertar emoções. O treinamento vocal é uma arte, mas é fácil iniciá-lo. Comece, simplesmente, a cantar. Cante no chuveiro, a princípio: as paredes azulejadas darão uma bela reverberação ao som de sua voz; e a água quente proporcionará uma agradável sensação de relaxamento aos músculos de seu pescoço e seu peito. Mantenha-se respirando profundamente, com seu diafragma relaxado e sua garganta bem aberta; e, acima de tudo, aprecie o resultado. Você se lembra de como era divertido cantar quando você era criança? Pode acreditar: isto continuará a parecer divertido se você permitir-se envolver pela alegria de fazê-lo. Cante qualquer tipo de música: melosas canções de amor, hinos patrióticos ou religiosos, *rock'n'roll*, óperas italianas... Você está sozinho, debaixo do chuveiro; vá até onde o seu coração mandar. Mas vá, até o fim do caminho.

Quando achar que está preparado, você pode dar o próximo passo. Isto é um tanto assustador, por isso, leve alguns amigos junto com você para dar-lhe apoio emocional. Vá a uma casa de karaokê, suba no palco e cante. É provável que você se sinta muito envergonhado e nervoso no início. Isto é a adrenalina chegando à sua corrente sanguínea. Fugir ou lutar. É isto que você deseja sentir. Agora, controle sua energia emocional e canalize-a para a música que você está cantando para liberar as outras emoções mais sutis, contidas na letra da canção. Procure cantar uma música que você já tenha praticado no chuveiro, ou uma cuja letra você conheça bem, de modo a poder concentrar-se no que o ato de cantar aquela música diz a você. E observe a reação da plateia, em resposta aos seus esforços. Depois de fazer isto algumas vezes, levantar-se e dizer o que você realmente pensa a respeito das ideias cotidianas do seu chefe irá parecer-lhe algo muito mais fácil. Este é um dos motivos pelos quais o karaokê é muito utilizado no altamente estratificado mundo corporativo do Japão: trata-se de uma ótima ferramenta de treinamento para executivos.

***

7

Primeiro invente a doença

Nosso seriado de televisão favorito é *House*, o drama hospitalar estrelado por Hugh Laurie no papel do Dr. Gregory House, um médico misantrópico, brilhante e amargamente sarcástico, que age como uma espécie de "Sherlock Holmes" de doenças graves. Se você ainda não o conhece, faça um favor a si mesmo e assista a um ou dois episódios. Melhor ainda: compre o DVD com a primeira temporada da série e não deixe de assistir ao episódio-piloto e a um outro intitulado "Três Histórias". O criador da série, David Shore, ganhou um Emmy por este trabalho. Você não irá se arrepender por assisti-lo.

É difícil não gostar de um programa que reflete tão bem — e fielmente — a realidade emocional do moderno ambiente profissional norte-americano, no qual a chefe do herói — a Dra. Cuddy, diretora do hospital — pode dizer a ele: "Oh, eu conheço esta parte. É quando você faz alguma coisa para tornar minha vida miserável e, então, eu faço alguma coisa para tornar a sua vida miserável. Até que é divertido porque eu sempre venço. Eu tenho uma vantagem, logo de saída. Você já é miserável."

E House é, mesmo, miserável. Ele vive em constante sofrimento — como resultado de um erro médico, que o deixou com uma perna ruim e o hábito de tomar pílulas anestésicas como uma criança chupando balinhas Tic-Tac. Ainda que ele seja o mentor de um grupo étnicamente e sexualmente bem equilibrado de jovens e atraentes médicos (afinal, trata-se de uma série produzida para a televisão: por isso, todo mundo tem de ser relativamente jovem e muito atraente), ele é um chefe alegremente tirânico. Quando "baixa a bola", moderando apenas um pouco suas atitudes, ele trata as pessoas e a sua equipe de modo brutalmente sarcástico; mas, quando se encontra em seu estado "normal", é a sua crueldade natural que faz com que nos sintamos constrangidos. Ele é narcisista, obsessivo e até um tanto preguiçoso — recusando-se a trabalhar no pronto-socorro e escondendo-se em quartos de pacientes em coma para assistir a novelas de TV, sobre médicos e hospitais! Ele raramente encontra-se, em pessoa, com seus pacientes; e, quando faz isto, é apenas para submetê-los a algum tipo de exame invasivo e muito doloroso, ou apenas para amedrontá-los, por força do hábito. Sua visão de mundo é exposta claramente, em quase todos os episódios: "Todo mundo mente. A única variável é sobre o quê." Este é um ponto de vista que a maioria de nós não gostaria de compartilhar.

Mas, mesmo assim, ele é o herói do seriado! É verdade, nós dissemos que nossas histórias deveriam conter um herói com algumas imperfeições, para que a plateia pudesse identificar-se mais facilmente com ele; mas Gregory House parece levar este princípio longe demais. Contudo, enquanto seriado de TV e enquanto herói, House funciona. A série conquistou seu espaço na programação desde sua estreia, em 2004; e conta com uma crescente legião de fãs, que coleta, reproduz e compartilha suas tiradas sarcásticas pela internet. Em 2005, Hugh Laurie ganhou um prêmio Golden Globe — considerado, em Hollywood, como um verdadeiro "atestado de popularidade" — por sua interpretação de um personagem que não tinha nada para tornar-se popular.

Então, por que ele deu certo?

Um das razões para o sucesso tão grande de *House*, a série, é que, por mais reprovável que seja o comportamento de House, o personagem, aquilo contra o que ele luta — o seu antagonista — é algo tão pior do que ele mesmo, que todos nos dispomos a perdoá-lo e a ficarmos do seu lado.

Semana após semana, House enfrenta alguma doença obscura e muito insidiosa. Geralmente, o mal ataca alguém muito atraente (é um seriado para a TV, lembra?), é quase sempre fatal e avança muito rapidamente. Os espectadores são apresentados ao antagonista da semana — a doença — logo na cena de abertura, quando o futuro paciente de House manifesta os primeiros sintomas. Estes sintomas são sempre visualmente apavorantes e, muito frequentemente, nauseabundos. Uma professora começa a dizer coisas sem sentido, para uma classe do segundo ano do ensino fundamental e desaba, diante das crianças apavoradas, em meio a terríveis convulsões. Os fundilhos das calças de um garotinho repentinamente ficam ensopados de sangue, enquanto ele sofre um explosivo ataque de diarreia hemorrágica. Uma das "assinaturas" visuais da série leva o espectador a explorar o interior do corpo da vítima, movendo-se ao longo de sua corrente circulatória ou através dos feixes de nervos que levam até seu cérebro, de modo a nos fazer ver claramente o dano físico que a doença está causando, com grande riqueza de detalhes.

Uma vez que tenhamos nos encontrado com o inimigo, estamos prontos para juntarmo-nos a House no que, a despeito de suas falhas de caráter, é sempre um bom combate. É isto o que um bom antagonista faz: ele ajuda a plateia a comprometer-se emocionalmente com a causa do herói da história.

***

O antagonista é o terceiro dos cinco elementos da nossa história. É o antagonista quem impede o herói de atingir sua meta. Se compreendermos o antagonista, compreenderemos a história. Na ficção, o antagonista geralmente é personificado como um vilão, porque o que as pessoas compreendem mais facilmente são outras pessoas. Contudo, *House* é a prova de que nem sempre as coisas precisam ser assim. Se você é um médico, seu antagonista é uma doença. Se você estivesse a bordo do Titanic, seu antagonista seria o próprio navio, à medida que naufraga. Se você é um projetista de aviões, seu antagonista será a resistência do ar. Mas um antagonista sempre requer um herói que entre em ação e o combata. O combate irá requerer energia, e a energia será liberada, de acordo com nossa resposta ao impulso de fugir ou lutar. Uma vez que há adrenalina envolvida, este será um processo emocional. Dizemos que o antagonista corresponde ao elemento água; pois, sem um bom antagonista, sua história carecerá de fluidez e de movimento. É por isso, também, que o antagonista está no próprio coração da história, pois é a partir da interação entre ele e o herói que ocorrerá a liberação das emoções.

Como vimos no capítulo anterior, sem emoções, sua história não será lembrada; e, neste caso, é melhor você poupar o trabalho de contá-la. Porém, ainda mais importante é o fato de que sem emoções sua história não se sustentará por tempo suficiente para que seu cliente ou consumidor preste-lhe atenção até que você chegue ao ponto desejado. Na ausência de um antagonista à sua altura, tal como faz o Dr. House, seu cliente irá voltar suas atenções para outra coisa: novelas na televisão, videogames jogados mentalmente, ou a criação de novas maneiras de tornar miserável a vida de sua chefe. Dê-lhe um bom antagonista e você terá não apenas a sua atenção, como ele também estará ao seu lado, apoiando-lhe e torcendo por você, e, até mesmo, juntando-se a você para combater na batalha.

Felizmente, como contador de histórias, o antagonista é o elemento sobre o qual você pode exercer maior controle. Para contar histórias "comerciais", sua paixão — sua motivação — é, com frequência, uma condição. Você, sua empresa ou sua equipe são reflexos de quem você é. Você pode motivar sua equipe e pode escolher a identidade corporativa certa para ela, mas você não pode ser "tudo", para todo mundo. Aliás, você nem deve tentar fazer isto: esta é uma receita infalível para o desastre. Você pode controlar os seus objetivos. Você determina a meta a ser atingida e o obstáculo que o impede de atingi-la, a qualquer momento. Porém, como você define esse obstáculo — quão bem você e sua equipe podem compreender seu antagonista — é algo que tem muito a ver com o sucesso ou o fracasso. Escolha o "inimigo" certo e você já terá percorrido mais de meio caminho para a vitória. Escolha o inimigo errado (ou, pior ainda, hesite ao escolher um e permaneça sem um foco) e a história da sua equipe irá mergulhar, de cabeça e em parafuso, na derrota.

Por isso, seja cuidadoso. O antagonista é o gatilho que dispara a liberação das emoções na sua história; e, como qualquer adolescente perdidamente apaixonado sabe muito bem, as emoções costumam fugir facilmente ao controle, e podem tornar-se verdadeiras facas de dois gumes. Mas isto não irá acontecer a você — ou, ao menos, é pouco provável que aconteça, se você continuar lendo. Como disse Sun-tzu, em seu livro *A Arte da Guerra*, "Conheça seu inimigo e conheça-se a si mesmo; e em mil batalhas você não será derrotado." Então, vamos partir para a briga! Mas, antes, é melhor termos uma boa noção sobre a briga em que estamos para entrar.

É exatamente isto que o Dr. House faz, durante a maior parte de cada um dos episódios da série. Enquanto faz isso, ele percorre cada um dos nossos cinco elementos que fazem uma boa história, em sequência. Assim que a história começa, imediatamente nos deparamos com uma pessoa por quem sentimos empatia:

uma criança, uma professora ou um policial. Esta é acometida por um mal desconhecido, no auge de sua saúde e juventude; e nossa paixão por ela (ou melhor a paixão que sentimos *com* ela; nossa *compaixão*) desperta. Quanto mais nos importamos com ela, mais a história do episódio prende nossa atenção. Logo após a apresentação dos créditos iniciais, encontramo-nos com nossos heróis — House e sua equipe, a cujos pontos fortes e fracos já fomos apresentados, na semana anterior, e cujos pontos de vista podemos compreender e aceitar, confortavelmente. Então, pelo resto da duração do episódio, assistimos à luta de House para descobrir o que ele está realmente enfrentando. Se fosse uma doença comum, House saberia, no mesmo instante, como curá-la (na verdade uma doença comum iria entediá-lo e ele não daria atenção ao caso — nem nós poderíamos culpá-lo por isto, pois se fosse uma doença comum, nós teríamos mudado de canal); mas o antagonista desta semana parece ser algo diferente. Além de insidioso, ele é raro e exótico; e parece modificar-se até sugerir tratar-se de algo completamente diferente do que pensávamos, a cada intervalo comercial. O momento do "gancho", ao final de cada bloco, libera adrenalina em nossos corpos, em quantidade suficiente para garantir que nos lembraremos dos comerciais que virão a seguir (que, afinal, representam as empresas que realmente pagam para que tenhamos estas nossas pequenas aventuras emocionais). A doença desta semana se oculta detrás de uma lista de sintomas que parecem não fazer sentido, ou nos deixa com uma quantidade enorme de possibilidades mutuamente excludentes (esta situação não lembra muito um dia típico de trabalho, no escritório?). Será necessário um médico com uma certa genialidade para descobrir-lhe o nome. Mas, assim que o mal é identificado, tal como acontece com o duende Rumpelstiltskin, é imediatamente derrotado. Quando House conhece seu antagonista, a cura geralmente é rápida.

O repentino *insight* — aquele momento de consciência, no qual House consegue perceber tudo — geralmente chega enquanto ele revê e repassa toda a informação que dá voltas em sua cabeça, em busca de uma história que faça sentido. Quase sempre, isto ocorre quando ele olha fixamente para um quadro-branco, diante de si, no qual estão listados todos os sintomas do mal, enquanto gira entre seus dedos a bengala que sua própria deficiência o obriga a usar. Isto é um evidente sinal identificável da grande qualidade dramática de Hugh Laurie; nós realmente podemos vê-lo pensando profundamente nas coisas. Ele está, literalmente, absorvendo toda aquela informação, levando-a para dentro de si mesmo e lutando com ela. Esta é uma das principais funções do antagonista: fazer com que internalizemos a história. O herói nos dá um caminho, através da história; mas é o antagonista que faz com que apanhemos este caminho e o percorramos, tornando-o nosso. Às vezes, a solução do enigma chega a House quando ele nota um detalhe ínfimo, quase imperceptível, no comportamento do paciente, ou quando entreouve um pedaço de conversa ou comentário aparentemente sem nenhuma relação com o caso. Todavia, quando chega a ele, a resposta o faz sempre em um momento de pura inspiração.

Depois disso, a cura é rapidamente obtida e a transformação é completa, quando o — agora, saudável — paciente sai do hospital e deixa House combatendo seus próprios demônios, à espera de que sua capacidade seja novamente requisitada, na próxima semana. Paixão, um herói, um grande antagonista, um momento de consciência e uma pessoa doente, que é transformada em alguém saudável. Todos os cinco elementos, bem contados.

Esta é uma das razões porque recomendamos aos nossos clientes que assistam ao seriado *House*: ele confirma a nossa teoria. Nós dizemos — e os psicólogos cognitivos confirmam — que os seres humanos costumam organizar quase todas as suas experiências em forma de histórias; contudo, há histórias e histórias. Quando se busca entender algo tão efêmero e inconstante como as fontes das reações emocionais dos seres humanos, o estudo e a análise de obras ficcionais é de grande ajuda; pois, nestas, as coisas não poderiam ser mais bem colocadas em "preto no branco". Todos nós já experimentamos o ciúme; mas, se você quiser realmente entender o ciúme, leia *Otelo*, de Shakespeare.

Há outro motivo para sugerirmos que se assista a *House*: o mundo da medicina funciona, realmente, tal como no seriado. Algumas grandes companhias farmacêuticas têm obtido, sistematicamente, lucros recordes em seu setor de mercado, apesar de enfrentarem obstáculos significativos em termos de marketing. Portanto, se pudermos entender como elas fazem isto — e, mais especificamente, como elas utilizam a força de um antagonista para fazê-lo —, estaremos no caminho certo para ganhar muito dinheiro e vencer nossos próprios embates mercadológicos.

Em média, a indústria farmacêutica costuma gastar doze anos e cerca de 1,8 bilhões de dólares em pesquisa e desenvolvimento de cada nova "droga milagrosa" que lança no mercado. A maior parte dessa verba é investida muito antes que haja qualquer tipo de garantia de que a nova droga irá funcionar; por isso, alguns poucos casos bem-sucedidos acabam tendo de financiar os custos de todos os fracassos prévios. Mesmo quando a equipe de pesquisas de um determinado laboratório encontra uma droga efetiva, a "janela" de tempo e oportunidade para comercializá-la é extremamente reduzida. A patente que garante exclusividade ao laboratório é válida por apenas vinte anos antes que a droga possa ser sintetizada por outros laboratórios (que "atacam" o laboratório pioneiro como um cardume de piranhas, na primeira oportunidade), na forma de medicamentos genéricos. Na verdade, o próprio laboratório original pode começar a comercializar a droga na forma de um medicamento genérico antes que o prazo da patente expire, para conseguir obter alguma vantagem neste mercado secundário — mas, ao mesmo tempo, reduzindo ainda mais o período em que poderia explorar sua lucratividade. Isto sem contar a possibilidade — sempre muito concreta — de que um outro laboratório descubra uma droga ainda melhor, dentro do prazo de vinte anos, e esta venha a tornar-se a droga de referência para o tratamento de alguma doença, deixando o laboratório pioneiro a "comer poeira" no mercado.

Some-se a isto o fato de não existir algo como o conceito de "fidelidade à marca", quando se trata de drogas farmacêuticas (se eu gosto do meu Mustang, estarei muito inclinado a comprar um outro carro da Ford, no futuro; mas, seu eu tomo Lipitor, nem vou querer saber se ele é produzido pela Pfizer); e que o nome escolhido para batizar a nova droga poderá até vir a tornar-se bem conhecido dos aficionados por palavras cruzadas, mas, dificilmente, irá "cair na boca do povo" (todos os nomes assim já foram registrados, há muito tempo; e ainda são utilizados). Por isso, é fácil perceber que trabalhar na indústria farmacêutica não é recomendável para quem tenha o coração fraco.

No entanto, essas companhias têm algumas coisas a seu favor. Em primeiro lugar, elas são administradas por gente muito, muito esperta. Talvez, pelos executivos mais espertos do país. Possuir apenas um grau de mestrado dificilmente leva alguém à sala da diretoria nessas empresas. E a evolução demográfica também atua em favor delas: à medida que a população passa a viver por mais tempo, mais gente consome o que elas produzem. A cada ano, novas descobertas transformam doenças, antes incuráveis, em fontes de lucro potencial para essas empresas. Porém, a maior coisa que elas têm a seu favor é o seu antagonista. Tal como o Dr. House, elas combatem o inimigo certo; por isso, nós nos colocamos do lado delas, torcendo por elas. Se fico doente

— ou, mais ainda, se meus filhos ou meus pais ficam doentes —, pagarei qualquer custo e farei o que for preciso para que eu ou eles fiquemos bem, logo. Emocionalmente, não há mais nada que eu possa fazer; e são as emoções que determinam as ações — ao menos, elas determinarão minhas ações, se eu puder focalizá-las adequadamente. Se não forem focalizadas, as emoções podem, facilmente, levar a uma paralisação total (lutar ou fugir, lembra?); mas, focalizadas em quê? No antagonista, é claro. Mas antes que eu possa focalizar você para que compre o meu novo medicamento e derrote o nosso inimigo comum, como faz o Dr. House, eu tenho de dar um nome a esse inimigo. A indústria farmacêutica chama a este processo de "inventar a doença".

Naturalmente, a doença já existe. Quando a indústria farmacêutica dirige-se a gente que possa considerar esta expressão como algo criado pelo próprio "Gênio do Mal", ela refere-se ao processo como "atender a necessidades insuspeitas" ou, de maneira ainda mais obscura, "inventar a chave certa, para a fechadura certa". Mas a expressão usada mais correntemente, entre as pessoas deste ramo, é a que possui a maior carga emotiva — e, portanto, a mais fácil de ser lembrada: "inventar a doença". Mas, inventá-la onde? Na mente de seu público-alvo: os médicos que receitam as drogas que a indústria produz.

Médicos são seres humanos profundamente comprometidos, em nível emocional, com o alívio da dor e do sofrimento alheios. Se não o fossem, não se haveriam disposto a passar pelo extenuante processo de tornarem-se médicos. Por isso, a indústria farmacêutica tem toda a sua atenção. Contudo, há três razões principais pelas quais eles podem não prescrever uma droga que curaria uma doença:

• Primeiro: eles podem não ver a doença, absolutamente, como uma doença; mas como parte do processo natural de envelhecer. Não é possível curar o envelhecimento: o máximo que pode ser feito é tratar seus sintomas.

• Segundo: o médico pode saber tratar-se de uma doença; mas, se não houver cura para ela, ele simplesmente a afastará de seus pensamentos, tão rápido quanto possível. A triagem — a arte de distinguir os casos que podem ser tratados e curados rapidamente daqueles que não podem, e de estabelecer prioridades — é uma das primeiras habilidades que os médicos adquirem, quando ainda são residentes em algum hospital de emergência; e o juramento de Hipócrates reza: "Em primeiro lugar, não cause nenhum mal." Apenas um médico poderia ter tanta energia emocional. Eles têm de saber escolher as batalhas que irão lutar. Se não existe a possibilidade de cura, é melhor não insistir, e passar ao próximo caso. Isto é melhor para o médico, e melhor para o paciente. Se começar a experimentar, fazendo vários exames, ele pode piorar as coisas.

• Terceiro: o paciente pode não saber que está doente, ou pode sentir-se envergonhado demais para contar os detalhes de seu mal ao médico. É este o sentido que o Dr. House pretende exprimir, quando diz que "todo mundo mente". Por isso, parte do processo de "inventar a doença" é dizer aos médicos para quais sintomas físicos eles devem atentar ao examinar seus pacientes, que podem não saber do mal que sofrem; e, outra parte do processo é fazer com que os pacientes saibam que é correto contar aos médicos sobre todos os sintomas que venham a notar, em si mesmos — e que isto não é apenas "gostar de se queixar". É por isso que a Comissão Federal de Comunicações — um órgão governamental norte-americano, que regula o conteúdo das transmissões de rádio, televisão e telecomunicações — passou a permitir a veiculação de anúncios publicitários de medicamentos vendidos apenas sob prescrição médica; como forma de auxiliar na educação popular, fazendo com que as pessoas possam sentir-se mais à vontade para falar abertamente com seus médicos.

Quando uma companhia farmacêutica prepara-se para lançar uma nova droga, ela sempre irá deparar-se com uma combinação destes três problemas; apenas a "dosagem na mistura" deles será diferente. Quando a Amgen preparava-se para lançar o Kineret — a primeira de uma nova classe de drogas destinadas ao tratamento da artrite reumatoide —, a companhia teve de lidar com uma combinação dos problemas um e dois. Pessoas que sofrem de artrite não se envergonham de falar a respeito porque sentem dores; e, mesmo que não falassem, o inchaço de suas juntas denunciaria, sob um exame superficial, o mal de que sofrem. Assim, o problema número três não era motivo para grandes preocupações. Os médicos sabem que a artrite reumatoide é uma doença, mas a situação complica-se devido ao fato de existirem dois tipos diferentes de artrite. Ambos apresentam sintomas semelhantes; mas a osteoartrite é, de longe, a mais comum, afetando cerca de 20 milhões de pacientes nos Estados Unidos. Também conhecida como "artrite degenerativa", este tipo de mal é decorrente do envelhecimento; e, ainda que novas formas de tratamento tenham surgido recentemente, a medicina não tem muito a oferecer aos pacientes além do mero alívio da dor. A outra forma de artrite, a artrite reumatoide, é uma doença do sistema autoimune. Por razões que mal começamos a compreender, o corpo ataca suas próprias cartilagens, como se estas fossem corpos estranhos. Apenas cerca de 2,1 milhões de pessoas sofrem deste mal nos Estados Unidos; mas seu sofrimento é intenso e incapacitante. E, uma vez que se trata de uma doença, no sentido clássico, uma cura pode vir a ser possível. Quando os cientistas descobriram que um dos motivos do inchaço causado pela artrite reumatoide era a produção excessiva de uma proteína específica — a interleucina-1 —, uma equipe de pesquisadores da Amgen começou a desenvolver uma droga capaz de bloquear os efeitos dessa proteína. Se funcionasse, a droga seria uma nova maneira de combater diretamente a doença, em vez de apenas minorar a dor decorrente dela. Porém, uma vez que tanto a osteoartrite quanto a artrite reumatoide vinham sendo, havia anos, consideradas como doenças incuráveis, os médicos tratavam as duas da mesma maneira, sem preocupar-se em distinguir que forma particular da doença acometia a cada paciente. Se a forma de tratamento para ambas era a mesma — pílulas de algum analgésico —, por que preocupar-se com exames caros? Não importava quão eficiente a nova droga da Amgen pudesse ser, teoricamente; se não fosse parar nas mãos das pessoas que necessitassem dela, não seria útil a ninguém. A Amgen teve de dirigir-se pessoalmente a quase duzentos médicos, para que a artrite passasse a ser vista sob uma ótica diferente.

Em vendas, como para contar piadas, o *timing* é tudo (pergunte a Jack Benny, que foi o melhor "vendedor de piadas" que já existiu). Se a Amgen tivesse começado a reinventar a doença cedo demais — falando sobre a artrite reumatoide antes da aprovação de sua nova "droga milagrosa" —, só teria conseguido aumentar a sensação de impotência de todo mundo. Mas toda a questão de reinventar uma doença passa, obrigatoriamente, por conceder maior poder aos médicos, apontando-lhes a existência de um inimigo que eles, agora, possam derrotar. Por isso, a Amgen esperou pelo momento certo e, então, financiou uma série de estudos científicos sobre a conexão existente entre a artrite reumatoide e a interleucina-1. A companhia chegou mesmo a editar um vistoso compêndio médico e a manter um *website* com fóruns de discussão sobre o assunto. Nada diferente do que é feito quando se lança um novo filme ou uma campanha política. Ao fazer isto, a Amgen estava definindo a doença no nível em que a companhia seria vista mais facilmente como a vencedora de qualquer competição. Nas mentes dos médicos que liam os artigos, a artrite, agora, tornava-se um problema molecular: uma versão do velho tema de moléculas boas que se transformam em moléculas más. E o que se usa no combate às moléculas más? Moléculas boas — na forma de uma nova e maravilhosa droga, o Kineret (embora a Amgen, sensatamente, não tenha tentado "empurrar" ostensivamente a sua solução na primeira onda de artigos e relatórios publicados, guardando este "trunfo" para mais tarde).

Este tipo de pesquisa financiada pela indústria farmacêutica esteve no centro de grandes controvérsias, recentemente; mas, no caso da Amgen, a companhia não pôde ser acusada de manipular os dados obtidos. Nem seria necessário que o tivesse feito; por isso, a companhia não interferiu, de modo algum, nas pesquisas. No entanto, ela coordenou suas iniciativas. De que maneira? Por meio de uma combinação de cores. A cada vez que alguém escrevia à companhia pedindo uma cópia impressa dos artigos, ou visitava o *site* na internet, deparava-se com a mesma combinação de cores que iria terminar identificando as embalagens de Kineret, quando a droga fosse lançada. Se a Amgen iria gastar dinheiro para definir um inimigo, ela também iria tornar mais fácil identificar as armas destinadas a combatê-lo — mesmo nas prateleiras atulhadas das farmácias. Como dissemos, as pessoas que dirigem essas companhias são muito, muito espertas.

Cerca de um ano antes que a droga estivesse disponível, a Amgen passou a veicular mais ativamente os resultados dos testes que comprovavam a eficácia do Kineret. Não apenas para "fazer alarde" — algo mais relevante para o preço das ações da companhia do que para os médicos —, mas para estabelecer sua credibilidade. Esses testes geraram uma enorme quantidade de dados; principalmente, de números. Médicos são treinados para raciocinarem criticamente; e, se não tiverem montes de números em que basear sua confiança, eles não levarão você a sério. Mas, números traduzem apenas fatos, despidos de emoções; e nós sabemos que isto não é suficiente. Os números dão aos médicos a permissão intelectual para receitarem o medicamento; mas não lhes dão uma razão emocional para que, realmente, façam isso. Para tanto, a informação tem de chegar a eles de maneira mais pessoal.

Como disse Stalin, certa vez, "Uma morte é uma tragédia; um milhão de mortes é uma estatística." E estatísticas são... Bem, estatísticas. Quando se está interessado em "inventar uma doença", é preciso dar ao inimigo um rosto identificável. Escolher cuidadosamente os casos estudados pode fazer isto. Não muitos; entre três e cinco, são suficientes. Os testes a que uma droga é submetida envolvem centenas, senão milhares, de pacientes; mas, um médico, individualmente, não tem centenas de pacientes portadores de artrite reumatoide: ele atende a uns quatro, ou cinco. Então, dê-lhes exemplos claros de pessoas que, provavelmente, pareçam-se com gente que ele vê, todos os dias, e ele poderá internalizar o que você está lhe dizendo — e lembrar-se disso, e tornar-lhe parte de suas práticas cotidianas. Tudo o que eles pedem são exemplos de histórias reais, sobre como a droga auxiliou no tratamento de pessoas reais. E, é claro, foi isto o que a Amgen fez.

O resultado desses esforços foi uma nova compreensão sobre a artrite reumatoide, por parte dos médicos, e à deflagração de uma demanda reprimida, à espera da liberação do Kineret, que rapidamente tornou-se um produto muito lucrativo. Mais importante do que isto, a droga chegou às mãos de quem realmente necessitava dela, e pôde contribuir para o alívio do sofrimento humano. Além disso, um inesperado e positivo efeito colateral surgiu, fazendo da droga um recurso promissor no combate a alguns efeitos do Mal de Alzheimer. Existem maneiras óbvias de manipular este sistema para a obtenção de finalidades escusas; mas, de modo geral, achamos que ele é bastante eficiente. E definir claramente um antagonista é a principal razão pela qual ele funciona. Se a Amgen não tivesse feito isso, o Kineret ainda estaria na prateleira de algum laboratório, e muita gente ainda estaria sofrendo.

Dos problemas que discutimos — quanto a não tratar-se de uma doença, de não existir cura para ela, ou de não ser percebida e comentada — o único que a Amgen não teve de enfrentar (ou teve de enfrentar em menores proporções do que os outros) foi quanto aos pacientes não comentarem com os médicos a respeito do mal que os afetava. Porém, no caso de histórias comerciais, frequentemente, este é o primeiro problema — e o mais premente — pelo qual o seu antagonista irá passar.

Todo mundo mente; particularmente, para si mesmo. Clientes e consumidores podem não saber muito bem por que têm um problema; e a ansiedade gerada por isso, quase sempre, resolve-se através da negação da existência do problema, pura e simplesmente. Este fator é duas vezes mais forte, caso você esteja tentando levar um projeto adiante, subindo pela hierarquia corporativa. Geralmente há uma forte resistência institucional à discussão de problemas reais. Carreiras e preços de ações podem ser negativamente impactados, e todo mundo teme ter seu próprio nome associado ao fracasso. E, se existe um problema, certamente não será alguém posicionado nos níveis hierárquicos mais baixos que estará apto a vê-lo com clareza e a solucioná-lo. O simples fato de você ser capaz de identificar e definir o problema pode significar uma ameaça para pessoas com quem você precisará contar, do seu lado.

Nesta situação encontrou-se a Pfizer, quando descobriu que o composto chamado sildenafil — que estava sendo testado como uma droga para o tratamento da angina — apresentava um surpreendente efeito colateral, proporcionando poderosas ereções aos homens testados. Antes que pudesse comercializar a nova droga sob o nome de Viagra, a companhia precisaria reinventar a impotência masculina como um problema que os homens pudessem — dissemos "pudessem"; talvez! — admitir de que sofriam.

Como isto foi feito e como o Viagra tornou-se uma das drogas de maior sucesso dos últimos dez anos, é um grande exemplo a ser analisado, de como utilizar — bem! — a natureza fluida do antagonista. Tal como as doenças enfrentadas pelo Dr. House, o antagonista da sua história precisa estar constantemente mudando e revelando novos aspectos de si mesmo. Isto não apenas amplia o seu mercado potencial, com também mantém sua história emocionalmente vibrante e viva. A única emoção que você não quer que a sua plateia experimente é o tédio.

Sexo é algo embaraçoso. Mesmo o sexo bom, que você tem com quem ama, se visto objetivamente, é uma coisa um tanto constrangedora. Felizmente, para o bem da continuidade da nossa espécie, nós não costumamos olhar para o sexo desta maneira; e, em vez disso, o envolvemos num casulo feito das nossas mais profundas e cordiais emoções. Emoções produzem ações; mas essas emoções são tão intensas que têm de ser tratadas com muita delicadeza. E o sexo é uma das três coisas que o homem médio acredita ser capaz de fazer melhor do que a maioria (as outras duas coisas são dirigir um automóvel e contar piadas). Desde o início de sua idade adulta, a maioria dos homens costuma passar muito tempo em grupo, gabando-se de suas aventuras sexuais; mas todos são muito reticentes quando se trata de discutir seus fracassos sexuais, mesmo entre seus amigos mais chegados — porque, se fizerem isto, é provável que sejam ridicularizados. O Viagra seria uma droga comercializada apenas mediante prescrição médica; portanto, para obtê-la, seria necessário *falar* com um médico. Diferentemente da artrite ou de um sopro cardíaco, a impotência masculina não apresenta nenhum sintoma externo identificável sob um exame clínico superficial. A menos que o paciente diga ao seu médico que tem o problema, esta condição clínica permanecerá oculta.

Quando indagados, ao final de uma consulta médica, se não há mais nada que os incomode, a maioria dos homens responde "Não" — não apenas porque todo mundo mente, mas, em grande parte porque antes da Pfizer haver reinventado a doença, a maioria dos homens não via a impotência como um problema médico. Eles viam isso como um grande defeito particular. Um defeito particular cuja negação era, frequentemente, disfarçada como uma questão de opção individual ("Hoje não estou com vontade, sabe?") ou convertida em culpa da parceira, por não ser mais capaz de "acender a chama" — questões que "resolviam-se" na intimidade emocional, resultando, frequentemente, em uma frustração silenciosa. A Pfizer tinha de fazer com que os homens se dispusessem a levantar-se e a lutar.

É um fato que os níveis de produção de testosterona decrescem, com a idade — e a libido masculina tende a acompanhá-los. Por isso, uma solução química para o problema parecia lógica. Contudo, há pouca coisa lógica, com relação ao sexo. A Pfizer teve, portanto, de fazer um trabalho "sob medida", para esta situação. Convencer duzentos médicos de que havia uma cura para o problema não seria suficiente. Seria preciso convencer cem milhões de homens norte-americanos de que, se tivessem esse problema, conversar a respeito poderia ser de grande ajuda; e ninguém iria ridicularizá-los, se o fizessem.

A primeira coisa que a Pfizer tinha de fazer era mudar o nome do problema. "Impotente" significa "sem poderes" — e, se não se tem poderes, não se pode mudar nada; então, de que adianta preocupar-se com isso? A condição clínica precisava ser reinventada. E, assim, o foi, passando a ser chamada de "disfunção erétil". A Pfizer também encontrou o porta-voz certo para ajudá-la a concretizar esta mudança, na pessoa de Bob Dole. Se impotência significava ausência de poderes, poder contar com um dos políticos mais poderosos do país (Dole concorrera à presidência dos Estados Unidos, o cargo do "homem mais poderoso do mundo") como porta-voz ajudaria a provar que a disfunção erétil não era nada disso. Durante a campanha presidencial de 1996, Dole foi frequentemente mencionado como um herói de guerra; portanto, sua virilidade e sua coragem eram indiscutíveis. E, moralmente, ele era irrepreensível. Se ele podia sofrer dessa nova doença erétil, então, qualquer homem também poderia.

Dole apareceu em vários programas de televisão e, no programa de entrevistas *Today*, falou abertamente sobre o assunto — o que apenas serviu para reafirmar sua coragem, pois trata-se de algo que muitos homens têm medo até de pensar a respeito, imagine de admitir. O fato de ele haver sido muito bem pago para fazer isso apenas reforçou sua imagem de vencedor poderoso. Ele não aparecia nos programas para lamentar-se sobre seus problemas, como um pobre coitado; ele estava ali ganhando muito dinheiro. O que poderia ser mais autenticamente norte-americano do que isto? O fato de ele ter os movimentos de seu braço direito comprometidos devido a um ferimento ganho em combate ecoava no fundo da mentalidade nacional, enquanto o povo o ouvia falar, acentuando as características freudianas de sua mensagem. Ele era o porta-voz perfeito para este estágio da promoção do produto da Pfizer.

Devido ao fato de ser um sujeito de fala mansa e clara, com um leve sotaque do Kansas e um senso de humor autodepreciativo, parecia natural que Dole se referisse à sua disfunção erétil de maneira mais simples e menos amedrontadora, tratando-a como "ED" — uma sigla para a expressão *erectile dysfunction*, em inglês. Do mesmo modo como outras doenças também são comumente chamadas por siglas, em inglês — "TB" (*tuberculosis*) é tuberculose; "MS" (*multiple sclerosis*) é esclerose múltipla —, "ED" também passou a ser o nome de uma delas. E, se é uma doença, você toma um remédio para curá-la. Mas ED também é um nome comum: o apelido do prenome Edward. E todo mundo conhece um Edward. Nós, provavelmente, conhecemos vários. Todos nós podemos dar uma surra no Edward, se quisermos. Se o nome da disfunção erétil fosse abreviado para algo que soasse como "Tyson", ou "Maguila", talvez isto nos fizesse parar e pensar; mas, Ed... Ora! Qualquer um pode dar um chute no traseiro do Ed. Nós só precisamos falar com o nosso médico, primeiro; e, então, podemos partir para a briga e enfrentá-lo, com grandes chances de vencê-lo, facilmente.

Contudo, fazer com que um homem não se sinta um ser destituído de poderes ao ter uma conversa com o seu médico não é a mesma coisa que fazer com que ele fique muito interessado e ansioso para tê-la.

Para isto, a Pfizer teve de lançar o segundo estágio de sua campanha de promoção, redefinindo, mais uma vez, o inimigo e tornando seu público-alvo mais propenso a tomar a atitude de enfrentá-lo. Todo mundo faz sexo, assim como todo mundo dirige automóveis. Mas ninguém dirige um automóvel como um piloto da NASCAR. Assim, patrocinar uma equipe de competição e ter um piloto jovem e viril, a bordo de um carro ultrapossante, com os logotipos do laboratório e do produto estampados na carenagem — que toda semana passa zunindo, como uma bala, pelas TVs de todos os lares do país — foi uma decisão natural. O Viagra não era mais um remédio, destinado a curar uma doença: tratava-se, agora, de um aditivo, destinado a maximizar o desempenho.

Nessa época, seja devido à boa sorte ou a um plano perfeitamente elaborado (não nos foi possível saber qual das duas coisas), uma série de artigos começou a aparecer na imprensa sobre a utilização abusiva do Viagra como uma nova "droga do sexo". Garotos o utilizavam, em festinhas de embalo; octogenários promoviam orgias em asilos. Meu Deus! O que viria a seguir? Agora, quando alguém se dirigia a uma farmácia, para aviar uma receita médica, não estava necessariamente admitindo ter um problema de saúde; talvez, aquele homem se tratasse apenas de um "animal selvagem" preparando-se para atacar sua "presa", na próxima festinha. O mercado do Viagra expandiu-se para muito além das pessoas com necessidades crônicas, até abranger quem quisesse comemorar, em "grande estilo", um aniversário de casamento, "impressionando a patroa" e sentindo-se como o "garotão" que costumava ser, vinte anos atrás. Não há nada de errado com isto. Os homens que usam Viagra não estão "quebrados", nem precisam de "um conserto": eles apenas querem "um aditivo".

A esta altura, quase todos os homens nos Estados Unidos falam com seus médicos sobre o Viagra, ou perguntam, abertamente, aos seus amigos sobre onde obtê-lo de maneira "informal"; e as vendas pela internet chegam a níveis estratosféricos.

A redefinição do antagonista — que costumava chamar-se "impotência", depois passou a ser conhecido como "Ed" — não foi feita pela Pfizer, que já estava ganhando bastante dinheiro, do jeito como as coisas estavam; mas, sim, por uma companhia concorrente: a Eli Lilly. O Cialis — medicamento da Eli Lilly que funciona de modo diferente, mas visa sanar o mesmo problema que o Viagra — é conhecido como o "remédio de fim de semana". Seus efeitos são mais duradouros, e seu grande apelo mercadológico é a frase "pronto, quando você estiver." Os comerciais do Cialis mostram casais apaixonados iniciando um momento de intimidade, que é interrompido por circunstâncias da vida cotidiana — chamadas telefônicas, amigos que chegam ou netos que vêm passar a noite com seus avós. Tudo bem, porque o Cialis ainda estará ativo, algumas horas depois, quando eles tiverem tempo para expressar seu amor. O inimigo a ser combatido, agora, não é a impotência ou mesmo uma certa "falta de vontade"; mas, sim, os fatores estressantes da vida moderna. Você não toma Cialis porque está doente, ou porque deseja sentir-se um garanhão: você o toma porque é um homem ocupado, que trabalha muitas horas seguidas, que tem uma agenda complicada e porque esta parece ser a coisa mais civilizada a fazer. A impotência passou de algo sobre o que nem se podia falar para algo que todo marido responsável pensa a respeito, ao planejar seu fim de semana, em companhia da esposa. E, ao longo do caminho, todos os envolvidos ganharam um monte de dinheiro.

No caso do Viagra, nada disso teria sido possível sem um agressivo marketing direto, voltado para o consumidor final; por isso, este parece ser o momento ideal para falarmos sobre um dos mais significativos elementos dos anúncios comerciais de remédios: a menção à lista de seus efeitos colaterais.

Nos Estados Unidos, a menção aos possíveis efeitos colaterais dos remédios anunciados é obrigatória; e, uma vez que muitos desses efeitos podem pôr em risco a vida de quem toma os medicamentos, garantir que as pessoas sejam informadas a respeito deles é a coisa mais moralmente ética a ser feita. Porém, a maneira como esses efeitos colaterais são mencionados nos anúncios — o tom de voz emocional que envolve a enumeração de sua lista — é que faz com que a publicidade dos medicamentos mereça figurar em uma categoria especial. É diferente, por exemplo, quando um anúncio de uma concessionária de automóveis recita maquinalmente uma série de dados relativos ao crédito, que também devem constar, obrigatoriamente, de anúncios deste tipo. As companhias automobilísticas querem apenas passar rapidamente pelas más notícias e seguir adiante. Os anúncios de medicamentos dedicam, quase carinhosamente, um bom tempo para tratar dos problemas que potencialmente podem causar. A voz de seus locutores é cálida e reconfortante. Quase sempre, uma simpática figura de autoridade nos olha diretamente nos olhos para falar sobre possíveis sintomas como diarreia, tontura ou boca seca. Eles fazem isto porque as companhias farmacêuticas são constituídas por mestres do marketing, que compreendem muito bem que a função do antagonista é permitir que internalizemos a história que eles nos contam e permitamos que ela faça parte da nossa realidade. E, naturalmente, o produto que eles nos vendem — uma pílula — é algo que precisamos "internalizar" fisicamente, para dele fazermos uso. Se eles nos fazem ver o problema, permitem que nos juntemos a eles, no bom combate.

Temos todos os motivos para não querer admitir que sofremos de um problema de alta pressão sanguínea. Na verdade, o simples fato de pensar nisso já é suficiente para elevar-nos a pressão. Por isso, somos condicionados a rejeitar anúncios que discutam este assunto e, literalmente, fecharmos os ouvidos a eles. Porém, todos já tivemos uma diarreia e superamos o problema. Isto, praticamente, faz parte da nossa vida cotidiana; portanto é algo que ouvimos e entendemos, claramente. Aliás, é algo que somos quase compelidos a ouvir — principalmente se vivemos um momento em que temos de lidar, diariamente, com fraldas sujas. Uma vez que tenhamos começado a ouvir o que diz um anúncio, permitindo-nos absorver a informação importante, o restante do anúncio também é absorvido. Tudo o que o contador de histórias tem a fazer, neste ponto, é "abrir-nos" para que o ouçamos. Lembre-se de que, quer uma reação emocional seja positiva ou negativa, desde que haja uma reação emocional, a história tem chances muito maiores de ser lembrada e revivida. E, quando um anúncio nos alerta sobre a necessidade de procurar um médico imediatamente, caso tenhamos uma ereção que dure por mais de quatro horas? Bem, para nós, nesta altura, não teríamos simplesmente absorvido a informação; mas estaríamos francamente intrigados com ela. Racionalmente, sabemos que a condição fisiológica descrita — conhecida como priapismo — é séria e muito dolorosa; no entanto, não podemos evitar sorrir lascivamente, cada vez que ouvimos esta parte do anúncio. Esta é, justamente, a reação emocional que a Pfizer quer que tenhamos, cada vez que pensarmos no nome "Viagra". Problemas, quando adequadamente utilizados, tornam-se fatores positivos. Este é o poder do antagonista.

Não queremos dar a impressão de que todas as histórias médicas, de alguma forma, tendem a contar com um ótimo vilão. Isto não é verdade (ainda que, por acaso, tenha nos ocorrido que Hannibal Lecter também era médico). *Todas* as boas histórias precisam ter um antagonista forte; e não apenas as histórias destinadas a promover algum produto. Encontrar o antagonista certo é ainda mais importante para as histórias que as empresas contam sobre si mesmas, para coordenar suas forças de modo a fazer com que tenham algo que vender, em primeiro lugar. Isto é particularmente verdadeiro quando se trata de pequenas equipes que trabalhem com projetos diferenciados, nos quais a velocidade da execução é crucial e a necessidade de serem inovadoras é uma obrigação.

A Skunk Works, uma subsidiária da Lockheed, é uma das principais empresas aeronáuticas do mundo, tendo criado e desenvolvido vários dos melhores modelos de aviões militares dos Estados Unidos, pelos últimos 60 anos. Entre seus maiores sucessos incluem-se o avião-espião U-2, o avião-caça "invisível" F-117 e o Blackbird SR-71 — oficialmente, o avião mais veloz do mundo (extraoficialmente, há fortes rumores de que a Skunk Works já tenha produzido um avião ainda mais veloz, mantido em segredo e pronto para entrar em operação, se necessário). Seus projetos lucrativos são muito numerosos (e secretos) para serem descritos. Comparada às equipes de milhares de engenheiros, comumente encontradas na indústria aeroespacial, a equipe da Skunk Works é extremamente pequena; e ela é a única companhia conhecida por entregar seus projetos sistematicamente antes do prazo e com orçamentos abaixo do previsto. Na verdade, a Skunk Works devolve, rotineiramente, o dinheiro excedente não utilizado, fornecido pelo governo — atitude que, definitivamente, causa grande estranheza ao Pentágono. O grande motivo para esta profunda lealdade e consistência criativa demonstrada pela Skunk Works está expresso em seu lema: "É preciso um grande inimigo para se fabricar um grande avião".

O que a Skunk Works demonstra compreender perfeitamente é que em uma boa história corporativa (e é a história corporativa que define a cultura corporativa), os conflitos e os combates estão longe de ser algo destrutivo. Utilizados adequadamente, essas coisas podem criar uma atmosfera positiva, que favoreça a inovação. O antagonista certo pode unificar sua equipe e mantê-la focada na conquista de um objetivo comum, fazendo com que cada membro envolva-se emocionalmente. É claro que, neste aspecto, a Skunk Works teve uma grande vantagem em sua realização. A companhia entrou para a História ao combater os maiores vilões de todos os tempos: os nazistas, durante a Segunda Guerra Mundial.

Em 1943, enquanto o general norte-americano Dwight D. Eisenhower fazia seus preparativos para o famoso Dia-D, começaram a circular boatos sobre o projeto ultrassecreto de um avião sem hélices, capaz de voar a 600 milhas por hora, cuja produção estava sendo ultimada por Hitler. O Departamento da Guerra dos Estados Unidos já havia sido sondado, havia anos, sobre a produção de motores a jato para seus aviões e posto a ideia de lado. Mas, naquele momento, o país precisava de algo com que pudesse fazer frente à nova tecnologia bélica dos nazistas, ou a batalha sobre as praias da Normandia terminaria de modo diferente do previsto e a tentativa de invasão da França seria um desastre. Então, a divisão aérea do Exército convocou seu melhor projetista, Clarence "Kelly" Johnson e pediu-lhe que desenhasse um novo tipo de avião, capaz de voar ao menos 50% mais rápido do que qualquer coisa que os Estados Unidos tivessem àquela época — e que ele tivesse tudo pronto em apenas seis meses.

Johnson era um ex-estivador, que já havia desenhado o P-38 — o avião mais veloz do arsenal aéreo norte-americano — e, em uma maratona de trabalho de 48 horas, redesenhara um avião de carreira da Lockheed para transformá-lo no Hudson, o bombardeiro mais confiável da frota aeronaval britânica. Assim, quando foi designado para seu novo trabalho, Johnson sabia exatamente o que tinha a fazer. A primeira coisa que fez foi comprar uma lona de circo.

A enorme tenda foi armada no pátio de estacionamento vizinho ao edifício-sede da Lockheed, em Burbank, e lá foi instalada sua equipe de 23 engenheiros e trinta mecânicos. Apenas 143 dias depois — quase um mês antes do término do prazo concedido —, eles haviam construído o primeiro avião de combate a jato dos Estados Unidos, o XP-80, carinhosamente apelidado *Lulu-Belle*.

Johnson manteve sua equipe reunida após o término da Guerra, e a Skunk Works nasceu. Durante o processo, ele começou a desenvolver suas famosas "14 Regras", que, hoje em dia, ainda são amplamente estudadas e imitadas por toda a indústria aeroespacial. Contudo, é uma de suas regras não escritas — um de seus princípios, de fato — que consideramos mais interessante.

Ele acreditava firmemente que os projetistas não deviam,

jamais, ficar longe dos aviões que desenhavam. Ele queria que seu pessoal estivesse, sempre, diretamente envolvido na solução de todos os problemas relativos à criação de uma aeronave. A certa altura, uma disputa trabalhista levou seus operários a afastarem-se do trabalho. Sem perder o ritmo, sua equipe de projetistas abandonou as pranchetas e passou a operar os tornos, modelando as peças que eles mesmos haviam desenhado. Tempos depois, Johnson disse que isto, na verdade, havia feito com que todos trabalhassem melhor; pois não apenas encurtava o prazo de consecução das peças — uma vez que seus criadores não precisavam explicar a ninguém o que desejavam obter —, mas também porque envolvia os projetistas na criação física do avião, o que lhes proporcionava uma satisfação emocional mais completa, diante de um trabalho bem feito. Fazer com que os projetistas envolvessem não apenas suas cabeças, mas, também, seus corações no trabalho que realizavam, foi a atitude responsável por fazer da Skunk Works uma companhia única, em termos de projetos criativos.

Aliás, o próprio Kelly não hesitava em colocar-se no lugar das pessoas para quem criava seus projetos. No caso dele, tratava-se dos pilotos de combate — o que significava, literalmente, correr o risco de cair e queimar-se, junto com um de seus projetos. Sendo, ele mesmo, um piloto apaixonado, disse: "Se eu não puder me sentir completamente apavorado ao menos uma vez por ano, não terei a sensatez e o equilíbrio necessários para projetar os aviões futuros." Se não tivesse se disposto a correr esses riscos, coisas como a medição das bruscas variações de velocidade e direção do vento e os cálculos vetoriais estáticos das correntes de ar permaneceriam sendo meras abstrações intelectuais. Mas, devido ao fato de experimentar pessoalmente o pânico ao tentar testar os limites de uma aeronave, ele estava sempre emocionalmente envolvido e determinado a solucionar os problemas que lhe surgissem, na prancheta de desenho. "Bom o bastante" não era, realmente, bom o bastante para ele; pois conhecia o preço a ser pago por isso. Este tipo de comprometimento com a própria criação é contagioso. A Skunk Works ainda funciona, porque nada é capaz de manter as pessoas tão unidas quanto um antagonista que todos tenham de combater, juntos. Novamente, eis o poder do antagonista.

Sua história, portanto, precisa de um bom antagonista. Se você parar para enxergar o que está impedindo que você, seu cliente ou seus consumidores atinjam seus objetivos, será capaz de definir um, de modo a liberar as emoções necessárias para tornar suas ideias memoráveis e para permitir que seus ouvintes ajam do modo que você deseja que o façam. Mas, tenha cuidado; pois, como dissemos, emoções liberadas são difíceis de controlar e podem, com frequência, tornar-se facas de dois gumes. Contudo, se você estiver emocionalmente equilibrado o suficiente para não apressar-se a entrar em ação antes de estar pronto para isso, poderá ver claramente todos os problemas a tempo de evitá-los. Há duas coisas que recomendamos aos nossos clientes que evitem, a todo custo.

1. *Não invente falsos vilões.* Estes se tratam daqueles antagonistas que você tira "do nada", ou que coloca por trás dos verdadeiros problemas que eles representam, para fazer com que sua ideia ou seu produto pareça mais importante do que realmente é. Isto até pode soar como uma boa estratégia, mas o perigo reside no fato de que, uma vez que você tenha criado esses vilões na mente de sua plateia, eles possam tornar-se reais. Este é um tipo de manifestação instantânea do *karma*. Um bom exemplo disto é o problema que a Merck enfrentou por causa do Vioxx. O Vioxx é um bom analgésico, mas já havia muitos bons analgésicos

no mercado, quando ele foi lançado; e, na verdade, ele não era muito melhor do que o ibuprofeno. No entanto, ele tinha uma grande vantagem: não era tão agressivo para o revestimento das paredes do estômago. Pacientes que tomavam ibuprofeno por muito tempo — especialmente após serem submetidos a cirurgias — costumavam sofrer com o surgimento de úlceras estomacais hemorrágicas. Em um pequeno número de casos, essas úlceras podiam permanecer indetectáveis e as pessoas podiam sangrar até morrer, antes que algum tratamento lhes fosse adequadamente prescrito. Nenhum médico gostaria que isto acontecesse a um de seus pacientes; mas, tal como cada episódio do seriado *House* deixa bem claro, a administração de qualquer medicamento é uma questão de risco calculado. Portanto, a Merck tinha de tornar os perigos da prescrição de ibuprofeno uma questão bastante pessoal para todos os médicos, para atrair a atenção deles. De algum modo — e nós não estamos dizendo como isto aconteceu (embora a Merck tenha, hoje em dia, uma porção de representantes farmacêuticos espalhados por todo o mundo, falando com uma porção de gente) — os médicos "compraram" a ideia de que, se prescrevessem a droga errada — a mais barata e mais comum — e um paciente morresse devido a uma úlcera, eles poderiam acabar sendo processados por ardilosos advogados, que alegariam que o médico não tinha feito tudo o que estava ao seu alcance para proteger o paciente. Este era, de fato, um truque ardiloso; pois o Vioxx passou a não ser, apenas, mais uma ferramenta para combater a dor, mas, sim, para ajudar o médico a combater uma acusação por mau exercício da Medicina. Que médico não gostaria de combater isto? O Vioxx tornou-se, então, um produto absurdamente bem-sucedido; e, hoje em dia admite-se, indulgente e excessivamente prescrito. O produto logo se revelou como o maior gerador de lucros para a Merck: um verdadeiro milagre de marketing.

Mas, como se sabe, este não foi o final da história. O Vioxx apresentava um terrível efeito colateral, que permaneceu indetectável até que milhões de pessoas já o viessem tomando regularmente, há muito tempo. O medicamento aumentava exponencialmente o risco de ataques cardíacos. Quando várias e várias pessoas começaram a morrer dessas causas, o problema apareceu; e a Merck fez exatamente o que a maioria dos pacientes normalmente faz, quando descobre que tem um problema: negou a existência do mesmo. Seria de esperar que os "gurus" do marketing da empresa, tão familiarizados com problemas deste tipo, fizessem alguma coisa para alertar a diretoria da corporação, mas eles não fizeram nada. Como resultado, todos aqueles ardilosos advogados que haviam sido conjurados nas mentes dos médicos tornaram-se bem reais. Só que eles não processaram os médicos: em vez disso, eles fizeram filas para processar a Merck. E ainda fazem.

Então, ao criar o antagonista da sua história, tenha muito cuidado com o que você deseja. Mantenha suas emoções sob controle, não deixe que as coisas tomem uma dimensão exagerada e assegure-se de manter seus obstáculos no plano da realidade.

2. *Não demonize seus antagonistas ao ponto de perder contato com eles.* Mario Puzo tinha razão, quando escreveu, em *O Poderoso Chefão*: "Mantenha seus amigos por perto, mas mantenha seus inimigos ainda mais perto." Se você deixar que seus sentimentos (ou os do seu cliente) com relação ao antagonista tenham livre curso, até o fundo de sua alma, você perderá o contato com seu antagonista — e a sua história irá perder o rumo. Você também irá desperdiçar a possibilidade — bastante provável — de aprender alguma coisa com o seu antagonista. Todo o sentido do embate com o antagonista é terminar dando ao seu herói um momento de consciência que lhe permita produzir uma mudan-

ça real e positiva. Isto é o que o Dalai Lama quer dizer, quando afirma que "Alguns dos meus melhores mestres foram os meus inimigos." Se perder o contato com o seu antagonista, você não poderá aprender essas lições. Por isso, enquanto o seu herói combate o vilão, assegure-se de que ele sempre ouça atentamente às coisas que o vilão tem a dizer. Mesmo nas situações em que você acha que o seu oponente não tem nada de útil a dizer-lhe — e que, ainda que tivesse, ele se recusaria a dizê-las —, ele sempre tem algo a dizer a você. Mesmo que isto signifique que ele terá de enfrentar um julgamento por assassinato.

Se há uma ocasião em que um antagonista anseia por dizer a verdade, é quando ele se torna suspeito em um caso de assassinato. Contudo, Jerry Giorgio, o lendário inquiridor da polícia de Nova York, afirma que as coisas não são bem assim. Famoso por sua habilidade em extrair confissões mesmo dos mais durões membros de gangues de rua, Giorgio ficou conhecido como "o paizão da cidade", por gente postada dos dois lados da Lei. Eis como ele descreve o que faz.

"Todo mundo conhece aquela jogada do 'Tira Bonzinho e o Tira Malvado', certo? Bem, eu sou sempre o Tira Bonzinho; e eu nunca trabalho em parceria com um Tira Malvado. Eu não preciso. Você quer conhecer a verdade? A verdade é que — e isto é que é importante — todo mundo, no fundo, quer contar sua história. Não importa quanto isto possa lhes prejudicar; não importa quanto seria melhor para si mesmas se permanecessem caladas, as pessoas querem contar suas histórias. Se sentem culpadas e querem desabafar. Se acham que há uma justificativa para o que fizeram, querem explicar-se. Eu digo a elas que sei o que fizeram. Se quiserem me contar como fizeram, se demonstrarem algum arrependimento, digo-lhes que testemunharei em seu favor, num tribunal. Se você lhes der meio motivo para fazê-lo, elas lhe contarão tudo."

Evidentemente, as coisas não são assim tão simples. No momento em que começam a falar, essas pessoas começam a mentir. Como diz o Dr. House, "Todo mundo mente." Mas Giorgio ouve atentamente às pessoas, apontando as coisas que não fazem sentido em suas histórias; até que a teia instável que constroem se esgarce e revele a verdade que pretendiam ocultar. Este é o mesmo tipo de momento de consciência que House tem, toda semana, enquanto tenta deslindar um emaranhado de sintomas. Só que, no caso de Giorgio, as histórias são reais. As pessoas com quem ele fala cometeram crimes horrorosos; e ele, com frequência, tem fotos das cenas dos crimes para comprovar as histórias. Diante delas, sua reação inicial é a mesma que qualquer um de nós teria: um misto de raiva e repugnância. Mas ele não deixa que suas emoções particulares interfiram o curso de uma boa história. Sendo emocionalmente flexível para manter contato com o antagonista e ainda manter-se aberto para ouvi-lo e aprender com ele, Giorgio torna-se, consequentemente, apto para conduzir o rumo da história para o fim que deve ter. Se você puder fazer o mesmo, terá conseguido manter total controle sobre o poder da sua história.

PARA RESUMIR TUDO

1. Toda história, real ou fictícia, tem um antagonista: algo ou alguém que se interpõe entre o herói e seu objetivo. É a luta para sobrepujar o antagonista que confere à história sua carga emocional — e histórias nada mais são do que fatos envolvidos em emoções. Para que nos sintamos envolvidos nessas mesmas emoções é preciso que haja algo em jogo: a vida de uma criança, a segurança do mundo livre ou o emprego de todo o pessoal do escritório. A escolha é sua; pois, uma vez definido o antagonista, ele será um dos elementos da história sobre os quais você terá

maior controle. Encontre o antagonista certo e faça com que as coisas certas estejam em jogo, e todos estarão dispostos a perdoar o herói por quase tudo. Seus ouvintes estarão conquistados, para ficar ao seu lado, no combate.

2. Quando estiver definindo seu antagonista, assegure-se de que ele poderá ser derrotado pelo seu herói. A função do vilão não é aprisioná-lo em um conflito sem fim, mas, sim, levar a história no rumo de uma conclusão positiva.

3. Nossa compreensão do antagonista precisa estar constantemente evoluindo, de modo que a história permaneça flexível e fluida (e de modo a fazer com que seus mercados expandam-se). Não crie histórias estáticas. A única emoção que você não deseja que seus ouvintes sintam é o tédio.

4. Ter um bom antagonista não é algo importante apenas para histórias "vendedoras". Isto é ainda mais importante nas histórias que uma empresa conta sobre si mesma. Se sua equipe compreende perfeitamente contra o que trabalha para derrotar ou superar — ou seja, se o antagonista está claramente definido — e todos os seus integrantes estão emocionalmente comprometidos a fazer isto, seu trabalho tende a ser mais vibrante e criativo. E, tal como acontece com os projetistas da Skunk Works, ele pode tornar-se parte de uma lenda.

5. Faça com que sua história seja realista. Se você não fizer isso, seus próprios fantasmas podem vir a assombrá-lo. Se fizer, você pode surpreender-se com o que seu antagonista irá ensinar-lhe.

Eis o que sugerimos que você faça. Quando tiver de fazer uma grande apresentação, pratique para que possa compreender as emoções envolvidas tanto quanto você compreende o conteúdo do material que irá apresentar. Você não pode criar emoções, mas pode sentir-se confortável revelando-as — desde que tenha consciência de que elas estão constantemente mudando. O que você sente ao fazer sua apresentação, em um determinado dia, pode ser completamente diferente do que você sentirá em outro dia. Então, treine falar sob uma gama de emoções variadas. Para tanto, sugerimos que você procure um local isolado, de preferência onde possa estar em contato direto com a natureza: um lugar onde você não esteja confinado entre quatro paredes; um lugar bonito. Então, faça sua apresentação, na seguinte ordem:

• Primeiro, grite as palavras que você tem a dizer, como se estivesse dirigindo-as a pessoas que se encontrassem no fundo de um bar lotado, para que possam ouvir as boas novas.

• Repita sua apresentação, mas, desta vez, diga as palavras como se estivesse contando a piada mais engraçada que você já ouviu. Ria, ao dizer as últimas palavras de cada sentença. Permita-se ser "bobo", ou mesmo "palhaço".

• Diga as palavras de sua apresentação novamente, como se estivesse fazendo uma declaração de amor. Seja sentimental, gentil e conte sua história como se pretendesse acariciar a pessoa que você ama com suas palavras. Está tudo bem. Você está sozinho, e ninguém o estará ouvindo. Você pode ser tão meloso quanto quiser. Na verdade, você pode ser até um tanto choroso e piegas. Se isto lhe trouxer uma lágrima aos olhos ou causar um ligeiro tremor em sua voz, tanto melhor.

• Agora, diga tudo outra vez, mas com uma entonação mortalmente séria; como se estivesse dando ordens às pessoas e esperando que elas as compreendam. Você deve falar como um general fala às suas tropas. Vidas podem depender do que você lhes disser; por isso, seja claro e conciso. Todos devem ter saber em que estão se metendo e como fazer para saírem de lá, vivos e a salvo.

- Finalmente, diga suas palavras murmurando. Conte sua história como se estivesse explicando algo a uma criança, que está quase pegando no sono, para sonhar doces sonhos. Faça com que sua voz soe convidativa, um tanto hipnótica e sempre transmitindo total segurança.

Após haver completado esta sequência de exercícios, esqueça-a completamente. Ela tem o mesmo valor que o aquecimento feito por um atleta, antes de uma corrida. Enquanto você está ensaiando, certas emoções parecerão mais condizentes com o conteúdo do seu discurso; mas não tente recriar estes momentos quando estiver fazendo sua apresentação, de verdade. Se puder permanecer solto e relaxado, notará que algumas dessas "vozes" irão aparecer naturalmente, enquanto você fala. Quando aparecerem, simplesmente aprecie-as. Quanto mais você puder apreciar o que você fala e o modo como o faz, mais as pessoas presentes farão o mesmo.

***

8

Sob o radar

Suponhamos, apenas como uma hipótese, que você não seja dono da sua própria rede de emissoras de televisão, que o seu nome (ou o da sua empresa) não encabece a lista de clientes prioritários das três maiores e mais criativas agências publicitárias do mercado, e que você não conte com uma verba ilimitada para sua promoção. Como você se sente, agora, apenas com os recursos de que dispõe: pouquíssimo tempo, ainda menos dinheiro e uma grande ideia na cabeça? Como fazer para veiculá-la para um grande público — eventualmente para os consumidores de todo o mundo?

Talvez a maneira mais fácil de começar a fazer isso seja virar-se para a pessoa que está ao seu lado e começar a contar-lhe a sua história. Foi exatamente isto que fez Al Gore, vinte anos atrás; e, hoje, sua história sobre o aquecimento global está na boca de qualquer um — e já está começando a mudar o mundo. Tudo o que você leu neste livro está lhe preparando para fazer exatamente isto; e, a esta altura, acredite-nos, você já está pronto para começar a fazê-lo — principalmente se tem praticado os exercícios sugeridos, ao longo destas páginas. Mas, mesmo que você não os tenha praticado, não se preocupe — e não espere mais:

apenas comece a fazer isso. Você sabe o que quer. Você tem algo a dizer; então, diga. As pessoas adoram falar.

A propaganda boca a boca é a mais antiga e a mais pura forma de publicidade. Ela ainda funciona; e todo mundo — principalmente os profissionais de marketing — sabe como e quanto ela ainda funciona. A JetBlue é uma companhia aérea que construiu seu sucesso em torno de uma estratégia de propaganda boca a boca. Você não vê muitos anúncios da JetBlue por aí; mas sempre ouve alguém falando dela. Uma "campanha" de publicidade boca a boca consegue ter um baixo custo e um excelente resultado. As vantagens dos custos baixos são óbvias. Como se diz, "falar não custa nada"; mas é a parte da obtenção de bons resultados que nos interessa aqui. Uma vez que a sua história será contada "ao vivo", por uma pessoa a outra, ela não será "congelada" no tempo e no espaço, como seria se tratássemos de anúncios de TV ou da mídia impressa. O tom da história, portanto, permanece pessoal e flexível. Como resultado disto, a propaganda boca a boca tem maiores possibilidades de tornar positivos os pontos negativos da sua história — muito mais do que seria possível através de outros meios de apresentação. Se você puder fazê-la fluir do modo certo, cada pessoa que passá-la adiante irá, na verdade, torná-la um pouco melhor.

Para a história de uma grande companhia aérea, a da JetBlue contém um aspecto negativo. A companhia nem sempre opera nos maiores terminais aéreos. Se você quiser voar pela JetBlue partindo de Los Angeles, por exemplo, terá de embarcar em Long Beach — o que pode acrescentar uns bons 45 minutos à duração da sua viagem. Se você fica sabendo disto ao ler um anúncio de jornal, é bem provável que pense "não, obrigado", e prefira viajar por outra companhia aérea — mesmo que isto lhe custe um pouco mais. Mas, se um amigo mencionar Long Beach ao descrever seu voo pela JetBlue (do qual ele gostou muito), é provável que ele também lhe diga que o aeroporto de Long Beach é muito mais charmoso e a segurança funciona melhor e mais rapidamente do que no aeroporto de Los Angeles; e que o trânsito na rodovia, para chegar até lá, não é assim tão ruim quanto se acredita. Simplesmente devido ao fato de ouvir isto de um amigo, você começa a ver a possibilidade de ir até Long Beach como um fato positivo — que pode, até mesmo, tornar sua viagem um pouco mais divertida e especial.

A JetBlue conserva este senso de comunicação pessoal até mesmo em seu serviço de agendamento de reservas. Seu fundador, David Neeleman, foi um pioneiro ao usar a internet para conectar sete mil agentes de viagens em rede, permitindo-lhes trabalhar com seus próprios computadores, em suas casas. Isto poupa muito dinheiro à JetBlue, que não precisa manter uma grande e cara central de atendimento 24 horas; e todos os seus funcionários gostam disso, por que lhes permite evitar os deslocamentos diários e lhes proporciona um horário de trabalho mais flexível. Muitos desses agentes de viagens são, na verdade, mães, que ficam em casa, cuidando de seus filhos, enquanto agendam as reservas de passagens. Quando se liga para uma delas, às vezes, pode-se ouvir o som de uma criança rindo e brincando, ao fundo — um som muito mais agradável do que a impressão de que há um supervisor severo, olhando por cima dos ombros do agente e obrigando-o a falar com você segundo um roteiro previamente escrito, enquanto consulta impacientemente o relógio. Os negócios com a JetBlue são feitos de maneira tão rápida e eficiente quanto o seriam com qualquer outra companhia aérea; mas, ao fazê-los, você tem a sensação de que as coisas fluem de modo muito mais suave e acolhedor. Naturalmente; pois, quem poderia pensar em algo mais cálido e acolhedor do que conversar com uma mãe, sentada à mesa da cozinha de sua própria casa? E não é preciso que uma das atendentes lhe diga isto: a mensagem é passada pelo tom de sua voz. Assim, o que frequentemente é um dos pontos negativos acerca de uma viagem — fazer as reservas, para começar — torna-se uma oportunidade para o estabelecimento de uma relação pessoal e positiva com a companhia aérea. Se você gostar da pessoa que fala com você — porque ela parece, realmente, estar falando *com* você; e não *para* você —, é bem provável que volte a ligar para ela. O tom da voz dela é o principal responsável por passar-lhe esta mensagem.

A voz humana é, de longe, a mais poderosa ferramenta de comunicação que existe; e o contato pessoal direto é a melhor maneira de utilizá-la. Portanto, contar sua história cara a cara é a melhor maneira de garantir que ela funcione. Contudo, fazer isso batendo de porta em porta não é a forma mais eficiente de utilizar o seu tempo; por isso, é melhor construir sua história de modo que as pessoas sintam-se compelidas a contá-la, umas às outras, em seu lugar. Quer você chame isto de "marketing viral", "marketing de guerrilha" ou "propaganda boca a boca" (os três termos significam, basicamente, a mesma coisa, embora cada um enfatize um aspecto diferente da mesma técnica — da qual veremos todos os aspectos, a seguir), fazer com que sua história circule desta maneira é a segunda habilidade mais importante a ser dominada, na arte de contar histórias comerciais. Por que fazer todo o trabalho pessoalmente se você pode conseguir que outras pessoas adorem fazê-lo por você. E não apenas adorem fazê-lo, mas, na verdade, podem chegar até mesmo a pagar-lhe pelo privilégio que você lhes concede.

Uma boa propaganda boca a boca consiste-se de partes de "marketing escandaloso", partes de "fofoca entre amigos" (principalmente porque se utiliza de redes sociais já formadas para veicular sua mensagem, em vez de tentar criar seu próprio círculo de pessoas) e partes de "comunicação pela internet". Estabelecer o equilíbrio entre essas coisas não é tarefa fácil; e não há garantias de que tudo venha a funcionar, no final. Você pode acabar "quebrando a cara"; e de modo bem feio. Nenhum filme lançado recentemente teve mais propaganda boca a boca do que *Serpentes a Bordo* (*Snakes on a Plane*). No entanto, você conhece alguém que tenha, realmente, comprado um ingresso para assisti-lo? Nós não conhecemos sequer alguém que tenha alugado o DVD. Se a sua história não tiver substância, a propaganda boca a boca não irá servir de nada. E, se as pessoas sentirem-se enganadas pela sua história, a propaganda boca a boca irá voltar-se contra você. Por isso, antes de decidir-se por utilizar este tipo de estratégia de comunicação, assegure-se de que sua história tenha um núcleo absolutamente sólido. Se a propaganda boca a boca funcionar no sentido contrário, você ganhará uma passagem só de ida para o esquecimento completo; e dificilmente lhe será concedida uma segunda chance de contar uma história melhor.

Contudo, esta sensação de perigo iminente é, na verdade, um forte fator positivo. Esta maneira de contar histórias tem tudo a ver com uma tomada de consciência, o quarto dentre os nossos cinco elementos componentes de uma história, correspondente ao elemento Ar. Tal como qualquer alpinista pode dizer a você, nada pode tornar-lhe mais consciente do mundo à sua volta do que estar dependurado na beira de um precipício, no alto de uma montanha. Você estará muito perto do topo; o ar é rarefeito. Tome uma inspiração profunda e sinta como isto faz seu cérebro faiscar — porque, depois disto, é uma descida só, até a linha de chegada.

Nada se espalha mais rapidamente do que um boato. E nada é mais difícil de controlar. Isto é algo importante para lembrar-se porque existe um viés negativo inerente à maneira como uma notícia se espalha, boca a boca. As pessoas que têm uma experiência positiva com a sua história tendem a contá-la a outras cinco ou dez pessoas, em média. O assunto surge naturalmente, em meio às conversas cotidianas; e as pessoas gostam de fazer isto. Isto faz com que elas sintam-se possuidoras de uma informação valiosa; e elas sabem que estão lhe fazendo um favor ao compartilhá-la. Porém, se a experiência for negativa, essas mesmas pessoas irão retransmiti-la entre sete e quinze vezes, em média. As pessoas mostram-se, portanto, quase duas vezes mais propensas a compartilhar suas experiências negativas em uma conversa — que será impregnada por uma carga residual negativa — porque é duas vezes mais provável que sejam impactadas por emoções deste tipo, para que se lembrem do assunto. Assim, para fazer com que sua história "caia na boca do povo" e seja positiva, é prudente consultar um profissional sobre como fazer para gerar o tipo certo de rumor, antes de "mergulhar de cabeça". Isto é como aquele conselho dado, às vezes, em alguns programas de TV: "Crianças, não tentem fazer isto em casa!" Só que, desta vez, nós queremos que você tente. O risco vale muito a pena: o custo é baixo e a capacidade de alastramento é grande, pois a propagação é inevitável, uma vez que as pessoas gostarão de falar umas às outras sobre as suas ideias — o que conferirá a estas uma credibilidade instantânea. E, também, porque imaginar maneiras de fazer com que as pessoas falem estimula a sua própria criatividade e faz com que os seus produtos e ideias sejam ainda melhores, devido ao seu esforço. O melhor de tudo é que esta forma inusitada de fazer com que sua história seja contada é muito divertida.

Queremos lhe contar a história de uma ótima profissional que conhecemos, antes que você faça isso, apenas para que possa sentir-se um pouco mais seguro. Veja, isto se trata de "marketing viral" em ação. Contaremos a você o que um amigo nos contou, e nos sentimos felizes por fazer isto porque valorizamos o que ele nos disse e achamos que pode ser de alguma ajuda para você. Nós só estamos passando adiante uma história que ouvimos.

A melhor pessoa para falar sobre boatos em Los Angeles — e veja que Los Angeles está para os boatos assim como Wall Street está para ações e títulos de câmbio —, é Liz Heller, a fundadora e diretora-executiva da Buzztone. Tal como muitos dos melhores profissionais de sua área, Liz também é proveniente da indústria do entretenimento musical.

Se você esteve em Nova York, alguns Natais atrás, é provável que tenha visto Liz colocando sua magia para funcionar. Na verdade, se você não estivesse prestando muita atenção, é possível que a história dela pudesse haver atropelado você — quando, de repente, o centro de Manhattan encheu-se de mensageiros vestidos com roupas de marinheiros, em vermelho e branco, zunindo pelas ruas montados em reluzentes motonetas Vespa vermelhas, entregando mensagens dentro de garrafas a todos os criadores de novas tendências mais influentes da cidade. A mensagem dizia: "Seu barco já chegou. Não deixe de embarcar numa onda tão legal."

O "barco" em questão era, na verdade, uma barcaça, de 220 pés de comprimento (cerca de 67 metros), sobre a qual fora armada uma tenda decorada com enormes logotipos brancos e vermelhos do Target, para servir como uma "filial *pop-up*" desta rede de lojas, para atender ao grande afluxo de consumidores alguns dias antes do Natal. Lojas *pop-up* — estabelecimentos que abrem, permanecem em atividade por poucos dias e, depois, desaparecem — constituem-se de uma ideia que vem ganhando força, como parte de estratégias de marketing. O arquiteto Ron Pompei — de quem falaremos, no próximo capítulo — desenhou uma delas, particularmente bem-sucedida, para a Levi-Strauss. Há algo de intrigante em uma loja que aparece e desaparece repentinamente, como em um sonho. Quando é parte de uma estratégia bem planejada, ela chama muita atenção e todos, certamente, falam a seu respeito. A ideia de montar lojas *pop-up* perto do Natal é, exatamente, uma novidade (e, como veremos, o "marketing viral" é mais eficiente quando confirma algo que já sabemos ou sobre o que suspeitávamos): todos já vimos surgir, nos *shopping-centers* e nas ruas comerciais de todas as cidades do país, lojas de artigos natalinos, cartões e papéis de presente, em meados de novembro — para desaparecerem, tão rapidamente quanto surgiram, no dia seguinte ao Ano Novo. Mas o Target corria um sério risco, ao elevar esta ideia a um patamar completamente novo: a loja parecia estar ali por não ter outra escolha.

Por muitos anos, as grandes redes de lojas varejistas populares norte-americanas — Target, Wal-Mart, J. C. Penney, Kmart — vêm tentando irromper no mercado de Manhattan. A maioria delas optou por estabelecer um longo sítio à ilha, abrindo lojas nos distritos mais afastados da cidade e, gradativamente, irem mudando-se para lugares mais próximos de Manhattan, usando seus preços baixos como um aríete, para romper-lhe a resistência. Com o tempo, todas estão certas de que as "muralhas" irão ceder. Porém, o Target — cujo nicho de mercado é o comércio de roupas bem desenhadas, a preços acessíveis — não podia dar-se ao luxo de esperar tanto tempo. A Sétima Avenida, em Manhattan, é o centro do *design* de moda dos Estados Unidos — pois é lá que são formadas as novas gerações de estilistas e *designers* de moda. Se o Target não estivesse presente em Manhattan, havia a chance — uma boa chance — de perder a conexão que tinha com os "descolados-que-vestem-roupas-baratas", que é parte da sua imagem e a diferencia das outras etiquetas famosas. Talvez não hoje; mas, em cinco ou dez anos no futuro, todos os esforços feitos pela marca poderiam tornar-se "coisas do passado". Para evitar que isto acontecesse, a empresa trouxe sua barcaça. Ela não estava ancorada ali para vender seus produtos — embora a companhia pretendesse vender tanto quanto pudesse: a barcaça estava ali para vender a relevância do Target para as novas gerações de jovens *designers* de moda, criadores de tendências e "descolados" de Nova York. Provavelmente, o Target poderia absorver os prejuízos desta aventura como um fracasso publicitário, caso isto acontecesse. O que ela não poderia absorver era a circulação dos rumores negativos que seriam gerados, se promovesse uma grande festa à qual ninguém comparecesse. Para assegurar a presença da multidão que desejava, o Target contratou os serviços de Liz e da Buzztone.

Ela deparou-se com dois grandes obstáculos. Especialmente durante o inverno, seria difícil encontrar um lugar mais "fora de mão" para colocar uma loja do que as docas do East River, onde é sempre frio, venta muito e o "clima", de modo geral, é muito desagradável. Não haveria nenhum consumidor casual, para fazer uma compra de ocasião, ali. Quem quer que chegasse até a barcaça teria de haver estado procurando por ela; e o Natal é uma época do ano em que o logotipo vermelho e branco do Target, absolutamente, não se destaca na paisagem. Cartazes espalhados pela cidade inteira saturavam-na de imagens do Papai-Noel, com sua roupa vermelha, debruada de branco; e milhares de SUVs vermelhos circulavam sobre a neve branquinha. Tentar anunciar nos jornais locais também era inútil. A Macy's e o resto da concorrência do Target — os principais responsáveis por ele ainda não haver penetrado no mercado de Manhattan — já haviam reservado todo espaço disponível, em todas as edições.

Então, Liz chegou com suas Vespas, seus mensageiros uniformizados como marinheiros em vermelho e branco e suas mensagens dentro de garrafas. Funcionou. Em pouco tempo, não apenas não havia mais lugar para ninguém na barcaça, como também havia uma fila estendendo-se para muito além das docas, formada por gente que aguardava ansiosamente pela chance de entrar no meio da multidão que se acotovelava ali. Uma barcaça de 220 pés é uma espécie de balsa muito grande; no entanto, trata-se de um espaço muito, muito pequeno para abrigar uma loja de departamentos. A barcaça foi mencionada em todos os programas de televisão matutinos — não apenas nos locais; mas nos nacionais, também — e apareceu em todos os jornais, inclusive no *New York Times*, que tem alcance internacional. O trabalho de Liz era avisar as pessoas de que o Target tinha uma barcaça, ancorada no East River, e fazer com que todos falassem sobre isto — e logo todo mundo estava fazendo exatamente isto. O modo como e a razão pela qual sua abordagem funcionou tão bem demonstram as maneiras que os cinco elementos que fazem uma boa história devem ser controlados, por qualquer campanha de "marketing viral" bem-sucedida.

O trabalho de Liz era avisar às pessoas que o Target havia chegado à cidade. A consciência, no nível em que a estamos discutindo, agora, tem lugar no córtex cerebral: aquela região do cérebro que é uma característica única dos seres humanos, e que tem evoluído tão rapidamente, nos últimos dois milhões de anos. Se você estiver tentando influenciar o comportamento de curto prazo das pessoas, é ali que você tem de concentrar suas atenções; e os padrões de reconhecimento são uma das melhores chaves para acessar essa área.

Se você está velejando, é preciso perscrutar o horizonte a procura de um certo tipo de ondulação na superfície da água, a duzentos ou trezentos metros de distância da sua embarcação. Conhecendo esse padrão ondulatório, ao avistá-lo você saberá que sua presença significa que o vento está chegando; então, você poderá ajustar as velas do seu barco e aproveitar o vento para dirigir-se para onde quiser. Nossos ancestrais faziam este mesmo tipo de observação enquanto caminhavam pela selva, procurando em meio à vegetação o mesmo padrão de movimentos. Se eles vissem um certo tipo de padrão, sairiam correndo, pois conheceriam o que viria logo depois — e realmente desejariam estar um passo adiante daquele tigre que viria atrás deles. Os indivíduos capazes de reconhecer os diversos padrões, antes dos demais, conseguiram sobreviver e multiplicarem-se. Portanto, todos nós fomos criados para passarmos a vida toda perscrutando o mundo, em busca de indícios sobre o que acontecerá, a seguir. Pesquisas têm demonstrado que as pessoas passam muito mais tempo pensando sobre o futuro do que sobre o presente ou o passado. Isto faz sentido, porque o futuro é o único tempo pelo qual podemos fazer alguma coisa. Se você quiser que as pessoas incluam o seu produto ou a sua ideia no futuro delas, é preciso que você lhes dê um padrão que possam reconhecer.

Era exatamente isto o que Liz estava fazendo com todos aqueles mensageiros pilotando Vespas vermelhas. Apenas um deles, não seria um padrão. Se um deles quase lhe atropelasse ao atravessar uma rua, você certamente iria lembrar-se dele; mas isto não seria suficiente para moldar ou prever o seu comportamento futuro. Mas, se vir duas ou três Vespas, você começará a reconhecer um padrão. Da maneira como o seu cérebro é estruturado, você começaria a procurar por mais mensageiros, de modo a poder entender o que aquele padrão realmente significa. Pode ser que você faça isso de maneira inconsciente; mas, inevitavelmente, você começará a olhar ao redor. Cinco ou seis marinheiros vestidos de vermelho e branco são suficientes para transformar o padrão em um enigma — sobre o qual você não poderá mais deixar de pensar. Na verdade, você pode até mesmo chegar a sonhar com ele, à noite. Como o ser social que você é, em algum momento irá voltar-se para a pessoa que estiver ao seu lado e perguntar: "Qual é a desses marinheiros pilotando vespas? E o que tem dentro da garrafa?" O rumor estará começando.

Quando um padrão assimétrico é iniciado, é quase obrigatório que crie um rumor. É por isso que preferimos descrever este tipo de marketing com o termo "publicidade assimétrica". Padrões — particularmente padrões incompletos — podem ser quase irresistíveis. Aquilo com que você sai deste tipo de comunicação é, frequentemente, mais importante do que aquilo que ele contém.

A natureza incompleta das coisas que se tenta passar adiante é um dos motivos pelos quais o termo "marketing viral" é tão adequado. Um vírus não tenta ser uma célula viva completa: ele é simplesmente uma porção de material genético que invade uma célula viva, sequestrando-a, de modo a poder espalhar-se. Liz não estava tentando contar a história completa do Target. Isto envolveria a utilização de todo o modelo dos cinco elementos: estabelecer um ponto de vista, um antagonista e todo o resto. Não havia tempo suficiente para tanto. Tudo o que ela queria era ir direto a uma determinada parte da história — o único elemento essencial. Neste caso, tratava-se apenas de dizer "O Target chegou à cidade"; o elemento da consciência. O que o Target era, o que ele poderia fazer para você, por que você deveria importar-se com isso — todas essas coisas seriam deixadas para que você mesmo as descobrisse. Ela contava com o fato de que todas essas ideias já estavam passando pelas mentes das pessoas, da mesma forma como um vírus conta com o fato de que as proteínas que existem flutuando em torno de uma célula estarão lá, quando ele necessitar delas. "O Target chegou à cidade": isto era tudo o que Liz estava tentando fazer com que as pessoas dissessem. Se sua estratégia funcionasse, logo todos estariam dizendo exatamente isto.

E por que todos diriam isto? Porque é divertido. As pessoas teriam descoberto a resposta do enigma de todas aquelas Vespas; e, quando o fizessem, seus cérebros lhes dariam uma dose de endorfina. É agradável solucionar enigmas: é por isso que os jornais publicam palavras cruzadas. Um efeito colateral das endorfinas é deixar-nos mais falantes e comunicativos; de modo que é provável que você deseje contar aos seus amigos sobre a sua descoberta. Como dissemos, o marketing viral funciona em meio a redes sociais já estabelecidas. Seus amigos também precisam fazer compras; talvez vocês pudessem ir juntos até a barcaça? Enviar algumas mensagens de texto a outros amigos também não parece uma má ideia, porque a mensagem é curta e divertida: "O Target chegou à cidade". Assim, a coisa pode espalhar-se mais rapidamente do que uma gripe.

Não queremos passar a impressão de que tudo o que Liz fez foi ter a boa ideia dos marinheiros pilotando Vespas vermelhas e, depois, sentar-se e confiar na sorte (contudo, iremos comentar mais sobre quão boa foi essa ideia, logo mais). Nada poderia estar mais distante da verdade. Uma campanha de marketing de guerrilha é, na verdade, uma coisa muito mais complexa de ser montada e lançada com sucesso do que uma campanha publicitária convencional. Para começar, há muito mais "partes móveis", que precisam ser acompanhadas de muito perto, para maximizar todos os imprevisíveis — mas, potencialmente, muito positivos — efeitos gerados por milhares de conversas que surgem espontaneamente. Portanto, há muito mais "dever de casa" a ser feito. Antes que a primeira Vespa saísse às ruas, a Buzztone já tinha um *site* funcionando na internet (parte daquela estratégia de comunicações pela internet de que falamos, acima), orientando as pessoas sobre as saídas do metrô mais próximas do píer e alardeando sobre os eventos especiais que teriam lugar ali. A equipe de internet também mencionou a barcaça em todos os *blogs* comerciais locais e em várias salas de bate-papo temáticas sobre moda e *design*. Para garantir que atrairia uma multidão, ela promoveu um sorteio que daria um vale-compras no valor de mil dólares a apenas um recepcionista de hotel que mandasse hóspedes e turistas à loja flutuante do Target, e assegurou-se de abastecer todos os maiores hotéis com vários pequenos mapas impressos, para serem distribuídos a quem perguntasse onde poderia comprar um presentinho para seus familiares. A equipe de atraentes promotoras de vendas — que a Buzztone levou anos para formar, enquanto Liz promovia bandas e *shows* musicais em cidades de todo o país — percorreu todo o circuito de bares da moda do SoHo, divulgando a novidade, até bem tarde, todas as noites. E, como uma boa "boateira" profissional de Los Angeles, naturalmente Liz já tinha os telefones dos produtores de todos os programas matutinos de TV armazenados na memória de seu telefone celular, para poder retornarlhes prontamente as ligações que ela sabia que receberia, para lhe perguntarem sobre o que estava acontecendo. No entanto, ela foi cuidadosa o bastante para deixar que a mídia conduzisse a história. A história estaria sendo contada por uma pessoa a outra, pelas ruas de Manhattan. Ela manteve as coisas assim porque sabia que, neste caso, a história *era o próprio rumor*.

Quando se resume uma história aos seus fundamentos mínimos, transformando-a em marketing viral, cada parte da imagem essencial torna-se crucial. Nas palavras de Liz, é preciso "alinhar sua mensagem, o meio e o mercado." É aqui, no nível da imagem essencial, que Liz demonstra todo o seu brilhantismo. Você poderia vê-lo apenas por um instante, ao passar dirigindo pela rua, mas a imagem daquele marinheiro pilotando uma Vespa desconstrói-se em sua mente, traduzindo-se na frase da qual Liz deseja que você se lembre.

Analisemos a Vespa vermelha. A Vespa é amplamente reconhecida como um dos clássicos do moderno desenho industrial. Uma delas é, até mesmo, peça integrante de uma exposição permanente do Museu de Arte Moderna de Nova York. Trata-se de um veículo que gasta pouco combustível, proporcionando um meio de deslocamento barato, através da cidade. Esta é a parte visual da mensagem de "barato e chique" que se pretendia passar. Isto é a mensagem.

Então, também havia as roupas de marinheiro, vermelhas e brancas. O vermelho e o branco, evidentemente, remetem às cores do logotipo do Target; mas, também, remetem ao clima do Natal, fazendo daqueles marinheiros uma espécie de ajudantes aquáticos do Papai Noel. E há mais do que uma mera sugestão do estilo "Village People" nesta imagem. Se estamos ofendendo a alguém, pedimos desculpas antecipadamente; mas, há, indiscutivelmente, algo de muito "afetado" naquela coisa de marinheiros vestidos de vermelho e branco. Antes que você nos rotule como homofóbicos ou exagerados, lembre-se de que esta campanha foi lançada em 2004, ano em que *Queer Eye for the Straight Guy* ganhou um prêmio Emmy e foi o programa mais comentado da TV a cabo. Este programa foi o responsável pela "febre" do "metrossexualismo". A cada semana, um grupo de *designers* homossexuais promovia uma transformação completa de um heterossexual desleixado, geralmente seguindo sugestões dos amigos mais chegados deste. O programa era destinado exatamente ao mesmo público que o Target tinha como alvo preferencial, e que pretendia atrair com a sua barcaça — e que se revelou uma acertadíssima colocação de um produto no mercado, para a Bravo. Por isso, achamos que a referência não tenha sido totalmente não intencional. É sempre bom poder contar com uma certa dose de tabu, quando se pretende espalhar um rumor. Isto é o mercado.

O meio é, evidentemente, a mensagem na garrafa; que convidava as pessoas para irem à barcaça. Mensagens em garrafas, obviamente, costumam vir de lugares distantes e exóticos. Quase sempre, as mensagens assim veiculadas nos dizem sobre a localização de um tesouro enterrado — ainda que, desta vez, um X não marcasse o lugar: um grande logotipo vermelho e branco do Target fazia isto. Caçadas a tesouros são divertidas; assim, em vez de uma longa viagem até as docas ser um aborrecimento, seria uma aventura. Toda a imagem negativa da história de uma barcaça atracada nas docas, sendo diretamente referida como algo positivo.

Agora que já desconstruímos a imagem, vamos reconstruí-la, em uma frase simples (aliás, isto é algo que o seu cérebro faz, automaticamente; nem sempre você se recorda da frase conscientemente, mas pesquisas já demonstraram que ela fica lá, em algum lugar, na sua mente): "Roupas e acessórios baratos, de desenho clássico, que podem ajudar você a transformar-se de um perdedor da moda em um vencedor, esperam para ser descobertas, lá nas docas, aonde ir será algo muito divertido."

Liz nunca disse isto a você, com tantas palavras. Você disse para si mesmo. É por isso que você dá valor a essas palavras. É por isso que você espalha a novidade para os seus amigos. Imagine se ela tivesse utilizado homens-sanduíche como mensageiros, portando placas nas quais se pudesse ler: "O Target abriu uma loja no East River, cheia de coisas boas e muito baratas. Vá até lá e compre algumas." Isto teria causado a mesma impressão? Teria conseguido, ao menos, causar uma impressão positiva? Não, mesmo. Por isso, quando se trata de publicidade assimétrica, lembre-se: menos é sempre mais.

E você pode reduzir esse "menos" a quase nada, e ainda obter um tremendo impacto. Técnicas de marketing de guerrilha (termo que é mais frequentemente utilizado nos domínios da propaganda política, onde serve para enfatizar a qualidade "sob o manto da escuridão, ataque onde for menos esperado" da técnica) podem ser muito poderosas em campanhas políticas, mas, quase sempre, são parte de um ataque negativo, desferido na última hora. Rumores e boatos tendem a ser negativos; e rumores negativos espalham-se mais rapidamente e causam maior impacto do que propaganda boca a boca positiva — particularmente se forem o combustível de uma campanha eleitoral ativa. Em uma campanha eleitoral ativa, os eleitores recebem ligações telefônicas de uma pessoa que diz ser um pesquisador imparcial mas que, na verdade, trabalha para um candidato (ou para quem apoie a este candidato), e faz essas chamadas para implantar algum tipo de mensagem viral nas mentes dos eleitores. Foi isto o que aconteceu a John McCain, durante a campanha de 2000 para as eleições primárias do Partido Republicano, na Carolina do Sul.

John McCain havia vencido facilmente as primárias em New Hampshire, superando George Bush por uma diferença de quase 18% dos votos. Ao iniciarem-se as primárias nos Estados do Sul, os responsáveis pela campanha de Bush sabiam que, se não as vencessem com vantagem consistente, seu candidato estaria derrotado, em todo o país. Por isso, todos estavam um tanto desesperados. Nos dias que antecederam a eleição, milhares de eleitores registrados do Partido Republicano receberam chamadas telefônicas, nas quais pedia-se que respondessem a algumas perguntas simples. Apenas três ou quatro perguntas rápidas, pois havia muitas ligações a serem feitas. E, na verdade, apenas uma delas importava — a que continha o vírus: "Você estaria mais ou menos propenso a votar em John McCain para presidente, se soubesse que ele é pai adotivo de uma criança negra ilegítima?"

Ele não havia feito tal coisa, é claro. Contudo, ninguém disse que ele o fizera. As pessoas que telefonavam estavam apenas aventando uma hipótese. Para tornar as coisas ainda mais fáceis de serem negadas, no futuro, ninguém sabia ao certo de onde partiam essas ligações. Porém, como em toda boa campanha de guerrilha, esta dependia de os eleitores juntarem os fatos que já possuíam em mente para produzir o efeito desejado. John McCain e sua esposa, Cindy, haviam, realmente, tirado uma menina de pele escura — chamada Bridget — do orfanato de Madre Teresa, em Bangladesh, e trazido-a aos Estados Unidos para que passasse por tratamentos médicos, terminando por adotá-la como um membro da família. Esta era uma ação realmente boa e decente: o tipo de coisa que os líderes de campanhas políticas adoram fazer com que o povo saiba sobre seus candidatos, sem que precisem fazer muito alarde; por isso havia muitas fotografias em circulação, mostrando John McCain com Bridget em seus braços, sorrindo com orgulho paternal.

Para assegurar-se de que o povo faria a conexão desejada, um professor da Universidade Bob Jones, chamado Richard Hand, enviou um e-mail aos seus "concidadãos da Carolina do Sul" afirmando que McCain havia "optado por criar uma filha nascida fora de seu casamento". Quando a emissora de TV CNN confrontou o Prof. Hand e perguntou-lhe se ele possuía provas de que John McCain tivesse tido filhos fora de seu matrimônio, Hand respondeu: "Vocês podem provar que ele não os teve?" Se isto não fosse algo tão sério, poderia ser cômico. No entanto, era sério. O dia da eleição aproximava-se rapidamente e o dano já havia sido feito; e continuou a alastrar-se, rapidamente. McCain perdeu – feio – a eleição, e todos conhecemos o resto da história.

De acordo com o que vínhamos dizendo sobre manter a concisão e o aspecto divertido do que você diz, se desejar criar um rumor, este capítulo tratou exclusivamente sobre como utilizar um rumor ou o marketing viral para alcançar um público muito numeroso. Não há maneira mais barata, nem mais rápida, de fazer isto. Mas as técnicas assimétricas de contar uma história são bastante adaptáveis. Elas podem funcionar muito bem para fazer com que todo mundo, dentro da sua empresa, comente sobre a sua ideia; bem como para motivar as pessoas que trabalham na empresa do seu cliente, para que passem adiante um rumor e ajudem você a fazer uma venda. Porém, uma vez que você levará as pessoas a criarem a história em suas próprias mentes, pode ser que elas não lhe deem o crédito por ela. Se você puder concordar com a tese do diretor-executivo da Costco, James Sinegal, de que não existe uma história que não produza o efeito desejado, se você puder deixar que outras pessoas levem os créditos por ela, estas são as técnicas que você deve utilizar.

Antes de fazer isso, porém, é preciso perguntar-se a você mesmo se a história que irá contar presta-se ao marketing de guerrilha. Se puder responder afirmativamente às perguntas listadas a seguir, é provável que isto seja verdade. Caso contrário, você deverá ajustar sua estratégia até poder respondê-las com um "sim".

1. *Existe um evento específico em torno do qual o rumor possa desenvolver-se?* As pessoas irão mostrar-se muito mais dispostas a falar sobre algo que exista fisicamente, no tempo e no espaço. Uma contagem de tempo — algo que requeira que uma ação seja praticada antes de um prazo prefixado — ajuda a impulsionar ainda mais as coisas. A abertura de uma loja *pop-up*, umas férias planejadas, a aproximação de um feriado prolongado ou da data de conclusão de um projeto são coisas que fazem as pessoas falar. Se a sua história não possui nenhuma conexão com um evento real, crie um. Foi isso o que Liz fez, ao promover um sorteio entre os recepcionistas de hotéis, na campanha do Target. Isto fez com que todos os recepcionistas começassem a falar, entre si, sobre a nova loja nas docas, e os estimulou a distribuírem mais convites.

2. *Já há bastante informação nas mentes do seu público para que ele mesmo construa a história sobre a qual você deseja fazê-lo pensar a respeito?* A ideia não é apenas fazer com que as pessoas falem, mas fazer com que digam, umas às outras, *o que você quer que elas digam*. Se elas não tiverem dados suficientes para viabilizar uma abordagem viral, comece por contar-lhes uma história, do modo convencional, para "botar a bola em jogo". Tão logo a história tenha sido absorvida pelo público, inicie uma campanha de disseminação do rumor.

3. *Há algum elemento relativo a um tabu, uma controvérsia ou uma competição que possa ser conectado ao rumor que você pretende espalhar?* Vírus são oportunistas, por natureza. É isto o que faz com que eles se espalhem tão rapidamente. Se as pessoas já estiverem falando sobre alguma coisa, e você puder atrelar sua ideia a isso, aproveite a oportunidade. Este princípio também funciona muito bem se tratar-se de algo que já costume rondar seus subconscientes, embora normalmente elas não costumem falar a respeito. Campanhas publicitárias de produtos "pecaminosos", tais como cigarros e bebidas alcoólicas, tradicionalmente utilizam-se desta técnica de marketing, por este exato motivo. Encontre uma maneira de tornar o seu rumor um assunto *sexy* e polêmico.

4. *Você sabe qual é o elemento* único *que a sua história precisa antes de "colocar a bola em jogo"?* Você não estará contando uma história inteira: apenas um pedaço de história, para desencadear uma reação. Geralmente, *apenas um* dentre os quatro primeiros elementos de uma história (paixão, um herói, um antagonista, um momento de consciência) será suficiente para iniciar um rumor — se for o elemento certo. Se este elemento certo não se destacar em sua mente, é provável que ainda não seja o momento de utilizar esta técnica, para esta ideia. Não se preocupe. Espere por ele; há boas chances de que ele apareça logo.

5. *Seu público-alvo é relativamente bem definido, compacto e autoidentificado?* Uma vez que você irá lançar um padrão, é preciso que conheça os limites que o conterão. Se você quer ouvir sua ideia ecoando, é preciso que haja paredes para reverberá-la. O centro de Manhattan era suficientemente amplo para conter uma porção de Vespas lançadas nele; mas também era compacto o bastante para que Liz pudesse contar várias pessoas que haviam avistado mais de uma ou duas delas, no mesmo dia. O marketing

de guerrilha funciona tão bem em uma campanha política para as eleições primárias porque o número de possíveis eleitores é relativamente pequeno e bem definido. Tudo é uma questão relativa ao espaço em que você deseja que o seu rumor se espalhe mais facilmente. A internet serve muito bem a esta finalidade; por isso, se você pretende comunicar-se com um grupo que costuma trocar e-mails entre seus integrantes, ela é uma excelente ferramenta. Grupos que passam muito tempo em torno do bebedouro ou da garrafa de café, nas empresas, também são excelentes "vetores de contágio". Lembre-se de que este tipo de história utiliza-se de redes sociais já existentes. Você não estará reinventando a roda: apenas estará incentivando a todos para que a façam girar.

Se você deseja aperfeiçoar-se na utilização deste tipo de histórias, aqui está um exercício simples, cuja prática recomendamos.

Contar histórias assimétricas tem tudo a ver com uma tomada de consciência. É como um sopro de ar fresco. Portanto, vá dar uma longa caminhada; no campo, em um parque, à beira-mar ou em uma cachoeira escondida em uma montanha — ou mesmo em uma rua movimentada da cidade, desde que a poluição do ar não seja muito intensa. Onde quer que você vá caminhar, caminhe; apenas assegure-se de que o ar seja bom, porque você irá querer respirar bem profundamente.

Enquanto caminha, repare nas coisas que chamam a sua atenção. Não tente controlar o que você vê; apenas atente para aquilo que acha interessante no momento. Você será apenas um observador, observando a si mesmo enquanto observa o mundo.

Não dê livre curso aos pensamentos em sua caminhada. Apenas permita que esses pensamentos se desvaneçam — mesmo aqueles que lhe parecerem realmente bons. Eles ainda estarão lá, quando você retornar a eles; mas, agora, você está focado apenas no que chama a sua atenção. Este é um exercício, tal como outros, contidos neste livro. Este trata da sua consciência e das coisas que a despertam. Tente manter-se atento a isto. Se achar muito difícil liberar seus pensamentos, respire fundo e deixe-os ir.

Quando estiver pronto, vá para o próximo passo. Perceba o que há a respeito daquilo que você vê e que chama a sua atenção. Será sempre um dos elementos básicos de uma história, porque é desta maneira que o seu cérebro funciona. Mas, qual desses elementos?

Digamos, por exemplo, que uma mulher jovem ao desembarcar de um ônibus chame a sua atenção. O que há a respeito dela que lhe chama a atenção? Seria sua vitalidade, sua sexualidade ou o senso de paixão que sua figura empresta ao momento? Ou trata-se da maneira altiva e confiante com que ela parece controlar o território à sua volta? Talvez ela esteja lutando para superar um problema interior, ou esteja envolvida em uma acalorada conversa com alguém; ou, ainda, talvez haja uma fluidez e uma segurança em seus movimentos que lhe sugira que ela esteja determinada a sobrepujar um antagonista ou um obstáculo. Talvez seja a maneira dela de olhar para algo: sua própria consciência. Talvez ela olhe de volta para você. O que quer que seja, perceba isso, anote em sua memória e continue caminhando, permitindo que sua atenção volte-se para outra coisa fascinante que você irá encontrar em sua jornada. Perceba isso, também, e procure dar-se conta do motivo pelo qual sua atenção foi atraída. Qualquer que seja o elemento que destacar-se em sua memória, enquanto você percebe alguma coisa, este será o que pode tornar aquele objeto o assunto de um rumor.

Faça isto ao menos por dez minutos; e pratique este exercício ao menos por cinco dias consecutivos. Se o fizer, você notará como a sua consciência sobre os quatro elementos se aguça. Como resultado disto, sua capacidade de utilizá-los para contar histórias irá melhorar, muito rapidamente.

***

9

Espaço para contar histórias

Histórias não existem no vácuo; elas sempre ocorrem dentro de um contexto. Se puder compreender o contexto da sua história, é muito mais provável que você consiga objetivar a transformação que pretende. A transformação é, naturalmente, o nosso quinto e último dos elementos que compõem uma história. Quando se trata de histórias comerciais, como as do tipo de que estamos tratando, neste livro, a transformação geralmente envolve o seu pagamento. É disto que trata este último capítulo: a grande recompensa.

Em parte, devido ao fato de tratar-se de um livro e, nele, termos de contar nossa história por meio de palavras encadeadas de maneira linear, em uma página; e, em parte, porque estamos todos predispostos a pensar em histórias como coisas que contamos uns aos outros, é normal que você pressuponha que as histórias sejam, basicamente, séries de palavras encadeadas. Nós não diríamos isto. Estamos bem conscientes do fato de que a maioria das histórias com que nos deparamos, todos os dias, não nos são contadas por pessoas que falam conosco; mas, sim, de maneira silenciosa, por coisas que foram, simplesmente, planejadas para ser exatamente o que são. O abridor de latas que utilizamos, o carro que dirigimos, as roupas que vestimos: todas essas coisas comunicam-se conosco através de elementos inerentes a uma história. Se não o fizessem, nós não seríamos capazes de retê-las na memória por tempo suficiente para que as comprássemos e utilizássemos. Esperamos haver esclarecido, a esta altura, que é dessa maneira que somos todos interconectados.

Algumas das melhores histórias comerciais de que temos notícia não são contadas pela indústria da publicidade — que, na melhor das hipóteses, nos faria ir até uma loja. As melhores histórias vêm sendo contadas pelos *designers* dessas lojas: as pessoas que planejam o espaço onde fazemos nossas compras. Ninguém cria esses espaços melhor do que Ron Pompei, o arquiteto que comanda a equipe que está por trás do sucesso de lojas tais como a Urban Outfitters e a Anthropologie.

As lojas dos *shopping centers* norte-americanos vendem, em média, cerca de três mil dólares por metro quadrado de suas instalações, a cada ano. Uma loja da Anthropologie vende, em média, mais de 7.200 dólares por metro quadrado, no mesmo período. As lojas conseguem isto porque as mulheres que vão fazer suas compras em uma delas costumam visitá-las mais frequentemente e permanecem mais tempo em suas instalações do que o fazem nas lojas de qualquer outra rede semelhante. Ron e sua equipe de *designers* de interiores criam ambientes tão estimulantes e convidativos porque se utilizam dos mesmos cinco elementos que constituem uma história, sobre os quais vimos discutindo. Ele afirma que, com seu trabalho, pretende oferecer aos clientes da Anthropologie "uma experiência transformadora", enfatizando o que ele chama de "os três 'Cs' ": cultura, comércio e comunidade.

Dentre os três, a comunidade é o que a marca Anthropologie mais prioriza; contudo, como seu próprio nome sugere, a história da marca é enraizada em uma profunda compreensão da cultura em que está inserida. Em nossa cultura, estamos todos fazendo uma transição da economia industrial para a economia pós-industrial — ou seja, de uma economia baseada na aquisição de bens de consumo para uma que valoriza a aquisição de experiências. São as experiências que contemos, nós mesmos, que tomam a forma de histórias. Estamos mudando de um tempo em que se costumava valorizar objetos como símbolos de *status*, para uma época em que experiências são símbolos de *status*. Não faz muito tempo, usar um relógio caro em uma ocasião social era uma garantia de ser notado por todos os presentes; hoje em dia, para atrair a mesma atenção, talvez seja preciso mencionar haver visitado, recentemente, um hotel ecologicamente correto, localizado no coração do Brasil. O modo como o trabalho de Ron e da Anthropologie refletem esta transformação em nossos padrões de consumo tem muito a dizer sobre o que o futuro nos reserva.

Compare a experiência de entrar em uma loja de *shopping center* comum com a de entrar em um ambiente criado por Ron Pompei, em uma das lojas da Anthropologie, e você verá por si mesmo o uso consciente que ele faz da riqueza dos cinco elementos que compõem uma história, para criar um senso de comunidade. Este senso de comunidade cria, naturalmente, uma onda de comércio que se irradia em nossa cultura — eis, aí, os seus "três 'Cs'." Você não precisa acreditar em nossa palavra quanto a isto: o faturamento estimado da Anthropologie, em 2005, ultrapassou a casa dos 500 milhões de dólares — contra os 350 milhões obtidos no ano anterior. O preço das ações da empresa-matriz — a Urban Outfitters (cujas lojas também são projetadas por Ron) — subiu de US$4,50 por lote, em 2000, para US$27,50, em 2005, assegurando à companhia um valor de mercado superior a quatro bilhões de dólares. Criar espaços onde as pessoas possam descobrir e compartilhar suas próprias histórias de consumo é uma estratégia de negócios muito lucrativa.

Como arquiteto criativo, Ron é muito criterioso ao projetar os ambientes de cada uma das mais de oitenta lojas da Anthropologie de maneira diferente. Ele não quer que as lojas pareçam haver sido criadas em série: ele quer que a experiência de cada cliente seja autêntica e única. Segundo ele mesmo diz, "Em Seattle, você veste roupas totalmente diferentes das usadas em Nova York. Assim sendo, por que uma loja em uma cidade deveria parecer-se com uma cópia das que existem nas outras?"

Uma vez que o *design* do interior das lojas da Anthropologie varia tanto, usaremos como modelo uma delas, inaugurada recentemente em nossa vizinhança, como exemplo. A loja em questão localiza-se em um *shopping center* chamado The Grove, frequentado principalmente pela classe-média alta de Los Angeles. Porém, se você for a qualquer outra loja da Anthropologie (uma delas — muito interessante — acaba de ser inaugurada no Rockefeller Center, em Manhattan), poderá ver os mesmos princípios sendo colocados em prática.

Por passarmos, agora, a tratar com um modo não verbal de contar histórias, é bom relembrarmos os elementos originais de Empédocles. A natureza ideotrópica dos elementos gregos faz com que eles sejam muito evocativos, visualmente; e, por isso, ressonantes em nível psicológico muito profundo. Novamente, cada um deles corresponde a um dos nossos cinco elementos componentes de uma história: paixão = Fogo; herói = Terra; antagonista = Água; consciência = Ar; transformação = Espaço.

Quando se entra na loja da Anthropologie, no The Grove, a primeira impressão que se tem é de espaço — livre; espaço aberto, e muito. O teto fica a mais de nove metros sobre a sua cabeça; mas, está lá. Você não está em um espaço externo; mas, tampouco está no interior de uma sala de proporções normais.

É algo mais parecido com adentrar uma catedral do que entrar numa loja, em que cada centímetro quadrado costuma ser dedicado a uma única coisa: espaço para mercadorias. Nós diríamos que o efeito sensorial ao entrar em um lugar assim é ligeiramente desorientador; há, sem dúvida, sinais claros de que algo incomum está para acontecer nesta loja — a não ser pelo fato de toda a experiência ser extremamente bem orientada. Em vez de focalizar sua atenção nas ofertas, expostas cinco metros à sua direita — como seria comum em uma loja de *shopping* —, o *design* de Ron faz com que se olhe para cima. E você faz exatamente isto. É uma experiência que faz com que você sinta-se "elevado". Você relaxa; suas costas endireitam-se e você fica um pouco mais alto. Você olha para cima e inspira, profundamente, relaxando-se. Ao menos, foi isto o que fizemos, ao entrarmos lá — bem como a maioria das pessoas que entraram, nos dez minutos seguintes, a quem observamos, por sugestão de Ron. Todas elas endireitaram-se, olharam para o alto, inspiraram profundamente e relaxaram-se.

O que as pessoas veem ao olhar para cima é um enorme candelabro circular, ao estilo dos que podem ser encontrados em muitas mesquitas do Oriente Médio. O nome da loja — Anthropologie — é muito adequado. O diretor executivo e fundador da rede, Richard Hayne, é um antropólogo formado, e antes de abrir sua primeira loja (quando já se havia estabelecido com a Urban Outfitters), ele e Ron passaram dois anos viajando pelo mundo, visitando lugares de grande interesse, estudando sítios sagrados e procurando por objetos que lhes transmitissem algum significado. Várias dessas experiências são refletidas no *design* dos interiores de cada uma das lojas, individualmente. O lustre no teto da loja no The Grove tem cinco círculos concêntricos de globos luminosos (atualmente, iluminados por lâmpadas elétricas; mas, originalmente, cada um dos globos costumava conter pequenos pratos com óleo incandescente), suspenso a seis metros sobre os clientes.

Ron começa a apresentar as histórias contidas nesta loja da Anthropologie ao revelar o elemento fogo. Trata-se do primeiro dos nossos cinco elementos, e é o primeiro que pode ser encontrado, ao adentrar a loja. Como sempre o faz, o fogo motiva as pessoas. O padrão circular do candelabro as motiva a darem voltas. Ele não empurra o cliente a um lugar predeterminado, onde se deseja vender-lhe alguma coisa específica; em vez disso, ele simplesmente sugere — em termos fortemente visuais — que se passe um tempo, ali; que se dê uma volta e que se explore o interior da loja. E as pessoas fazem isso. O tempo médio de permanência dos clientes em uma loja da Anthropologie é de longos 75 minutos — enquanto o tempo de permanência médio em qualquer loja de *shopping center* é de apenas 22 minutos.

O chão sob os seus pés reverbera a ideia de dar uma volta por ali. O piso à entrada da loja é feito de concreto em tom marrom, com padrões circulares em alto-relevo. Se você, como nós, estiver usando sapatos com solas grossas, de borracha, ainda poderá sentir o relevo, mas o efeito será bastante sutil. Todavia, o público-alvo da Anthropologie é constituído por mulheres entre trinta e quarenta anos de idade, com educação superior, que já passaram pela fase dos flertes e, agora, buscam "enfeitar seus ninhos" com objetos interessantes e de real valor. É muito mais provável que estas mulheres usem sapatos com finas solas de couro e logo percebam — ainda muito mais provavelmente — a mensagem que lhes é passada pelo piso: caminhe sem pressa, explore este lugar tão cheio de texturas e surpresas. Ron, desta forma, alinha criteriosamente os elementos terra e fogo.

Perguntamos a Ron como ele utilizava o elemento água. Para ele, este tinha tudo a ver com o fluxo de clientes — o qual mantinha de maneira bastante desestruturada. Na loja, as roupas não são expostas em fileiras retas de cabides, ao longo de corredores. Em vez disso, os expositores são arranjados segundo o padrão do piso, seguindo correntes sinuosas como braços de um rio. Não é possível atravessar toda a extensão da loja em linha reta. Qualquer caminho que se tome será um tanto aventuroso, passando por produtos expostos dos tipos mais inusitados pelos quais, de repente, nosso olhar é atraído. Livros sobre *villas* italianas; um conjunto de taças para martini, acompanhado por uma coqueteleira cromada; e a nossa favorita (que encontramos na loja da Anthropologie em Manhattan): uma pequena sala, semi-oculta, cheia de esculturas que assemelhavam-se a multicoloridas cabeças de peixes, feitas com tanques de combustível de motocicletas. Todas essas pequenas descobertas são constituídas por objetos, que contam histórias simplesmente por serem o que são. Cada descoberta gerava um momento de consciência e nos fazia querer ver e experimentar mais. Esta é a essência do bom *design*. E o bom *design* em uma loja da Anthropologie é contagioso.

Ainda que o padrão do piso da loja não seja fechado, ele não termina sem uma direção precisa. Tal como um rio, ele flui para níveis mais baixos do terreno, a partir de uma entrada no meio da loja, constituída de uma arcada de troncos de madeira entrelaçados, que eleva-se a quatro metros e meio de altura, sugerindo uma direção para o deslocamento, sem jamais nos compelir a fazê-lo. Ao seguir o caminho, chega-se à aconchegante área dos provadores, onde o teto rebaixa-se para criar uma atmosfera de maior privacidade, nos fundos da loja. Os provadores e o espaço livre diante deles é o lugar onde as mulheres encontram-se para discutir, entre si, sobre suas opiniões quanto à aparência recíproca e sobre os peças que decidirão comprar e levar para casa. Os provadores são o verdadeiro foco de atenção da Anthropologie. Eles são um espaço para as pessoas contarem histórias, dentro do espaço das histórias que a loja conta: a própria alma da Anthropologie. É ali que os laços da comunidade se formam, consolidam-se e a partir de onde se espalham. As caixas registradoras, que ficam bem afastadas, no lado esquerdo do salão principal da loja, parecem-se quase com algo em que só se pensará muito tempo depois.

Quanto tempo depois é algo que pode ser exemplificado por uma história contada pelo presidente da Anthropologie, Glen Senk, sobre uma funcionária que, infalivelmente, vendia entre seis e sete mil dólares em mercadorias a cada turno de três horas de trabalho. Para descobrir como ela conseguia fazer isso, Senk passou a observá-la em ação. O que ele constatou é que ela era uma excelente vendedora, capaz de vender qualquer coisa; mas que "realmente não se importava com o que estivesse vendendo, desde que conseguisse vender. Ela permitia que pessoas deixassem os provadores com coisas que, simplesmente, não lhes ficavam bem." Ele demitiu a funcionária, imediatamente. Segundo Ron nos contou, "Se você auxilia uma mulher a encontrar umas calças que realmente lhe caiam bem, você ganha uma cliente para o resto da vida. Ela se torna parte da comunidade da sua marca. Se você a tratar como a uma amiga, você realmente terá uma." O *design* da loja favorece justamente a isto, proporcionando a cada cliente um espaço para atraí-lo, como a um amigo, por toda a vida.

Ao proporcionar todos esses elementos de maneira desestruturada e permitir que cada cliente construa suas próprias histórias com eles, o *design* de Ron converteu a Anthropologie de uma potencial produtora de histórias de consumo pré-fabricadas (o que é, essencialmente, o apelo publicitário que leva a maioria dos consumidores aos *shopping centers*) em uma fonte de histórias totalmente originais e sempre diferentes, a cada vez que um cliente a visita — e atua como coautor de uma nova história.

A Anthropologie jamais anuncia no mercado publicitário. Ela não precisa fazê-lo. Seus clientes orgulham-se das descobertas que lá fazem e compartilham o que descobrem com seus amigos. Na internet, não é algo incomum encontrar fotografias de mulheres exibindo, orgulhosas, as descobertas que fizeram em uma visita à Anthropologie — em seus próprios *websites* ou em *blogs* temáticos sobre moda, *design* e consumo. E também há as que enviam fotos aos seus amigos, por telefones celulares — acompanhadas por alguns comentários elogiosos. Existe algo acerca da autenticidade e da qualidade altamente "texturizada" de uma experiência adquirida numa loja da Anthropologie que combina muito bem com as mídias digitais. Tal como o Google, a Anthropologie também é o lugar onde encontra-se aquilo que se está procurando, de maneira divertida e tendo a oportunidade de fazer novos contatos, em meio à busca.

A mesma ânsia por novas descobertas que faz com que os consumidores permaneçam "vasculhando" as lojas da Anthropologie por mais tempo do que o fariam, em média, em outra loja qualquer, também está promovendo uma "febre de crescimento" em alguns museus. Em 2006, os responsáveis por 86 dentre 175 museus norte-americanos que responderam a uma pesquisa realizada pela Associação dos Diretores de Museus de Arte disseram estar planejando — ou já estarem envolvidos com — alguma forma de expansão. E eles precisam fazer isso. A visitação a exposições de arte, de um modo geral, cresceu 21% apenas de 2003 para 2004. Apenas a frequência ao Museu de Arte Moderna de Nova York aumentou mais de 100%, desde 1995, exigindo a reconstrução completa das instalações daquela instituição.

O "boom" de construções e reconstruções não está restrito aos museus de arte. Talvez a mais impressionante reconstrução de um museu atualmente em curso seja aquela pela qual passa a Academia de Ciências da Califórnia. Em sua categoria, a Academia é a segunda instituição mais antiga dos Estados Unidos. Membros da Academia acompanharam Darwin na viagem que levou-o a formular sua Teoria da Evolução, e estavam chegando de volta ao porto de São Francisco, com amostras da vida existente nas Ilhas Galápagos, quando um grande incêndio reduziu quase toda a cidade a cinzas, em 1903.

Quando o museu decidiu modernizar-se e expandir-se, seus financiadores — principalmente filantropos, ligados às atividades no Vale do Silício e da explosão da internet, no final da década de 1990 — queriam assegurar que seu *design* fosse inovador e que pudesse integrar-se bem às novas tecnologias. Com suas reputações corporativas em jogo, eles não podiam arriscar-se a estabelecer nenhum tipo de conexão com algo tedioso e antiquado. O estilo sisudo do museu, com suas coleções de espécimes de insetos meticulosamente catalogados, em expositores hermeticamente fechados, era a última coisa com a qual eles desejavam ver seus nomes associados. Eles eram, afinal, os sujeitos que estavam "sacudindo a poeira" e criando um mundo novo, no qual a informação é mais íntima e imediata. E eles procuravam fazer crescer o interesse dos estudantes pela ciência, por uma razão extremamente prática: era preciso motivar os jovens mais inteligentes para tornarem-se engenheiros e cientistas, assegurando que o capital humano de suas empresas viesse a poder contar sempre com as mentes mais brilhantes. Por isso, eles queriam um museu interativo, cujo manuseio fosse facilmente acessível aos seus usuários. Assim, em vez de buscar as soluções habituais, a Academia de Ciências da Califórnia procurou as melhores equipes de desenho industrial e os mais renomados arquitetos, visando criar um espaço que funcionasse como um mercado de ideias concorrentes.

Para fazer isto, a Academia reuniu uma boa meia dúzia das melhores equipes de *design* do mundo, e pediu-lhes para que trabalhassem juntas. Tratava-se de uma boa ideia, muito criativa e muito bem orientada para o favorecimento de descobertas espontâneas. Infelizmente, porém, era uma ideia muito difícil de ser posta em prática. Essas equipes estavam acostumadas a concorrer, umas com as outras, disputando trabalhos; e não a cooperarem, visando alcançar um objetivo comum. Elas eram as melhores, naquilo que faziam; por isso, cada equipe possuía opiniões muito fortemente definidas sobre como fazer seu trabalho, a respeito do qual não estavam dispostas a perder tempo explicando-o a ninguém. Cada equipe possuía sua própria cultura corporativa e seu próprio vocabulário, em termos de *design*; por isso, seus conceitos a este respeito eram tão diferentes, entre si, quanto a linguagem que cada uma delas usava para descrevê-los. Para ajudá-las a lidar com esses problemas, nossa empresa de consultoria, a FirstVoice, foi chamada.

Logo percebemos que o nosso trabalho seria simples: bastava fazer com que todos aqueles *designers* contassem histórias. Sobre o que eles contariam histórias, não importava; o mais importante era que o ato de contar histórias seria capaz de uni-los — tal como sempre faz, com todas as pessoas, quer estejam reunidas em torno de uma fogueira em um acampamento; em torno do bebedouro, no escritório; ou perto dos provadores, em uma loja da Anthropologie. Uma vez que as pessoas comecem a contar histórias, elas naturalmente criam uma cultura comum. Mas, neste caso, queríamos que elas contassem histórias que tivessem alguma relação com os projetos que estavam para criar: histórias com raízes na natureza.

Após uma breve apresentação e uma discussão sobre o que achávamos ser o projeto e sobre os rumos que todos achavam estar dando a ele, trouxemos para dentro da sala duas mesas cobertas por lençóis. Eram cerca de dez e meia da manhã, e os *designers* acreditaram que faríamos uma pausa para tomar café. Quando puxamos os lençóis, revelamos que as mesas estavam, na verdade, cobertas por recipientes de vidro, contendo espécimes vivos de diversos tipos de insetos e outros animais: duas tarântulas mexicanas, várias moscas drosófilas, uma coleção de besouros carnívoros e apenas um, adorável — mas não venenoso — escorpião do deserto. Para cobrirmos completamente a superfície das mesas, incluímos, ainda, alguns espécimes conservados de borboletas, vespas e grilos. Esses insetos e animais são como as histórias: estão em todos os lugares e são fascinantes. E, quanto mais de perto os analisamos, mais fascinantes eles se revelam. Todos passamos, então, a analisar os animais, em silêncio.

Em seguida, pedimos aos *designers* que contassem histórias que lhes tivessem acontecido, envolvendo algum animal do tipo daqueles que havíamos trazido. E as histórias fluíram. Várias pessoas disseram haver sido picadas ou mordidas por animais semelhantes. Uma arquiteta nos contou sobre uma borboleta que, inesperadamente, pousara sobre sua mão, certa vez. Ouvimos a respeito de um grilo que foi mantido aprisionado na carteira de um jovem estudante por um longo tempo, até desaparecer, misteriosamente; e sobre aranhas assustadoras e velhas salas cheias de suas teias. As histórias não haviam cessado quando fizemos uma pausa para o almoço — durante o qual, elas continuaram a brotar, e um senso de comunidade entre os *designers* começou a ser firmemente estabelecido.

Ao retornarmos do almoço, levamos as coisas ao próximo nível. Após explicarmos a todos o nosso modelo narrativo de cinco elementos e sobre o modo como ele poderia ser relacionado às instalações do museu, dividimos os *designers* em grupos de cinco — não necessariamente provenientes das mesmas equipes a que originalmente pertenciam — e entregamos a eles uma coleção de fotografias de crânios pertencentes ao acervo do museu. Pedimos aos grupos, então, que criassem uma breve apresentação teatral, na qual contassem uma história que envolvesse a utilização de um dos crânios como uma máscara. Ao pedirmos que fizessem isto, sabíamos que estávamos, na verdade, pedindo-lhes que abandonassem, momentaneamente, seu estilo habitual de expressão visual e que ampliassem seu vocabulário para contar uma história, tornando mais provável o surgimento de descobertas espontâneas. As apresentações teatrais foram muito boas: algumas chegaram mesmo a ser comoventes; e todas foram muito divertidas. E a diversão não é um elemento estranho ao processo de fazer descobertas. Na verdade, a diversão frequentemente maximiza os ganhos que podem advir de uma descoberta: há anos os psicólogos cognitivos sabem que o fato de serem felizes torna as pessoas, realmente, mais espertas.

Em um experimento muito conhecido, a psicóloga Alice Isen mostrava um filme diferente a dois grupos de pessoas. Um dos filmes era neutro; o outro, era uma comédia muito divertida. Após a exibição, ela pedia às pessoas de ambos os grupos para que realizassem uma tarefa criativa. Ela lhes dava algumas tachinhas, uma caixa de fósforos e uma vela; e pedia-lhes que afixassem a vela a uma parede forrada de cortiça, de modo que a vela pudesse ser acesa — um clássico problema de *design*. Do grupo das pessoas que haviam assistido ao filme neutro, menos de 20% conseguiram solucionar o problema, em dez minutos; mas, do grupo que assistira à comédia, 75% das pessoas conseguiram solucioná-lo, no mesmo período de tempo. Assim, ela concluiu — e experimentos posteriores confirmaram — que a felicidade e a alegria afetam positivamente as funções cognitivas e fazem com que o cérebro organize os pensamentos de maneira mais flexível. Isto é algo importante de ser lembrado, quando se trabalha com uma equipe criativa.

Uma exposição da Academia de Ciências da Califórnia, instalada temporariamente no centro de São Francisco, merece uma menção especial. Trata-se de uma parede construída com crânios de focas, arranjada de modo a parecer-se com uma grande onda — e de um dos melhores exemplos de histórias de descobertas de que temos notícia. Elegante em sua simplicidade, a série de crânios foi montada de maneira a representar a evolução da foca moderna. Diante da parede, três pequenas placas contêm explicações sobre o modo como as pressões evolucionárias de seu meio-ambiente aquático e de suas escolhas alimentares moldaram o formato do crânio da foca atual. Porém, um dos crânios que compõem a parede não é um crânio de foca; mas, sim o de uma raposa. Ambos são quase do mesmo tamanho e é preciso olhar para eles de muito perto para perceber as diferenças. Os espectadores são desafiados a encontrar o crânio diferente; e, para fazê-lo, são levados a pensar como cientistas: é necessário que comparem as diferenças na localização das narinas, no tamanho e na curvatura dos dentes incisivos e na conformação geral do próprio crânio, procurando identificar essas diferenças no padrão subjacente. Quando conseguem fazê-lo, rapidamente identificam o crânio de raposa e apreciam muito a descoberta que acabam de fazer.

Colocar as pessoas em um espaço que lhes permita fazer descobertas e transformar sua visita ao museu em uma experiência criativa e interativa é o principal objetivo do novo complexo de instalações que está sendo construído. Sua instalação central — que pretende ser sua "marca registrada" — será a maior floresta tropical contida em uma estufa do mundo. Projetada pelo arquiteto Renzo Piano, ganhador de um prêmio Pritzker, a instalação irá consistir-se de uma gigantesca redoma de vidro de 27 metros de diâmetro, elevando-se a uma altura superior à de um prédio de quatro andares. Os visitantes entrarão na estufa pelo nível térreo, no qual estará plantada uma floresta verdadeira, vibrante e cheia de vida. Mais de 1.600 animais vivos farão parte da instalação — incluindo mais de uma centena de répteis e anfíbios exóticos, uma caverna cheia de morcegos e até mesmo um bicho-preguiça de três dedos. Ao subirem por uma rampa que ultrapassa a cobertura da floresta, todos poderão observar exemplares de árvores das florestas tropicais de Bornéu, de Madagascar, da Costa Rica e da Bacia Amazônica e contemplar mais de trinta espécies variadas de orquídeas desenvolvendo-se como se estivessem em seu ambiente natural. O ar dentro da estufa também estará cheio de vida: mais de 600 espécies de pássaros e borboletas voarão livres, através dele, em torno dos visitantes. Um sistema de umidificação especialmente projetado garantirá permanentemente a formação de uma névoa, que irá manter felizes e saudáveis todos os habitantes da estufa, enquanto o domo transparente permitirá que a luz do Sol resplandeça sobre eles. Ao atingirem o topo da redoma de vidro, os visitantes descerão por um elevador panorâmico, que os levará até abaixo do nível do solo, ao interior de um tanque com capacidade para 380.000 litros de água, no interior do qual poderão ser vistos exemplares de peixes de água doce da América do Sul, em um ambiente que reproduz, tão fielmente quanto possível, as características de seu habitat natural.

Se você não perdeu de vista os nossos elementos, terá notado que esta "viagem" leva os visitantes da terra, pulsante de vida, passando pelo ar, cheio de pássaros e borboletas, parando um pouquinho para contemplar a luz do Sol que inunda toda a redoma (o Sol é a fonte de todo o fogo ecologicamente natural), até mergulhá-los em um mundo subaquático jamais visto. Todos os quatro elementos são percorridos, de maneira a utilizá-los como estímulos para que novas descobertas sejam feitas. Não há maneira de impedir que uma criança que visite uma instalação como esta saia dela sem haver sido transformada pela experiência que viveu. E, uma vez que se trata de crianças, e que estas passaram por uma experiência transformadora, elas irão querer contar tudo aos seus amigos. Não mais tarde; mas, agora — coisa que farão, digitalmente. Todas elas possuem telefones celulares; e todas sabem usá-los, muito bem. Qualquer professora das séries do ensino fundamental pode afirmar que é quase impossível impedir que os estudantes usem seus aparelhos. Muitos deles também irão "postar" imagens e histórias, na internet. Mais de 57% dos adolescentes que utilizam a internet são ativos provedores de conteúdo (e esta porcentagem está aumentando, rapidamente); e 85% dos estudantes universitários norte-americanos comunicam-se através, apenas, do Facebook. Esses portais de comunicação podem sofrer mudanças, ao longo do tempo; mas a necessidade e o desejo de compartilhar histórias virtualmente, não. Uma onda de histórias está prestes a ser gerada, a partir de São Francisco; graças à experiência contextualmente enriquecedora proporcionada pelo novo museu, promovendo uma cultura que valoriza a diversão e a excitação advindas das descobertas científicas. Exatamente o que essas histórias irão produzir é algo muito difícil de prever; mas, certamente, será algo positivo e, possivelmente muito lucrativo, para alguém (ou para muita gente). Na era da informática, os financiadores da nova "casa" da Academia de Ciências da Califórnia vão querer ganhar mais do que o seu dinheiro lhes pode render. O potencial comercial da criação de um espaço onde se possa gerar e contar histórias e ainda fazer com que as pessoas desejem pagar para utilizá-lo é algo que, certamente, irá estender-se ao ciberespaço. Afinal, sob certo ponto de vista, o YouTube não é nada além disso; e o Google acaba de comprá-lo, por 1,8 bilhões de dólares! Indubitavelmente, esta é uma história de sucesso, em qualquer livro.

***

Temos proposto, ao final de cada capítulo, alguns exercícios simples, para que você os pratique. Aqui está o último deles.

Quando chegamos a este ponto, nossos clientes costumam nos dizer que, agora, sabem como contar uma história; contudo, nos perguntam como podem encontrar a história certa para que a contem — uma história que seja deles mesmos.

Iniciamos este livro constatando como as ideias de um antigo filósofo grego — Empédocles — impactaram a moderna psicologia cognitiva e as teorias narrativas. Por isso, parece-nos apropriado terminar o livro com as palavras de outro filósofo antigo; só que este veio do outro lado do mundo: trata-se de Tilopa, filósofo da Caxemira, que viveu no século X.

Dirigindo-se a um estudante que se esforçava para solucionar um complicadíssimo problema filosófico (e experimentava uma agonia mental nada diferente das dores de cabeça que você tem ao mergulhar numa pilha de relatórios de marketing e pesquisas de público, em busca de uma nova estratégia de vendas), Tilopa ofereceu-lhe o seguinte conselho:

Livre-se do que já passou.
Livre-se do que ainda pode passar.
Livre-se do que está passando, agora.
Não tente imaginar nada.
Não tente fazer com que algo aconteça.
Relaxe, agora mesmo, e descanse.

Quando precisar encontrar a história certa, você deve seguir este conselho. De verdade: apenas sente-se, feche os olhos, e faça o que ele sugere. Na sequência indicada. Primeiro, conscientemente, liberte-se do passado. Não é necessário pensar nisso, agora. Então, liberte-se do que poderá vir a acontecer, e siga seu caminho, de acordo com os passos sugeridos por Tilopa.

Finalmente, você chegará ao momento em que deverá relaxar e, realmente, descansar. Aprecie-o. Deixe-se aprofundar nele. E note que, sem pensar nisso, quando você olha por detrás de suas pálpebras cerradas, sua mente enche-se de um delicado brilho luminoso. Não se trata de nada especial; ele sempre esteve lá. E, num momento, sem que você faça nada para isso, sua história virá. Ela sempre virá. E, se for uma boa história, capaz de fazer você feliz, conte-a aos outros.

ENTÃO, PARA RESUMIR – PARA RESUMIR TUDO, MESMO

1. Histórias são fatos envolvidos em emoções; e não apenas fatos, pura e simplesmente. As pessoas contam histórias porque é desta maneira que elas veem e compreendem o mundo. Contar-lhes histórias, e ouvir as que lhe são contadas, reagindo a elas, é a melhor maneira de promover seus produtos, serviços e ideias. Se você fizer isto, permanecerá nos negócios; se não o fizer, também não poderá permanecer. Realmente, as coisas não muito mais complicadas do que isto. Histórias são a essência irredutível, o fogo que arde no coração de cada negócio. E contar histórias não precisa ser algo assustador: todos nós podemos aprender a fazer isto, profissionalmente. Afinal, é isto o que nós fazemos, todos os dias.

2. Toda história contém cinco elementos:
• A *paixão*, ou a energia com que você a conta.
• O *herói*, que dá à sua história um ponto de vista e permite à sua plateia que entre na história.
• Um *antagonista* — ou obstáculo —, que representa os problemas que devem ser resolvidos. É a luta pela resolução

desses problemas que gera as emoções contidas na história; o que nos permite não apenas entrarmos na história, mas fazermos com que ela torne-se parte de nós mesmos.

• Um momento de *consciência*, que se revela sozinho e nos permite aprender com a história, de modo a sermos bem-sucedidos.

• Uma *transformação*, que ocorre devido ao que você — representado pelo herói — fez. As coisas são diferentes — e, geralmente, melhores — por causa dos obstáculos superados e das descobertas que são feitas. As pessoas adoram finais felizes; e, por este motivo, nós desejamos passar a história adiante.

3. Conhecendo estes cinco elementos e usando-os em seu benefício, você fará com que suas histórias sejam mais focadas, eficientes e lucrativas. Por que você faria qualquer outra coisa? Para tornar mais fácil lembrar-se dele, nós chamamos ao nosso modelo de PHACT (pronuncia-se "fact"; tal como a palavra inglesa que significa "fato"); e é um acrônimo formado pelas iniciais de Paixão, Herói, Antagonista, Consciência e Transformação. Envolva o seu PHACT em emoções poderosas e use-o.

4. As partes mais delicadas da sua história, seus componentes mais frágeis, são as emoções que ela contém. Fatos sem emoções são frios, secos e sem vida; e, por isso, logo esquecidos. As histórias têm vida própria. É comum, em muitos ramos de negócio, que nos digam para sermos menos emotivos. Concordamos que você não deva ser histérico, mas as emoções são parte da maneira como pensamos; e não utilizar toda a sua capacidade de pensar sobre um assunto importante é, frequentemente, um erro. Todos somos um pouco tímidos. Todos já tivemos nossos sentimentos magoados ao nos sentirmos rejeitados. Aja com bom coração: vá adiante, e diga toda a verdade. Você irá sentir-se feliz por havê-

lo feito. E, para ter certeza de ser ouvido como deseja, coloque todas essas emoções em uma boa história.

5. Histórias estão em todo lugar. Olhe em volta! Tudo o que chama a sua atenção contém uma história. Se tratar-se de um objeto manufaturado, é bem provável que a história tenha sido colocada nele, intencionalmente. Aprecie-a. Se tratar-se de uma forma natural, a história que ela contém ali está para que você a descubra. É inspirador olhar para o mundo desta maneira, rebrilhando à luz e exposto para quem sabe vê-lo. Isto também pode ser algo muito lucrativo.

6. As histórias, apenas pelo fato de serem contadas, criam comunidades. Uma cultura e o comércio são os resultados inevitáveis destas. As pessoas têm contado histórias, umas às outras, desde quando costumavam reunir-se em torno de fogueiras — provavelmente, muito antes que a noção de acampar por diversão fosse inventada. É algo que está em nossos genes. É o que nos torna humanos. Como os seres sociais que somos, a cultura em que vivemos é formada por uma intrincada rede de histórias entrelaçadas; e, à medida que o mundo torna-se "menor" e mais transnacional, dirigindo-se inexoravelmente para uma época em que a cultura será uma só, as histórias que escolhemos contar tornam-se mais e mais importantes. Não podemos nos dissociar de nossa capacidade para contar histórias, tanto quanto os peixes não podem dissociar-se da água. Mas, se conhecermos e soubermos utilizar bem os cinco elementos componentes de uma história, poderemos nos tornar "peixes grandes".

Quando isto acontecer a você — quando você sentar-se à cabeceira da mesa de reuniões —, que tipo de histórias irá contar? Esperamos que você utilize-se de sua posição para criar um espaço onde as histórias de todo mundo possam ser ouvidas. Esta é a coisa mais inteligente a fazer. Você pode ter as melhores ideias de toda a sala (e, provavelmente, você as tem, mesmo), mas, se as suas forem as únicas ideias a serem expressas, você não estará utilizando todo o potencial criativo de sua equipe — e é para fazer isso que os "peixes grandes" estão ali. Quando chegar a hora de tomar uma decisão, comunique-a por meio de uma história. Desta forma, sua ideia será inteiramente compreendida e absorvida. Howard Gardner, mestre em psicologia cognitiva em Harvard e vencedor de um prêmio McArthur, por seu trabalho com múltiplas inteligências, coloca esta questão em termos sucintos: "Todo grande líder é um grande contador de histórias".

***

Leitura suplementar

- *A Arte da Guerra* (The Art of War), Sun-Tzu
- *Miyamoto Musashi: Sua Vida e Seus Escritos* (Miyamoto Musashi: His Life and Writings), Kenji Tokitsu
- *Guia de Sobrevivência do Orador* (Speaker Survival Guide), Deborah Shames e David Booth
- *Ensaios de Warren Buffett: Lições para a América Corporativa* (The Essays of Warren Buffett: Lessons for Corporate America)
- *Mentes Líderes* (Leading Minds), Howard Gardner
- *Memória e Emoção: A Construção da Memória de Longo Prazo* (Memory and Emotion: The Making of Lasting Memory), James L. McGaugh
- *Retórica* (Rhetoric), Aristóteles
- *Da Metafísica à Protoanálise* (From Metaphysics to Protoanalysis), Oscar Ichazo
- *A Gota D'Água, Como as Pequenas Coisas Fazem uma Grande Diferença* (The Tipping Point, How Little Things Make a Big Difference), Malcolm Gladwell
- *Wabi-Sabi*, Leonard Koren
- *Projete Como se Você se Importasse com Isto* (Design Like You Give a Damn), Architecture for Humanity

Conheça outros títulos da editora em:

www.pensamento-cultrix.com.br